汽车控制理论与应用

主　编　张丽萍　唐阳山

北京理工大学出版社
BEIJING INSTITUTE OF TECHNOLOGY PRESS

内 容 简 介

本书深入浅出地介绍了经典控制理论和现代控制理论的基础知识，并围绕汽车悬架系统、汽车 ABS、汽车转向系统和电机驱动控制技术，阐述了 PID 控制、模糊控制、线性二次最优控制、滑模控制和模型预测控制等控制理论在汽车系统中的应用。

图书在版编目（CIP）数据

汽车控制理论与应用 / 张丽萍，唐阳山主编.
北京：北京理工大学出版社，2025. 3.
ISBN 978-7-5763-5257-3

Ⅰ. U463

中国国家版本馆 CIP 数据核字第 2025LK1745 号

责任编辑：陆世立　　**文案编辑：**李春伟
责任校对：刘亚男　　**责任印制：**李志强

出版发行 / 北京理工大学出版社有限责任公司
社　　址 / 北京市丰台区四合庄路 6 号
邮　　编 / 100070
电　　话 / （010）68914026（教材售后服务热线）
（010）63726648（课件资源服务热线）
网　　址 / http://www.bitpress.com.cn

版 印 次 / 2025 年 3 月第 1 版第 1 次印刷
印　　刷 / 三河市天利华印刷装订有限公司
开　　本 / 787 mm×1092 mm　1/16
印　　张 / 11. 25
字　　数 / 261 千字
定　　价 / 66. 00 元

前言

控制技术是智能时代汽车自动化进程中的基石，也是推动汽车工业可持续发展的重要保障。在全球汽车行业竞争日益激烈的背景下，随着现代科学技术的发展，打开学科边界，通过跨学科研究促进各专业学科在更高层次上的分化和融合是必然趋势。控制技术贯穿于汽车系统的各个方面，从传统的动力系统、底盘系统到新兴的智能网联和自动驾驶系统。车辆工程及相关专业的学生掌握控制理论，不仅能够更好地理解和分析汽车系统的工作原理，优化汽车性能，提高故障诊断能力，还能够为未来参与车辆技术的创新和发展奠定坚实的基础，使他们在汽车工业的快速发展中能够适应不断变化的技术需求，成为具有创新能力和综合素养的专业人才。

本书结合当前先进的控制理论在汽车系统中的应用，进一步拓宽车辆工程专业学生的知识边界，学会和掌握运用数学、控制理论的基本原理，针对车辆工程复杂问题和特定需求，能够设计解决方案，为今后的就业或科学研究打下坚实的理论基础。本书可作为车辆工程、载运工具运用工程、交通运输等相关专业的本科生或研究生的课程教材，也可供相关行业的工程技术人员参考。

本书分两个部分，共 8 章。第 1、2 和 3 章是控制理论的基础，为了便于加深对基础理论的理解和掌握，此 3 章都配有相应的习题。第 4、5、6、7 和 8 章是控制理论在汽车中的实际应用。

第 1 章介绍了控制理论，包括控制理论的产生与发展、控制系统的基本概念以及经典控制理论与现代控制理论的区别；第 2 章介绍了经典控制理论基础，包括系统模型以及基于 MATLAB 的控制系统稳定性分析方法；第 3 章介绍了现代控制理论基础，包括状态空间模型，状态空间表达式的基本概念，线性系统的状态空间表达式、能控性与能观测性以及控制系统的稳定性分析方法；第 4 章介绍了几种主要作用在汽车控制系统的控制算法，包括 PID 控制、模糊控制、线性二次最优控制、滑模控制和模型预测控制；第 5 章介绍了汽车悬架系统的控制技术，包括悬架系统概述、汽车悬架振动特性分析、主动悬架控制技术应用；第 6 章介绍了控制理论在汽车 ABS 中的应用，包括 ABS 的原理、ABS 的数学模型以及控制理论在 ABS 中的应用；第 7 章介绍了汽车转向系统的控制技术，包括四轮转向系统概述、4WS 汽车模型及转向特性分析，以及汽车 4WS 系统的比例控制与最优控制实例及 MATLAB 实现；第 8 章介绍了电动汽车用电机驱动控制技术基础，包括电机驱动技术概述、PMSM 的控制策略以及电动汽车用 PMSM 仿真分析。

本书适合车辆工程、自动化等专业的研究生和本科生学习，为科研人员开展相关研究提供参考，也能帮助汽车研发、自动驾驶领域的从业者解决实际工程问题，同时可供汽车测试人员和有工程背景的技术爱好者了解相关内容。

本书是辽宁工业大学的研究生立项教材，并由辽宁工业大学资助出版。本书撰写过程中引用了一些国内、外期刊等文献资料，以充实应用实例，在此向有关参考文献的作者表示感谢。另外，在本书的撰写过程中，研究生朱永博、郑鑫魏、张文静、张震、孙涛等在文字编排、绘图仿真等方面进行了细致的工作，在此表示衷心的感谢！

由于编者理论水平有限，实践经验不足，收集的数据和资料也有一定的局限，书中难免会存在一些错误和不当之处，诚恳希望各位专家和读者批评指正，也希望得到各位读者的理解和支持。

编　者

目　录

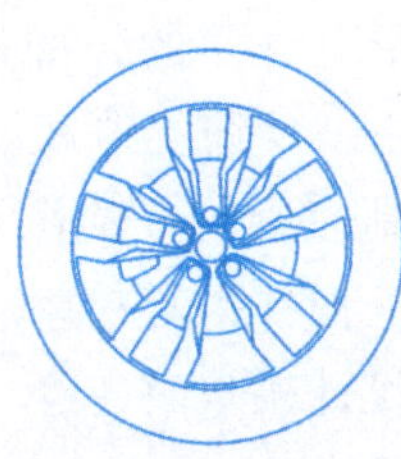

第 1 章 控制理论

在科学技术的发展过程中，控制理论起着重要的作用，已成为汽车工业和其他工业生产过程中不可缺少的组成部分。随着自动驾驶技术的发展、汽车智能化的推进，应用先进控制理论对汽车的加速、制动、转向和悬挂等功能进行综合控制，不仅可以提升汽车的操控性、安全性和舒适性，还可以实现对汽车运动的精确控制。因此，车辆工程技术人员有必要掌握一定的控制理论方面的知识，特别是近年来控制理论在汽车系统中的应用已逐渐增多，将成为研究汽车和改进其使用性能的重要工具和方法。

本章主要介绍控制理论的产生与发展、控制系统的基本概念以及经典控制理论与现代控制理论的区别。

1.1 控制理论的产生与发展

控制理论和社会生产及科学技术的发展密切相关，现代社会生产及科学技术的迅速发展，对自动控制的程度、精度、速度、范围及适应能力的要求越来越高，控制理论和技术得到迅速发展。在此背景下，控制理论的发展轨迹鲜明地诠释了理论源于实践、服务于实践并最终回归实践指导的哲学真谛。它不仅是实践经验的结晶，更是对实践需求深刻洞察后的理性升华，每一次理论突破都紧密关联着实践领域的新挑战与新需求。自 20 世纪 60 年代以来，电子计算机技术的迅猛发展为控制理论与技术构筑了坚实的物质基础，这一技术革命不但极大地拓宽了控制理论的应用边界，还深刻改变了其内在逻辑与发展路径，促使控制理论逐渐发展成为一门高度集成化、系统化的现代科学分支。不仅体现了科技进步对理论发展的强大推动作用，也彰显了控制理论在引领未来科技变革中的核心地位与战略价值。

1.1.1 经典控制理论发展及特点

20 世纪 30 到 40 年代，控制理论的初步框架得以构建，这一里程碑式的进展主要归功于奈奎斯特、伯德及维纳等先驱者的开创性著作。随后，在第二次世界大战的催化作用下，众多学者深入总结了前期的实践经验，并基于反馈理论与频率响应理论的深化探索，进一步推动了该领域的发展。最终，利用拉普拉斯变换这一强有力的数学工具，以传递函数为核心，构建了控制系统设计的频率法理论体系，标志着控制理论发展的第一阶段趋于成熟。1948 年，根轨迹法的引入更是为这一理论体系增添了新的维度。

经典控制理论的核心在于运用拉普拉斯变换方法，聚焦于单输入-单输出(Single-Input Single-Output，SISO)线性时不变系统的深入研究。通过将描述系统动态行为的微分方程或差分方程转换至复数域，提取出系统的传递函数，进而在频率域内展开详尽的分析与设计工作，旨在精准确定控制器的架构与参数配置。这一过程往往依托于反馈控制机制，构建起闭环控制系统，实现了对系统性能的有效调控。然而，经典控制理论也有显著的局限性。例如，在处理变系统、多变量系统时显得力不从心，难以深入挖掘并揭示这些复杂系统更深层次的动力学特性。当面对更加多元化、复杂化的控制系统设计挑战时，经典控制理论的适用性受到严重限制。这一局限性的根源，是由于其以下 3 个特点。

(1)经典控制理论只限于研究线性定常系统，即使对最简单的非线性系统也是无法处理的。

(2)经典控制理论只限于分析和设计单变量系统，采用系统的输入-输出描述方式，这从本质上忽略了系统结构的内在特性，也不能处理输入和输出皆大于 1 的系统。实际上，大多数工程对象都是多输入-多输出(Multiple-Input Multiple-Output，MIMO)系统，尽管人们做了很多尝试，但是，用经典控制理论设计这类系统都没有得到满意的结果。

(3)经典控制理论采用试探法设计系统。即根据经验选用合适的、简单的、工程上易于实现的控制器，然后对系统进行分析，直至找到满意的结果为止。虽然这种设计方法具有实用性等很多优点，但是在推理上却不能令人满意，效果也不是最佳的。为此，人们提出这样一个问题，即对一个特定的应用课题，能否找到最佳的设计。

综上所述，经典控制理论的最主要特点是线性定常对象，SISO，完成指定任务。即便对这些极简单的对象、对象描述及控制任务，理论上也尚不完整，从而促使现代控制理论的发展。

1.1.2　现代控制理论发展及特点

随着 20 世纪 40 年代中期计算机的出现及其应用领域的不断扩展，控制理论迎来了前所未有的发展机遇，逐步迈向了更为复杂且严谨的新纪元。这一时期，卡尔曼的杰出贡献尤为显著，他提出的能控性与能观测性概念，以及基于这些概念的极大值原理，为控制理论开辟了新的视野。以此为契机，20 世纪 50 至 60 年代，现代控制理论应运而生，以状态空间分析为核心(深刻依赖于线性代数理论)，标志着控制理论的一次重大飞跃。在此转型期前，钱学森教授已在 20 世纪 50 年代发表了具有里程碑意义的《工程控制论》专著，该著作以其前瞻性的视角和深厚的理论底蕴，被当时的学术界广泛引用并视为控制学科领域内具有深远影响的科学预见。从更宽泛的层面审视，《工程控制论》不仅是现代控制理论的重要先驱，还是控制学科整体发展蓝图中的璀璨明珠。其理论框架涵盖了现代控制理论的诸多分支与未来趋势。

现代控制理论作为时域分析方法的典范，其研究范畴远远超越了经典控制理论的界限。它不仅涵盖了单变量、线性、定常、连续等传统系统，更将研究延伸至多变量、非线性、时变、离散等更为复杂多变的系统类型。这种广泛的研究对象，使现代控制理论在应对实际工程问题时展现出前所未有的灵活性和适应性，成为现代工程技术领域不可或缺的

理论支撑。

现代控制理论本质上是一种时域法，研究内容和研究对象相较于经典控制理论要广泛得多。原则上讲，它既可以是单变量的、线性的、定常的、连续的，又可以是多变量的、非线性的、时变的、离散的。

以下为现代控制理论的特点。

(1)控制对象结构的转变。

控制对象结构由简单的单回路模式向多回路模式转变，即由 SISO 向 MIMO 转变，可以处理极为复杂的工业生产过程的优化和控制问题。

(2)研究工具的转变。

①由积分变换法向矩阵理论、几何方法转变，由频率法转向状态空间的研究。

②计算机技术发展，由手工计算转向计算机计算。

(3)建模手段的转变。

由机理建模向统计建模转变，开始采用参数估计和系统辨识的统计建模方法。

1.1.3　智能控制发展及特点

智能控制的理念出现于 20 世纪 60 年代，标志着控制理论向更高层次的智能化转型。智能控制作为一种融合了智能信息处理、智能信息反馈和智能决策制定能力的控制方式，不仅是控制论、人工智能、系统论以及信息论等多学科深度交叉与融合的产物，还能够引领着控制理论向更为高级的阶段迈进。其核心使命在于应对传统控制方法难以企及的复杂系统控制挑战，展现了非凡的问题解决能力。

智能控制的研究对象显著特征在于其数学模型的不确定性、高度的非线性动态行为以及复杂多变的任务需求，这些特性使传统控制方法显得力不从心。相较于传统控制方法对精确数学模型的强烈依赖，智能控制的一大革新之处在于其能够突破这一局限，有效处理非模型化系统的控制问题，展现出更强的适应性和鲁棒性。智能控制通过模拟人类或其他生物的智能行为，运用启发式搜索、模糊逻辑、神经网络、遗传算法等先进技术，实现对复杂系统的高效控制，为工程技术领域带来了革命性的变革。与传统控制相比，智能控制具有以下基本特点。

(1)智能控制的核心是高层控制，能对复杂系统(如非线性、快时变、复杂多变量、环境扰动等)进行有效的全局控制，实现广义问题求解，具有较强的容错能力。

(2)智能控制能以知识表示的非数学广义模型和以数学表示的混合控制过程，采用开闭环控制和定性决策及定量控制结合的多模态控制方式。

(3)智能控制的基本目的是从系统的功能和整体优化的角度来分析和综合系统，以实现预定的目标。智能控制具有变结构特点，能总体自寻优，具有自适应、自组织、自主学习和自协调能力。

(4)智能控制具有足够的关于人的控制策略、被控对象及环境的有关知识以及运用这些知识的能力。

(5)智能控制具有补偿及自修复能力和判断决策能力。

1.2 控制系统的基本概念

1.2.1 系统的定义

系统：为了达到某一目的，由一些对象相互作用、相互制约，组成一个具有一定运动规律的整体。

控制系统：能够对被控对象的工作状态进行自动控制的系统，由被控对象和控制器构成的整体。

1.2.2 控制系统的分类

根据研究的需要，常将控制系统进行分类研究。

1. 按控制系统的结构特点分类

按控制系统的结构特点分类，可将其分为开环控制系统和闭环控制系统。

1)开环控制系统

一个控制系统如果在其控制器所接收的信息来源中不包含来自被控对象输出端的反馈信息，则称为开环控制系统。其输入量与输出量的关系如图 1.1 所示。

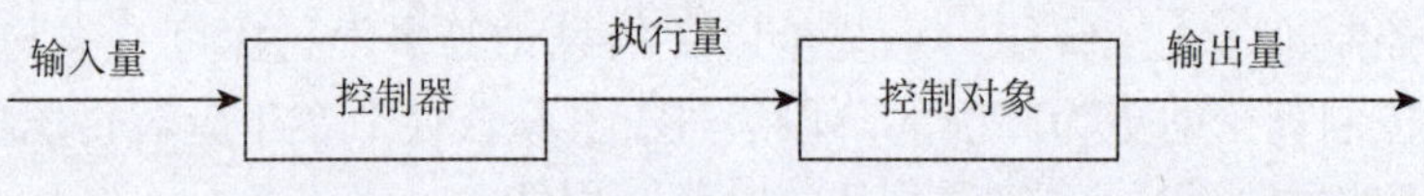

图 1.1 开环控制系统输入量与输出量的关系

图 1.2 所示为汽车行驶开环控制系统。其不能实时的根据路面环境特点进行调节控制，因此该控制方式的控制效果相对有限。

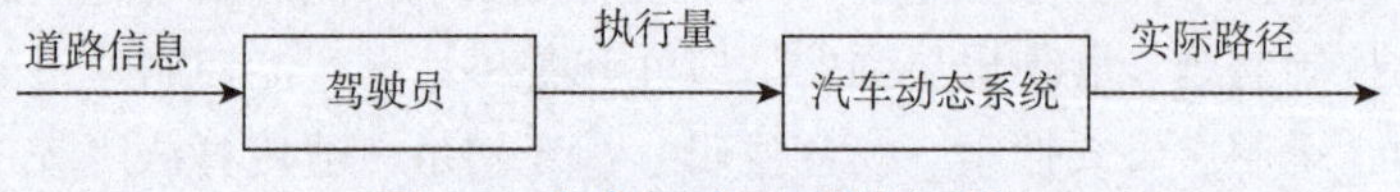

图 1.2 汽车行驶开环控制系统

2)闭环控制系统

闭环控制系统是把控制系统输出量的一部分或全部，通过一定方法和装置反送回系统的输入端，然后将反馈量与原输入量进行比较，再将比较的结果施加于控制器进行控制，避免系统偏离预定目标。图 1.3 所示为闭环控制系统的输出量和输入量之间的关系。

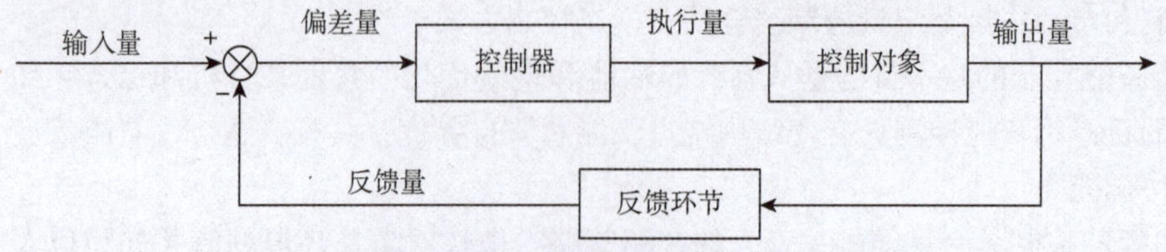

图 1.3 闭环控制系统的输出量和输入量之间的关系

图 1.4 所示为汽车行驶闭环控制系统，驾驶员通过汽车的执行机构如刹车、油门等控制汽车行驶的状态，同时驾驶员还通过观察查看汽车与道路信息的偏差量，并根据偏差量实时修正自己的操作，使汽车按照预定的路线行驶。在这一过程中，驾驶员通过视觉获取

的信息就是反馈量，因此属于闭环控制系统。

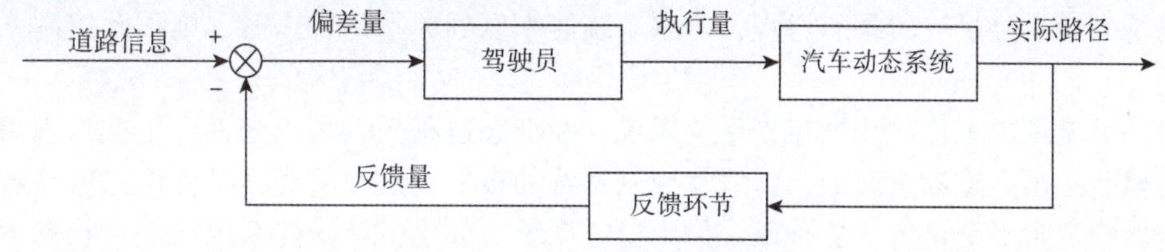

图 1.4　汽车行驶闭环控制系统

2. 按控制系统的输出变化规律分类

按控制系统的输出变化规律分类，可将其分为定值控制(自动镇定)系统和随动控制系统。

1)定值控制(自动镇定)系统是指在外界干扰下，系统的输出仍能基本保持为常量的系统。

2)随动控制系统又称伺服系统，是用来精确地跟随或复现某个过程的反馈控制系统。该系统使物体的位置、方位、状态等输出能够跟随输入目标(或给定值)的任意变化的自动控制系统。例如，炮瞄雷达系统就是随动控制系统，飞机的位置是输入，高射炮的指向是输出，高射炮随飞机位置的变动而变动；汽车自适应前照灯系统也是一个随动控制系统，能够根据方向盘的角度转动，把有效的光束投射到驾驶员需要看清的前方路面上，帮助降低安全隐患。

3. 按数学性质分类

按数学性质分类，可将其分为线性控制系统和非线性控制系统。

1)线性控制系统是指构成系统的所有元件都是线性元件的系统。其动态性能可用线性微分方程描述，满足叠加原理。

2)非线性控制系统是指构成系统的元件中含有非线性元件的系统。其只能用非线性微分方程描述，不满足叠加原理。同时，把可以进行线性化处理的系统或元件特性称为非本质非线性特性。反之，称为本质非线性，其只能用非线性理论分析研究。

4. 按时间信号的性质分类

按时间信号的性质分类，可将其分为连续控制系统和离散控制系统。

1)连续控制系统：系统中各变量均对时间连续。

2)离散控制系统：系统中一处或几处的变量为离散信号，如计算机控制系统或采样控制系统等。

1.2.3　控制系统的质量指标

虽然不同的控制系统有不同的作用，但是对它们有着一些共同的要求。评价一个控制系统的好坏，有多种质量指标，如动态指标、稳态指标、经济指标、强度指标、可靠性指标，以及综合表示其动态、稳态的特性，供最优控制设计时加以优化的性能指标等。下面主要介绍由控制系统的稳态和动态性能所决定的质量指标。

1. 稳定性

控制系统的稳定性是控制理论和工程中的一个核心概念，是控制系统正常工作的基本前提之一。控制系统的稳定性问题包括控制系统的 $t\to\infty$ 时的渐近性能和有限时间内的稳定性。当一个处于静止或平衡工作状态的控制系统受到激励时，就可能偏离原平衡状态；当激励消失后，经过一段瞬态过程，控制系统能恢复到原平衡状态时，则称此控制系统是稳定的。

对一个能正常工作的线性控制系统来说，在动态过程中，可以允许产生振荡现象，但其振荡幅度必须是逐渐衰减的，即线性控制系统的被控变量在围绕其平衡位置振荡若干次后，应能稳定到平衡位置，这种系统称为稳定系统。如果一个受控系统在平衡状态下正常工作，遇到扰动后，在控制器的作用下，该系统的状态再也无法在足够的精度内回到原有的平衡状态，那么该系统的这个平衡状态便是不稳定的。如果系统不稳定，其就无法满足后续对它的更多要求，因为无论预期输出呈现何种变化趋势，随着时间的推移其都会发散直到系统的极限。

不过，在非线性控制系统中，允许出现某种等幅振荡的情况，这种情况称为自持振荡。产生这种振荡的原因不在于外加的信号，完全取决于系统本身的固有特性。如果自持振荡的幅度被限制在允许范围内，那么这类系统在工程实践中仍能使用，可以认为是一种稳定系统。

2. 精度

控制系统的精度又可称为控制系统的静态准确度，可用控制系统的稳态误差来表征。控制系统的稳态误差可定义为控制系统响应的稳态值与其希望值之差。在实际控制系统中，其稳定度与精度常是相互联系的。如果不注意的话，在试图提高控制系统的精度时，将有可能使控制系统不稳定；或在试图提高控制系统稳定性时，可能使控制系统精度达不到应有的要求。

衡量控制系统性能的另一个重要指标是增益(gain)。其与控制系统的稳态误差有较密切的关系。一般来说，当控制系统的开环增益较大时，其稳态误差将减小。

3. 瞬态响应

通常要求控制系统瞬态响应的持续时间要短，振荡不要太强。其中，最常用的指标是控制系统的过渡过程时间和超调量，这是反映控制系统快速性的性能指标。

衡量控制系统快速性的另一个重要指标是带宽。带宽与过渡过程的品质有很大的关系。带宽越宽，控制系统的快速性越好。但同时，带宽与控制系统的精度、稳定性也都有密切的关系。带宽太宽时，可能使噪声引起的误差增大或引起结构谐振。因此，必须综合各方面因素，对带宽加以选择。

4. 灵敏度

控制系统中元件参数的改变对控制系统响应的影响，可用灵敏度来表示。环境条件的变化、元件的不精确及老化等，都将引起控制系统参数的改变，从而引起输出的改变。因此，对于一个控制系统来说，要求灵敏度越低越好；灵敏度过高，将要求元件参数十分精确，否则将引起输出的很大波动，这就将大大增加控制系统的成本。大量工程分析结果表明，闭环控制系统的灵敏度低于开环控制系统，这也是闭环控制系统的一大优点。

5. 抗干扰性

控制系统在工作中经常受到外界的干扰。这就要求一个控制系统能够具有良好的抗干扰能力，能对干扰的影响加以抑制，且对有用的信号能迅速、准确地响应。因此，控制系统的抗干扰性直接与其稳态精度有关，是衡量控制系统品质的一个重要指标。

灵敏度和抗干扰性两个指标结合起来称为控制系统的稳健性指标。一个控制系统如果具有低的灵敏度和较好的抗干扰性，则称该系统具有良好的稳健性。

如何使控制系统性能满足上述指标，即如何保证控制系统的稳定性、准确性、快速性、稳健性，这是需要研究的中心问题，也是控制系统的分析与综合中考虑问题的出发点。但这几项要求常常是相互矛盾的，需要结合具体问题，折中地予以解决或有所侧重地予以满足。

1.2.4　控制系统的设计步骤

控制系统设计的首要步骤是深入剖析控制系统运作机制，并系统性评估其性能，这基于精确构建的控制系统数学模型。该模型作为分析基石，将控制系统复杂性抽象量化，转化为可解的数学问题，深入探索动态响应、稳态稳定性及优化潜力。然后，控制系统设计阶段聚焦于控制器构建，旨在实现性能达标，涵盖策略选择、参数优化及算法实现，确保控制系统在实际中能准确稳定追踪目标，兼顾经济性、鲁棒性与可维护性。最终，通过高精度仿真验证设计，迭代优化控制策略，降低开发风险。仿真达标后，实施实际控制实验，验证实际工况性能，并反馈调整优化。

1)系统分析

在系统分析的层次上，运用多元化的系统分析方法，旨在揭示控制系统的内在运动规律与性能特征。核心挑战在于选择适当的分析工具来解析控制系统，如状态空间法、频域分析法等，以精确捕捉控制系统动态。性能评估围绕稳定性、响应速度、精确度及鲁棒性等关键指标展开，构建全面而深入的性能评价体系。针对性能瓶颈，通过理论分析与实验验证相结合的方式，提出针对性的改进与修正策略。

2)系统设计

系统设计的核心在于构建符合特定性能需求的控制系统。此过程的首要任务是识别并量化影响控制系统性能的关键因素，明确控制目标与受控对象。然后，依据控制系统特性选择适宜的控制策略，如比例积分微分(Proportional plus Integral plus Derivative，PID)控制、自适应控制等，以优化控制系统响应。同时，需精心配置控制装置，如高性能控制器、精确执行器等，确保控制策略的有效实施。设计迭代是常态，通过不断试错与验证，直至控制系统性能达到或超越预期标准。

3)实验仿真

设计完成后，利用先进的计算机仿真技术，对控制系统数学模型在不同信号与扰动下的响应进行详尽测试。这一环节不仅可以验证控制系统设计的合理性，还能够通过仿真反馈指导设计优化，力求实现最佳控制效果。仿真方法多样，从成本效益角度考虑，算法仿真因其高效性成为首选；而针对高度复杂或特定环境需求，物理仿真则提供更为真实的验证环境。仿真实验选用的方式可以根据实际需要来决定。

4)控制实现

仿真验证通过后，进入样机制作与调试阶段。此阶段强调实践检验，通过反复实验与调整，确保样机性能稳定可靠，满足设计要求。这一过程不仅是理论向实践的跨越，还是系统性能持续优化与完善的契机。在本书中，重点从理论上探讨、研究控制系统的分析问题和设计问题。

1.3 经典控制理论与现代控制理论的区别

经典控制理论本质上是频域分析方法，以表达控制系统外部输入与输出关系的传递函数为数学模型，以根轨迹和彼特(Bode plot)图为主要工具，以控制系统输出对特定输入响应的“稳 ”“快 ”“准”性能为研究重点，借助图表分析设计控制系统 。综合方法主要为输出反馈和期望频率校正。校正方法主要包括串联校正、反馈校正、串联反馈校正、前馈校正和扰动补偿等。校正装置由能实现控制规律的调节器构成，如比例积分(Proportional plus Integral，PI)调节器、比例微分(Proportional plus Derivative，PD)控制器、PID 控制器等。然而，在实际设计中，有时并不可能完全满足控制系统的所有性能指标，即并不是最优控制系统。

现代控制理论实质上是时域分析方法，以揭示控制系统外部输入输出关系与内部状态的状态空间表达式为动态数学模型，以状态空间法为主要工具，在多种约束条件下寻找使控制系统某个性能指标取极值的最优规律为研究重点，借助计算机分析设计控制系统。综合方法主要为极点配置、状态反馈 、各种综合目标的最优化。所设计的控制系统能运行在接近某种意义下的最优状态。

将经典控制理论和现代控制理论从以下的 4 个方面进行比较。

1)数学模型

经典控制理论：采用传递函数(微分方程)来表示，仅描述系统的输入与输出之间的关系，不能描述系统内部变化(SISO 系统，难描述系统状态)。

现代控制理论：采用状态空间表达式(状态变量图)来表示，可以对系统的“内部结构”进行描述，充分揭示系统的全部运动状态(MIMO 系统，可描述“内部结构”)。

2)建立基础

经典控制理论：建立在频率响应法的根轨迹法基础上的一个分支。

现代控制理论：建立在状态空间法基础上的一种控制理论。

3)研究对象

经典控制理论：SISO 系统，特别是线性定常系统。

现代控制理论：包括线性系统、非线性系统、定常系统、时变系统、单变量系统、多变量系统，对系统分析设计主要是通过系统状态变量来描述，基本方法采用时域方法，比经典控制理论处理问题广泛。

4)研究方法

经典控制理论：经典控制数学基础为拉普拉斯变换，分析和综合方法是频域分析方法。

现代控制理论：采用的方法和算法更适合在数字计算机上进行，现代控制理论还为设计和构造具有指定性能指标的最优控制系统提供了可能。

最后应该指出，现代控制理论作为一种具有普遍意义的理论，并不限于使用在某一个工业技术领域中。其具有自己的体系和理论上的严密性和客观性。同时，其是为各专业服务并所应用的，结合现代控制理论基础和专业技术，使专业得到更新的理论工具，从而推动专业技术工作的更加深入，充分发挥出各专业技术的潜力。20 世纪 90 年代以来，现代控制理论在汽车系统中得到广泛的应用就说明了这一问题。目前，现代控制理论在汽车主

动悬架系统、防抱死制动系统(Anti-lock Braking System，ABS)和四轮转向系统等方面已经有了不少成功的应用实例。例如，为了更好地辅助驾驶员应对各种危险恶劣工况并提高汽车的安全性能和舒适性能，汽车上相继出现了各种控制系统。图 1.5 所示为汽车动力学控制系统，描述了各个控制系统在功能和实现方式上的相互联系。因此，本书重点介绍现代控制理论及其在车辆工程中的应用。

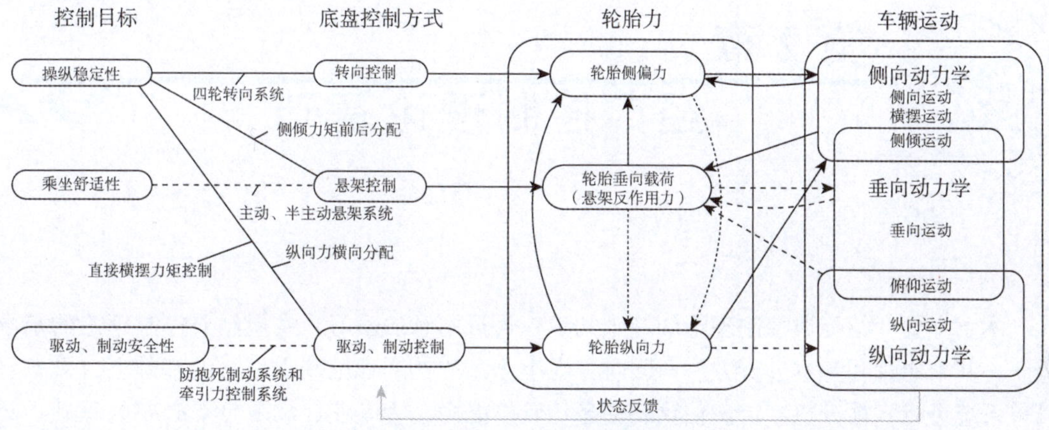

图 1.5　汽车动力学控制系统

习　题

1.1 分别描述经典控制理论、现代控制理论和智能控制的特点。

1.2 控制系统的设计步骤是什么？

1.3 控制系统的设计指标有哪些？

1.4 控制理论在汽车系统的成功案例有哪些？

第2章 经典控制理论基础

本章主要介绍经典控制理论的基础知识。通过本章的学习，掌握经典控制理论的基本概念、基本原理和基本分析方法。同时，在牢固掌握控制理论基本概念的基础上，具备对简单系统进行定性分析、定量估算和动态仿真的能力，为专业课学习打下必要的基础。具体内容包括系统模型的一般概念，数学模型建模方法，控制系统的时域分析法、根轨迹分析法和频域分析法。重点讲解控制系统的数学模型建模方法和用 MATLAB 软件进行控制系统稳定性能分析方法。

2.1 系统模型

系统模型是对系统固有属性及动态行为的高度概括与抽象表达。其作为真实系统的替代或模拟实体，通过多元化的表达形式，如文字叙述、符号标记、图表展示、实体模型和数学公式等，来阐述系统的组成要素、要素间的相互作用机制以及系统所展现的特性与演化规律。这一工具在深入探究与理解系统结构、功能及行为特性方面扮演着不可或缺的角色。在物理学领域，对于复杂系统的知识表征，首要步骤是选择恰当的方法论框架进行系统性描述。其中，数学描述法(即构建数学模型)因其精准性、简洁性、通用性而备受推崇，成为刻画物理系统特性的主流方式。数学模型作为解析系统内在逻辑与外在表现的专业术语系统，广泛应用于各类科学研究中，特别是在控制系统分析领域，其重要性尤为凸显。以汽车悬架阻尼控制系统为例，研究的核心聚焦于如何有效调控悬架的阻尼力。这一过程要求首先明确阻尼力的变化是如何响应于汽车运动状态及路面条件的变动。通过数学手段精确刻画这些变量之间的相互作用关系，便构建出了该系统的数学模型。该模型不仅是对系统动态行为的量化描述，还是后续运用数学分析技巧探索系统运动规律、优化控制策略的重要基石。因此，在控制系统研究中，首要且关键的任务便是依据系统特性，构建出准确反映其动态行为的数学模型。

2.1.1 数学模型建模方法

用来描述系统要素之间以及系统与环境之间关系的数学表达式称为数学模型。

数学模型不仅是描述系统运行行为特性和基本规律的定量化工具，还是科学家和工程

师们深入理解系统、优化设计、预测性能及实施控制策略的关键手段。其通过抽象和简化的方式，捕捉了系统最本质的动态特征，使复杂的系统行为得以在理论层面进行解析和预测。

对于动力学系统而言，其运动规律往往受到物理学基本原理的严格约束，这些原理通过微分方程的形式得以表达。例如，在力学系统中，牛顿运动定律为构建系统运动的微分方程提供了坚实的理论基础；在电学系统中，则是基于电压、电流等基本电学定律来构建相应的微分方程。系统的运动实质上就是在给定输入信号和初始条件下，求解微分方程以获取系统输出变量随时间的变化规律，即系统的输出响应。

在控制系统领域，微分方程作为描述系统动态行为的核心数学模型，其获取途径主要分为分析法和实验法。分析法依赖对系统物理特性的深入理解，通过应用相关运动定律直接推导出描述系统运动的微分方程；实验法则侧重于通过实验手段收集系统的输入输出数据，利用系统辨识等技术手段反推出系统的数学模型。此外，传递函数和方块图作为控制理论中的常用工具，也为系统建模提供了有力的支持。传递函数基于拉普拉斯变换，能够在频域内描述系统输入与输出之间的关系，为系统的性能分析和控制器设计提供便利。方块图通过图形化的方式展示了系统内部信号的流向和转换关系，使复杂的系统结构得以直观呈现。这些工具共同构成了控制系统分析和设计的重要数学基础。

虽然为了便于分析与理解，在本章中主要讲述的是分析法，但实验法也是建立或检验系统数学模型的一种重要手段。

2.1.2　系统模型分类

系统模型主要有传递函数模型、状态空间模型、零极点增益模型等。状态空间模型是现代控制理论的基础，本节只介绍传递函数模型和零极点增益模型及 MATLAB 实现。

1. 传递函数模型

组成系统的元器件的特性均为线性，能用线性常微分方程描述其输入与输出关系的系统称为线性系统。线性系统的主要特点是具有齐次性和叠加性，线性系统响应的特征与初始状态无关。

一般情况下，描述线性系统输入与输出关系的微分方程为

$$\begin{aligned} &a_n\frac{\mathrm{d}^n y(t)}{\mathrm{d}t^n}+a_{n-1}\frac{\mathrm{d}^{n-1} y(t)}{\mathrm{d}t^{n-1}}+\cdots+a_1\frac{\mathrm{d}y(t)}{\mathrm{d}t}+a_0 y(t) \\ &=b_m\frac{\mathrm{d}^m x(t)}{\mathrm{d}t^m}+b_{m-1}\frac{\mathrm{d}^{m-1} x(t)}{\mathrm{d}t^{m-1}}+\cdots+b_1\frac{\mathrm{d}x(t)}{\mathrm{d}t}+b_0 x(t)\quad (n\geqslant m) \end{aligned} \tag{2.1}$$

式中，$y(t)$ 为输出量；$x(t)$ 为输入量；$a_0\sim a_n$、$b_0\sim b_m$ 皆为系数常数，n 决定了系统的阶次；m 为输入量导数的最高阶数。

在初始条件为 0 时，对式(2.1)等号两边同时做拉普拉斯变换(利用拉普拉斯变换的微分性质和线性性质)，则系统的传递函数为

$$G(s)=\frac{Y(s)}{X(s)}=\frac{b_m s^m+b_{m-1}s^{m-1}+\cdots+b_1 s+b_0}{a_n s^n+a_{n-1}s^{n-1}+\cdots+a_1 s+a_0} \tag{2.2}$$

【例 2.1】 求图 2.1 所示系统的传递函数。图中，输入为力 $f(t)$，输出为位移 $x(t)$，k 为弹簧刚度系数，B 为阻尼系数。

解：系统的运动微分方程为

$$m\frac{d^2x(t)}{dt^2}+B\frac{dx(t)}{dt}+kx(t)=f(t)$$

令 $X(s)=L[x(t)]$，$F(s)=L[f(t)]$，在初始条件为 0 时，对上述微分方程等号两边同时进行拉普拉斯变换得：

$$(ms^2+Bs+k)X(s)=F(s)$$

得到传递函数为

$$G(s)=\frac{X(s)}{F(s)}=\frac{1}{ms^2+Bs+k}=\frac{K\omega_n^2}{s^2+2\zeta\omega_n s+\omega_n^2}$$

式中，$\omega_n=\sqrt{k/m}$；$\zeta=\dfrac{B}{2\sqrt{mk}}$；$K=1/k$。

【例 2.2】 求图 2.2 所示系统的传递函数。$u_i(t)$ 为输入电压，$u_o(t)$ 为输出电压，L、R 和 C 分别为电感系数、电阻和电容系数。

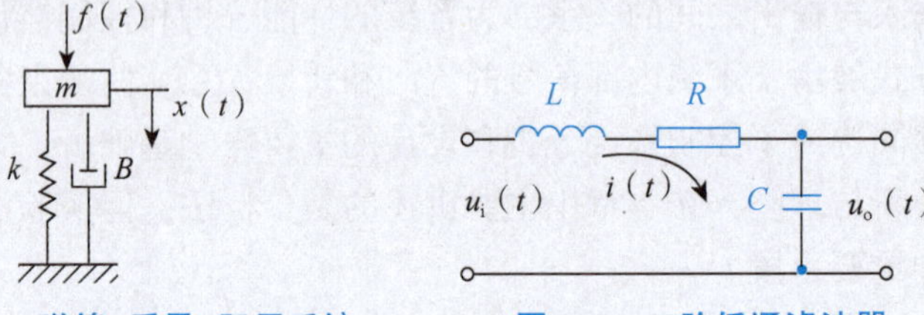

图 2.1　弹簧-质量-阻尼系统　　图 2.2　二阶低通滤波器

解：利用基尔霍夫电压定律得：

$$L\frac{di(t)}{dt}+Ri(t)+u_o(t)=u_i(t)$$

$$\frac{1}{C}\int i(t)\,dt=u_o(t)$$

由上式可得：

$$i(t)=C\frac{du_o(t)}{dt}$$

$$LC\frac{du_o^2(t)}{dt^2}+RC\frac{du_o(t)}{dt}+u_o(t)=u_i(t)$$

两边进行拉普拉斯变换得：

$$LCs^2U_o(s)+RCsU_o(s)+U_o(s)=U_i(s)$$

得到传递函数模型为

$$\frac{U_o(s)}{U_i(s)}=\frac{1}{LCs^2+RCs+1}$$

将系统的分子和分母多项式按降幂的方式以向量的形式输入给两个变量 num 和 den，就可以轻易地将传递函数模型输入到 MATLAB 环境中。命令格式为

$$\text{num}=[b_m, b_{m-1}, \cdots, b_1, b_0]$$

$$\text{den}=[a_n, a_{n-1}, \cdots, a_1, a_0]$$

用 tf 函数来建立控制系统的传递函数模型，该函数的调用格式为

```
G=tf(num,den);
```

tf 函数的具体用法见表 2.1。

表 2.1　tf 函数的具体用法

格式	说明
sys=tf(num,den)	返回变量 sys 为连续系统传递函数模型
sys=tf(num,den,ts)	返回变量 sys 为离散系统传递函数模型。ts 为采样时间，当 ts=-1 或 ts=[ ]时，表示系统采样周期未定义
s=tf('s')	定义拉普拉斯变换算子，以原形式输入传递函数
z=tf('z',ts)	定义 z 变换算子及采样时间 ts，以原形式输入传递函数

若图 2.1 中的参数分别为 $m=30$，$k=200$，$B=2100$，则在 MATLAB 命令窗口中建立的传递函数为

```
m=30;k=200;B=2100;                    %定义变量
num=[1];                              %分子的系数矩阵
den=[m B k];                          %分母的系数矩阵
G=tf(num,den)                         %求传递函数
```

输出结果为

```
G=      1
  ----------------------
  30 s^2 + 2100 s + 200
```

2. 零极点增益模型

零极点增益模型实际上是传递函数模型的另一种表现形式。

零点：在 s 平面(复变量 s 的实部、虚部构成的平面)上，使传递函数等于 0。

极点：在 s 平面上，使传递函数等于∞的 s 点。

对式(2.2)因式分解得：

$$G(s)=\frac{K(s-z_1)(s-z_2)\cdots(s-z_m)}{(s-p_1)(s-p_2)\cdots(s-p_n)} \tag{2.3}$$

式中，K 为常数，表示系统增益；当 $s=z_i(i=1,\ 2,\ \cdots,\ m)$时，$G(s)=0$，故称 z_i 为 $G(s)$ 的零点；当 $s=p_j(j=1,\ 2,\ \cdots,\ n)$时，$G(s)=\infty$，故称 p_j 为 $G(s)$ 的极点。

设 $Z=[-z_1;\ -z_2;\ \cdots;\ -z_m]$，$P=[-p_1;\ -p_2;\ \cdots;\ -p_n]$。用 zpk 函数来建立系统的零极点增益模型，调用格式为

```
G=zpk(Z,P,K)
```

【例 2.3】　在 MATLAB 中建立下列模型，某系统的零极点增益模型为

$$G(s)=6\frac{(s+1.2)(s+2.1)(s+3.1)}{(s+1)(s+2)(s+3)(s+3.6)}$$

解：在 MATLAB 命令窗口中输入以下程序。

```
K=6;                          %增益赋值
z=[-1.2;-2.1;-3.1];           %零点向量赋值
p=[-1;-2;-3;-3.6];            %极点向量赋值
G=zpk(z,p,K)                  %构建零极点增益模型
```

输出结果为：

```
G=
   6 (s+1.2) (s+2.1) (s+3.1)
  ---------------------------
   (s+1) (s+2) (s+3) (s+3.6)
Continuous- time zero/pole/gain model.
```

2.1.3 方块图

即使不用数学表达式描述的数学模型对象，也能对系统进行仿真，这就是 MATLAB 软件中特有的一种数学模型，即 Simulink 模型窗口里的动态结构图，也称方块图。

只要在 Simulink 模型窗口里，按其规则画出方块图，再按规则将方块图的参量用实际系统的数据进行设置，即对系统建立了数学模型。使用 Simulink 模型窗口里的方块图求系统的传递函数时，可以直接方便地对系统进行各种仿真，这一方法的使用极其广泛。

1. 方块图及动态系统的构成

方块图：系统中各环节的传递函数、各环节的关系和信号流向的图解表示方法。方块图图例如图 2.3 所示。

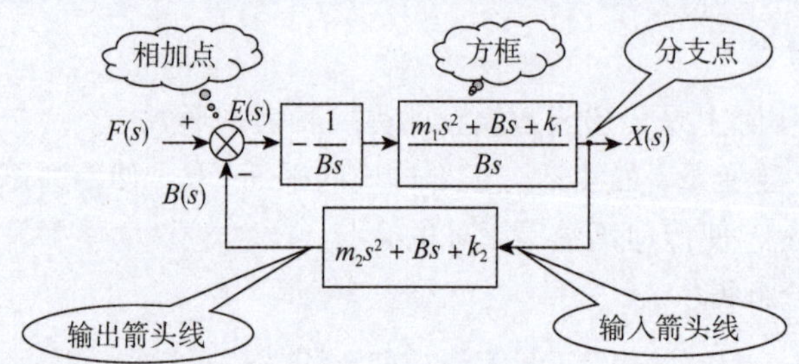

图 2.3 方块图图例

方框□：表示系统或系统的一个环节，方框内标明系统或环节的传递函数。方框输出的拉普拉斯变换等于方框中的传递函数乘以其输入的拉普拉斯变换。

箭头线→：表示信号的流向。指向方框和相加点的箭头表示输入，从方框和相加点出来的箭头表示输出。

相加点⊗：表示信号在此点的加减关系。输入信号箭头旁的“+”表示相加，“-”表示相减。输出信号等于各输入信号的代数和。

分支点•：表示信号在此点流向不同的环节或相加点。从一个分支点分支出的信号性质、大小完全相同。

2. 方块图的建立

画控制系统方块图及由方块图求传递函数的步骤如下。

(1)确定系统的输入与输出。

(2)列写微分方程。

(3)初始条件为 0，对各微分方程取拉普拉斯变换。

(4)将各拉普拉斯变换式分别以方块图表示。

(5)按照信号在系统中的传递、变换过程，依次将各环节的方块图连接起来(同一变量的信号通路连接在一起)。系统的输入量置于左端，输出量置于右端，便可得到系统的方块图。

(6)按方块图的化简原则进行化简便可得到系统的传递函数。

【例 2.4】 画出图 2.4 所示系统的方块图，并求出该系统的传递函数。该系统在开始时处于静止状态，输入为外力 $f(t)$，输出为位移 $x(t)$，k_1、k_2 为弹簧刚度系数，B 为阻尼系数。

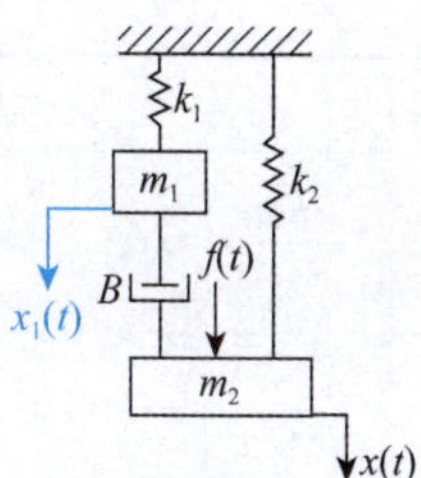

图 2.4　力学模型

解： 设 m_1 的位移为 $x_1(t)$。

由牛顿第二定律得：

$$-B[\dot{x}_1(t)-\dot{x}(t)]-k_1x_1(t)=m_1\ddot{x}_1(t)$$

$$f(t)-B[\dot{x}(t)-\dot{x}_1(t)]-k_2x(t)=m_2\ddot{x}(t)$$

整理得：

$$m_1\ddot{x}_1(t)+B\dot{x}_1(t)+k_1x_1(t)=B\dot{x}(t)$$

$$m_2\ddot{x}(t)+B\dot{x}(t)+k_2x(t)=f(t)+B\dot{x}_1(t)$$

在初始条件为 0 的情况下，对上两式等号两边同时做拉普拉斯变换得：

$$(m_1s^2+Bs+k_1)X_1(s)=BsX(s)$$

$$(m_2s^2+Bs+k_2)X(s)=F(s)+BsX_1(s)$$

$$X_1(s)=\frac{Bs}{m_1s^2+Bs+k_1}X(s),\ X(s)=\frac{1}{m_2s^2+Bs+k_2}[F(s)+BsX_1(s)]$$

$X_1(s)$、$X(s)$的方块图分别如图 2.5(a)、2.5(b)所示。将图 2.5(a)、2.5(b)所示方块图合并得该系统的方块图，如图 2.5(c)所示。对合并后的方块图进行简化，如图 2.5(d)、2.5(e)所示。

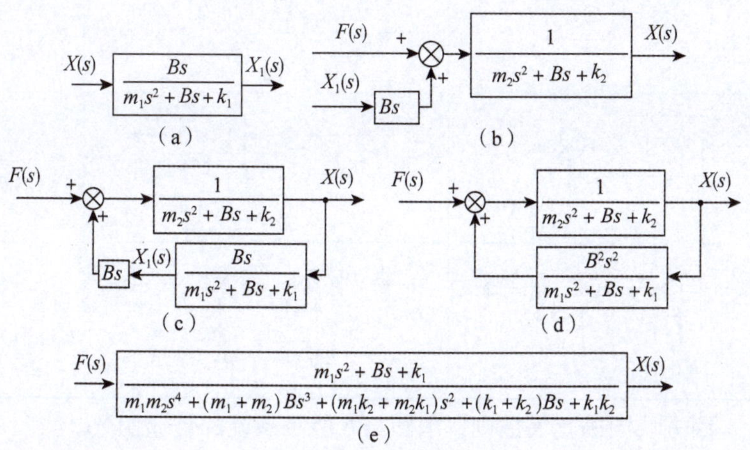

图 2.5　例 2.4 的方块图

图 2.5(e)方框中的函数即为该系统的传递函数。

3. 方块图的化简

方块图的化简采用等效变换的代数法则。在化简过程中，移动分支点和相加点时注意遵守以下两条基本原则。

(1)前向通道的各环节传递函数的乘积保持不变。

(2)反馈回路的各环节传递函数的乘积保持不变。

方块图的化简原则见表 2.2。

表 2.2　方块图的化简原则

变换	原方块图	等效方块图	等式
串联	$R(s)$ → $G_1(s)$ → $G_2(s)$ → $C(s)$	$R(s)$ → $G_1(s)G_2(s)$ → $C(s)$	$C(s)=G_1(s)G_2(s)R(s)$
并联	$R(s)$ → $G_2(s)$、$G_1(s)$ → ⊗(+,+) → $C(s)$	$R(s)$ → $G_1(s)G_2(s)$ → $C(s)$	$C(s)=[G_1(s)+G_2(s)]R(s)$
反馈	$R(s)$ → ⊗(±) → $G(s)$ → $C(s)$，$H(s)$	$R(s)$ → $\frac{G(s)}{1\mp G(s)H(s)}$ → $C(s)$	$C(s)=\frac{G(s)}{1\mp G(s)H(s)}R(s)$
分支点后移	$R(s)$ → $G(s)$ → $C(s)$；$R(s)$	$R(s)$ → $G(s)$ → $C(s)$；$\frac{1}{G(s)}$ → $R(s)$	$C(s)=G(s)R(s)$
分支点前移	$R(s)$ → $G(s)$ → $C(s)$；$C(s)$	$R(s)$ → $G(s)$ → $C(s)$；$G(s)$ → $G(s)$	$C(s)=G(s)R(s)$
相加点后移	$R_1(s)$ → ⊗(+, ±$R_2(s)$) → $G(s)$ → $C(s)$	$R_1(s)$ → $G(s)$ → ⊗(+, ±) → $C(s)$；$R_2(s)$ → $G(s)$	$C(s)=G(s)[R_1(s)\pm R_2(s)]$
相加点前移	$R_1(s)$ → $G(s)$ → ⊗(+, ±$R_2(s)$) → $C(s)$	$R_1(s)$ → ⊗(+, ±) → $G(s)$ → $C(s)$；$R_2(s)$ → $\frac{1}{G(s)}$	$C(s)=G(s)R_1(s)\pm R_2(s)$
相加点交换	$R_1(s)$ → ⊗(+, +$R_2(s)$) → ⊗(+, +$R_3(s)$) → $C(s)$	$R_1(s)$ → ⊗(+, +$R_3(s)$) → ⊗(+, +$R_2(s)$) → $C(s)$	$C(s)=R_1(s)+R_2(s)+R_3(s)$

【例 2.5】　用方块图的化简原则，求图 2.6 所示系统的传递函数。

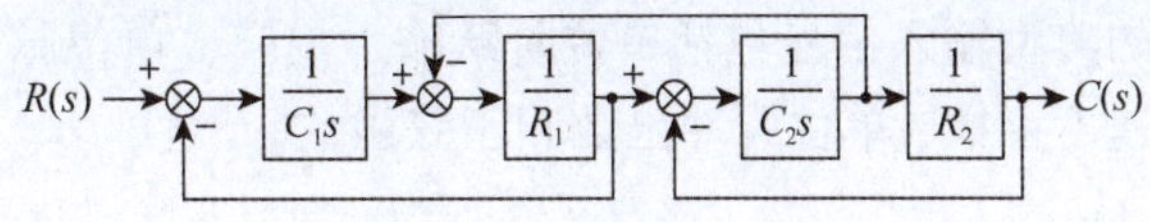

图 2.6　*RC* 电网络方块图

解：(1)相加点前移得到等效方块图，如图 2.7 所示。

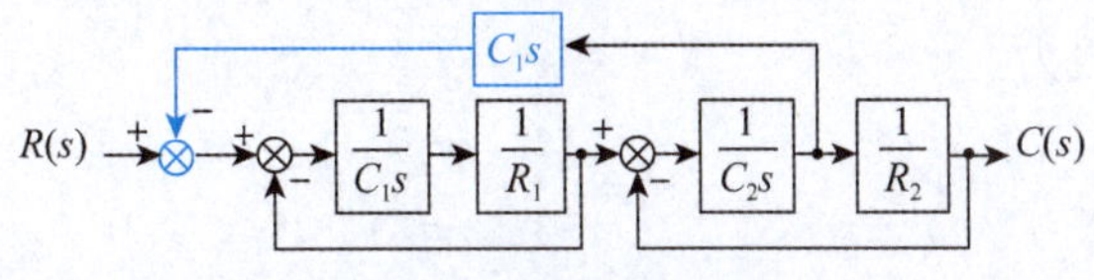

图 2.7　相加点前移

(2)分支点后移得到等效方块图，如图 2.8 所示。

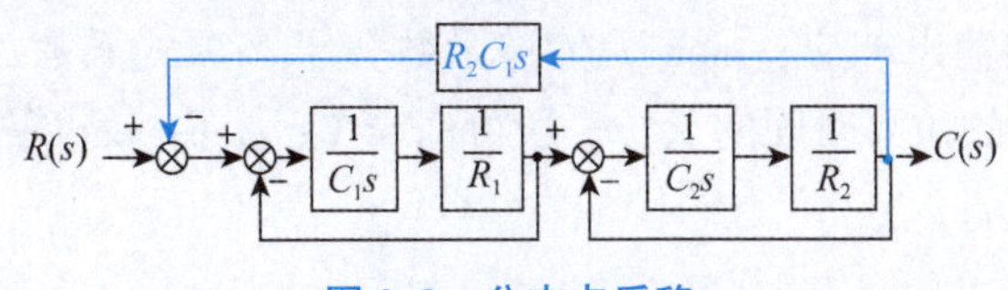

图 2.8　分支点后移

(3)消去两个反馈回路得到等效方块图，如图 2.9 所示。

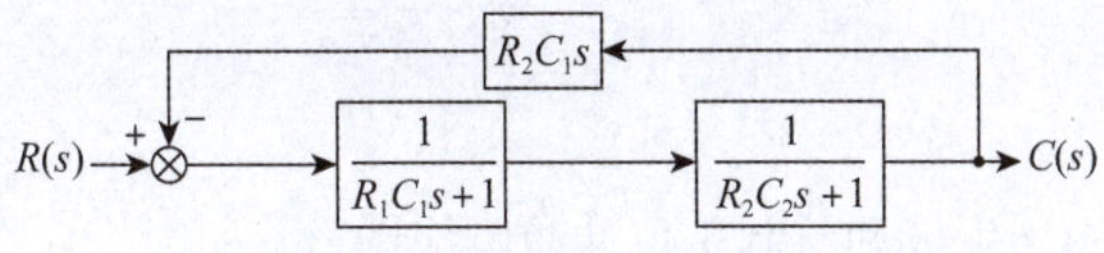

图 2.9　消去两个反馈回路

(4)消去反馈回路得到等效方块图，如图 2.10 所示，方框中的函数即为该系统的传递函数。

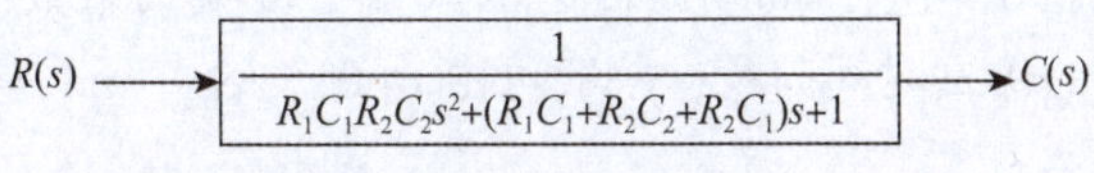

图 2.10　消去反馈回路

2.2　基于 MATLAB 的控制系统稳定性分析方法

一般来说，稳定性是控制系统的重要性能，也是控制系统能够正常运行的首要条件。如果控制系统不稳定，则会出现电机不工作、汽车失去控制等情况。因此，只有稳定的系统，才有价值分析与研究控制系统的自动控制等其他问题。为了加深对稳定性方面的研究，本节运用 MATLAB 软件采用时域分析法、根轨迹分析法与频域分析法对控制系统稳定性进行判定和分析。

2.2.1　时域分析法

时域分析法是在时间域内研究控制系统的性能的方法。它是直接基于拉普拉斯变换求解控制系统的微分方程时系统的响应时间，然后基于响应和响应曲线，分析控制系统的动态响应性能和稳态性能的一种方法。

控制系统中常用的典型输入信号包括单位阶跃输入响应、单位脉冲输入响应、单位斜坡输入响应、单位加速度函数、单位脉冲函数和正弦函数。

1. 单位阶跃输入响应

step 函数用于计算线性系统的单位阶跃输入响应，当不带输入变量时，step 函数可在当前命令窗口中直接绘制出线性系统的单位冲激响应曲线。

单位阶跃输入函数为

$$r(t)=\begin{cases}1 & \tau>0\\0 & \tau\leqslant 0\end{cases} \tag{2.4}$$

用 MATLAB 表示控制系统在单位阶跃输入下的输出响应的命令格式为

```
y=step(num,den,t)
```

其中，y 为系统的输出响应；num 为传递函数分子多项式系数；den 为传递函数分母多项式系数；t 为选定的仿真时间向量，一般可由 t=0：step：end 等步长地产生。

2. 单位脉冲输入响应

单位脉冲输入函数为

$$r(t)=\delta(t)=\begin{cases}\infty & \tau>0\\0 & \tau\neq 0\end{cases} \tag{2.5}$$

式中，$\int_{-\infty}^{+\infty}\delta(t)\,\mathrm{d}t=1$。

impulse 函数主要用于生成和绘制单位冲激响应图。

用 MATLAB 表示控制系统在单位脉冲输入下的输出响应的命令格式为

```
y=impulse(num,den,t)
```

其中，y 为系统的输出响应；num 为传递函数分子多项式系数；den 为传递函数分母多项式系数；t 为选定的仿真时间向量，一般可由 t=0：step：end 等步长地产生。

3. 单位斜坡输入响应

MATLAB 没有直接求控制系统的单位斜坡输入响应的功能函数。在求控制系统的单位斜坡输入响应时，通常用 step 函数求传递函数为 $G(s)/s$ 的控制系统的单位阶跃输入响应，得到结果即为原控制系统 $G(s)$ 的单位斜坡输入响应。原因是单位阶跃输入响应的拉普拉斯变换为$\frac{1}{s}$，而单位斜坡输入响应的拉普拉斯变换为$\frac{1}{s^2}$。

4. 单位加速度函数

单位加速度函数的数学表达式为

$$f(t)=\frac{1}{2}t^2(t\geqslant 0) \tag{2.6}$$

在 MATLAB 中可以借助定义时间范围和函数表达式来对其进行描述。

5. 正弦函数

正弦函数的数学表达式为

$$f(t)=A\sin(\omega t+\varphi) \tag{2.7}$$

式中，A 为振幅，ω 为角频率，φ 为相位。在 MATLAB 中，能够依据这些参数来描述正弦函数。

【例 2.6】　控制系统传递函数为 $G(s)=\dfrac{20s+33}{s^2+2s+10}$，求其单位阶跃输入响应、单位脉冲输入响应和单位斜坡输入响应。

解：在 MATLAB 命令窗口中输入以下程序。

```
n=[20,33];
d=[1,2,10];
sys=tf(n,d);                                   %构建 G(s)传递函数模型
step(sys);                                     %求其单位阶跃响应
figure(2);
impulse(sys);                                  %求其单位脉冲响应
n1=[20,33];
d1=[1,2,10,0];
sys1=tf(n1,d1);                                %构建 G(s)/s 的传递函数模型
figure(3);
step(sys1);                                    %求其单位斜坡响应
t = 0:0.01:10;                                 % 时间范围
%% 生成正弦输入信号
A = 1;                                         % 振幅
omega = 1;                                     % 角频率
phi = 0;                                       % 相位
sin_input = A*sin(omega*t + phi);
sin_response = lsim(sys, sin_input, t);        % 求解正弦输入下的系统响应
acc_input = 0.5*t.^2;                          % 生成加速度输入信号
acc_response = lsim(sys, acc_input, t);        % 求解加速度输入下的系统响应
figure(4);
subplot(2,1,1);
plot(t, sin_input, 'b', t, sin_response, 'r');
title('正弦输入及其响应');
xlabel('时间 (s)');
ylabel('振幅');
legend('正弦输入','正弦响应');
grid on;
figure(5);
plot(t, acc_input, 'b', t, acc_response, 'r');
title('加速度输入及其响应');
xlabel('时间 (s)');
ylabel('振幅');
legend('加速度输入','加速度输入响应');
grid on;
```

输出结果如图 2.11～图 2.15 所示。

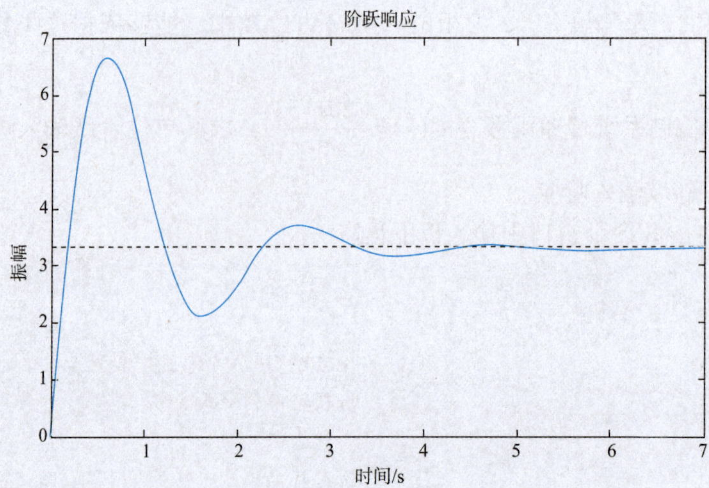

图 2.11　单位阶跃输入响应曲线

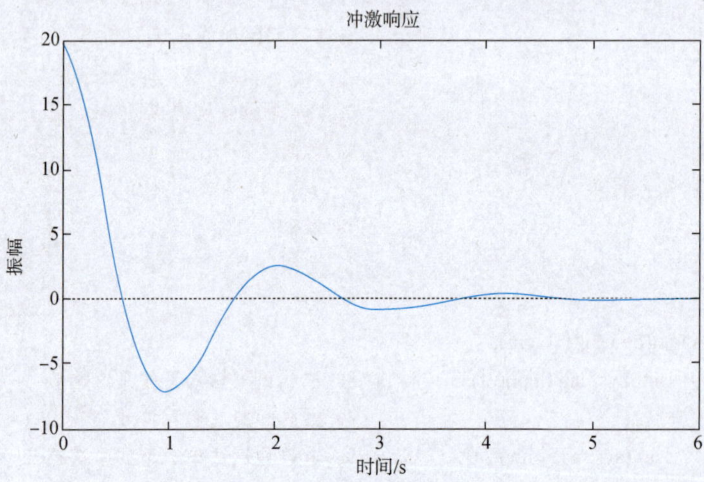

图 2.12　单位脉冲输入响应曲线

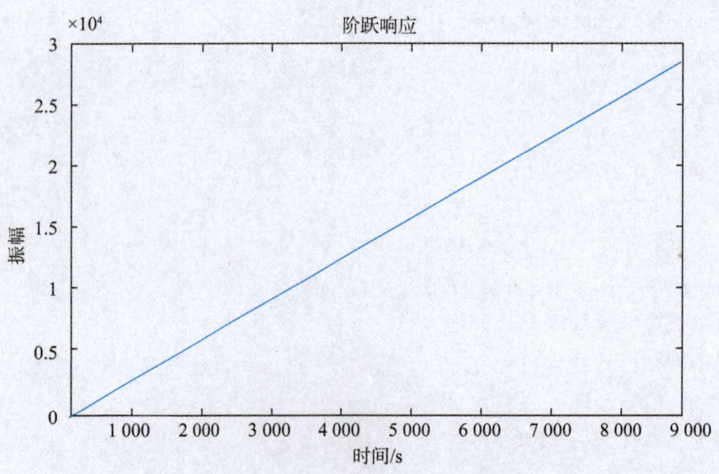

图 2.13　单位斜坡输入响应曲线

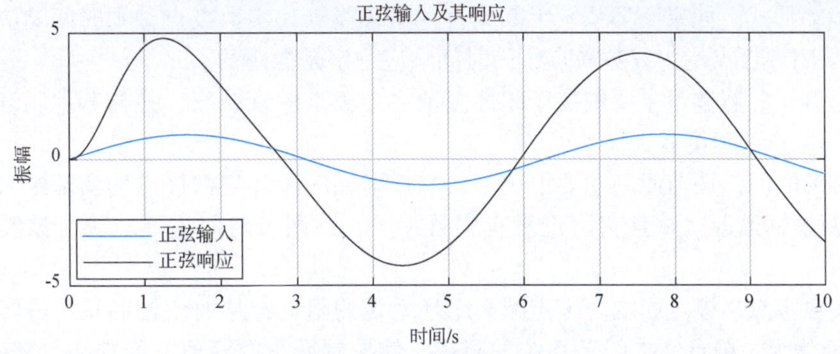

图 2.14　正弦输入及其响应曲线

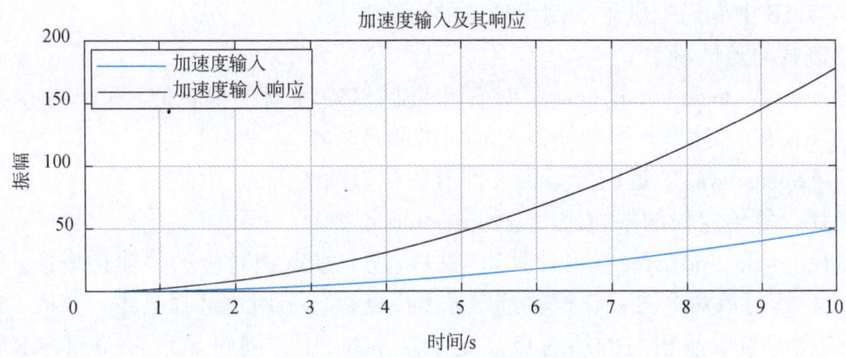

图 2.15　加速度输入及其响应曲线

2.2.2　根轨迹分析法

控制系统的稳定性只由其闭环极点确定。而控制系统过渡过程的基本特性则与其闭环零、极点在 s 平面上分布的位置有关。根轨迹分析法是在已知控制系统开环传递函数的零、极点分布的基础上，研究某一参数变化时对控制系统闭环传递函数极点分布的影响。

根轨迹是指当开环系统某一参数从零变到无穷大时，闭环系统特征方程的根在 s 平面上的轨迹。一般来说，这一参数选作开环系统的增益 K，而当闭环系统没有零点和极点相消时，闭环系统特征方程的根就是闭环传递函数的极点。

根轨迹分析法是分析和设计线性定常控制系统的图解方法，使用十分简便，可以对控制系统进行各种性能分析。

1. 根轨迹与稳定性

当控制系统开环增益开始变化时，若根轨迹不越过虚轴进入 s 右半平面，那么控制系统对所有的 K 值都是稳定的；若根轨迹越过虚轴进入 s 右半平面，那么根轨迹与虚轴交点处的 K 值就是临界开环增益。应用根轨迹分析法，可以迅速确定控制系统在某一个开环增益或某一参数下的闭环零点、极点位置，从而得到相应的闭环传递函数。

2. 根轨迹与系统性能的定性分析

(1) 稳定性。如果闭环极点全部位于 s 左半平面，则控制系统一定是稳定的，即稳定性只与闭环极点的位置有关，与闭环零点位置无关。

(2)运动形式。如果闭环系统无零点，且闭环极点为实数极点，则时间响应一定是单调的；如果闭环极点均为复数极点，则时间响应一定是振荡的。

(3)超调量。超调量主要取决于闭环复数主导极点的衰减率，并与其他闭环零点、极点接近坐标原点的程度有关。

(4)调节时间。调节时间主要取决于最靠近虚轴的闭环复数极点的实部绝对值；如果实数极点距虚轴最近，并且它附近没有实数零点，则调节时间主要取决于该实数极点的模值。

(5)实数零点、极点影响。零点减小闭环系统的阻尼，从而使控制系统的峰值时间提前，超调量增大；极点增大闭环系统的阻尼，使控制系统的峰值时间滞后，超调量减小。而且这种影响将随其接近坐标原点的程度而加强。

在 MATLAB 中专门提供了绘制根轨迹的有关函数。

(1)绘制根轨迹的函数。

rlocus(sys)或 rlocus(num,den)：计算并绘制 SISO 系统的根轨迹。

rlocus(sys,K)：计算并绘制增益为 K 时的闭环极点。

[r,K]=rlocus(sys)：返回增益为 K 时复根位置的矩阵 r。

(2)使用计算给定根的根轨迹增益的 rlocfind 函数。

[K,poles]=rlocfind(sys)：可计算出与根轨迹上极点相对应的根轨迹增益。当前根轨迹已绘制出。运行该命令时，在根轨迹中显示出光标，当用户选择其中一点时，其相应的增益由 K 记录，与增益相关的所有极点记录在 poles 中，同时显示在 MATLAB 命令行窗口中。

[K,poles]=rlocfind(sys,p)：事先给出极点 p。运行该命令时，除显示出该根对应的增益外，还显示出该增益对应的其他根。

(3)开环零点极点位置绘制的 pzmap 函数。

pzmap(sys)：零点、极点绘图命令，零点标记为“×”，极点标记为“○”。

[p,z]=pzmap(sys)：返回零点、极点值，不作图。

【例 2.7】 系统开环传递函数为 $G(s)=\dfrac{K_1}{s(s+1)(s+2)}$，绘制其闭环根轨迹。

解： 在 MATLAB 命令窗口中输入以下程序。

```
z=[ ];
p=[0,-1,-2];
k=1;
sys=zpk(z,p,k);
rlocus(sys);                          %绘制闭环根轨迹
z1=[ ];
p1=[-1,-1,-1];
k1=1;
sys1=zpk(z1,p1,k1);
hold on;
rlocus(sys1);                         %加渐近线
[k,poles]=rlocfind(sys)               %绘制指定根计算对应的增益和根矢量 p
```

运行结果为根轨迹曲线，如图 2.16 所示。

可在图上选择点 -5.021 3-0.055 9i，在 MATLAB 命令窗口可以得到对应的增益为 k =61.028 0，极点 p 为 -5.021 8+0.000 0i，1.010 9+3.336 3i，1.010 9-3.336 3i。

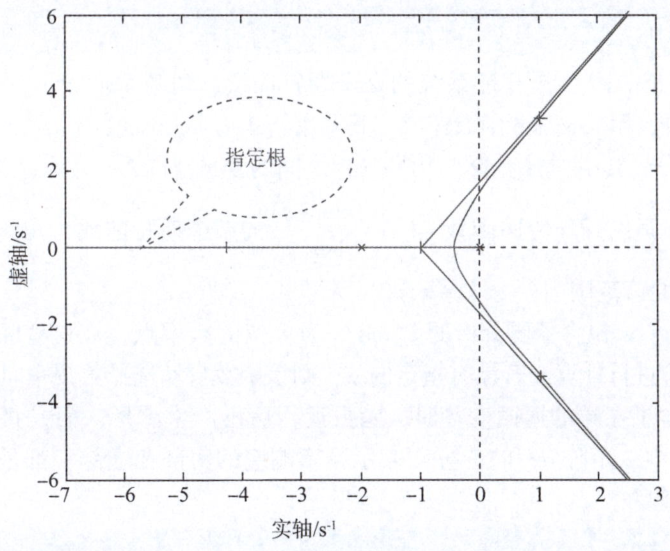

图 2.16　根轨迹曲线

2.2.3　频域分析法

频率响应是指控制系统对正弦输入信号的稳态响应，从频率响应中可以得出带宽、增益、转折频率、闭环稳定性等系统特征。频域分析法所研究的问题，仍然是控制系统控制过程的稳定性、快速性及稳态精度等性能。

根据系统频率响应特性来研究系统稳定性的优点。

(1)无需求解特征方程的根。

(2)频率响应实验简便又准确。

频率特性是指控制系统在正弦信号作用下，稳态输出与稳态输入之比对频率的关系特性。频率特性函数与传递函数有直接的关系。

设控制系统传递函数为

$$G(s)=\frac{b_1 s^m+b_2 s^{m-1}+\cdots+b_m s+b_{m+1}}{a_0 s^n+a_1 s^{n-1}+\cdots+a_{n-1} s+a_n} \tag{2.8}$$

则频率特性函数为

$$G(j\omega)=\frac{b_1\ (j\omega)^m+b_2\ (j\omega)^{m-1}+\cdots+b_m(j\omega)+b_{m+1}}{a_0\ (j\omega)^n+a_1\ (j\omega)^{n-1}+\cdots+a_{n-1}(j\omega)+a_n} \tag{2.9}$$

采用频域分析法可直观地表达出控制系统的频率特性，分析方法简单，物理概念也较明确，对于改善控制系统稳定性和稳态精度等问题，都可以从控制系统的频率特性上明确地看出其物理实质和解决途径。

通常将频率特性用曲线的形式表示，包括幅相频率特性曲线(简称幅相曲线)和对数频率特性曲线。MATLAB 提供了绘制这两种曲线的函数。

1. 幅相频率特性曲线(奈奎斯特图)

控制系统工具箱中提供了 nyquist 函数。该函数可以用来直接求解奈奎斯特矩阵或绘

制奈奎斯特图。当命令中不包含左端返回值时，函数运行后会产生奈奎斯特图。该函数的调用格式为

```
nyquist(num,den)
```

nyquist(num,den,w)：作开环系统的奈奎斯特曲线。角频率向量 w 的范围可以人工给定。w 为对数等分，用 logspace 函数完成。其调用格式为 logspace(d1,d2,n)，表示将角频率向量 w 做对数等分。其中，d1、d2 为$10^{d1}\sim10^{d2}$之间的变量范围，n 为等分点数。

nyquist(G)：画出开环传递函数 $G(s)=\dfrac{\mathrm{num}(s)}{\mathrm{den}(s)}$的奈奎斯特曲线，角频率向量范围自动设定，默认 w 的取值范围为$(-\infty，+\infty)$。

nyquist(G,w)：w 包含了要分析的以 rad/s 为单位的频率点，在这些频率点上，将对控制系统的频率响应进行计算，若没有指定的 w，则该函数自动选择角频率向量进行计算。

当命令中包含了左端的返回变量时，函数运行后不产生图形，而是将计算结果返回到矩阵 re、im 和 w 中。矩阵 re 和 im 分别表示频率响应的实部和虚部，都是由向量 w 中指定的频率点计算得到的。

```
[re,im,w]=nyquist(G)
[re,im,w]=nyquist(G,w)
```

【例 2.8】 已知 $G(s)H(s)=\dfrac{0.5}{s^3+2s^2+s+0.5}$，绘制奈奎斯特图，并判定控制系统的稳定性。

解： 在 MATLAB 命令窗口中输入以下程序。

```
num=0.5;
den=[1 2 1 0.5];
figure(1);
nyquist(num,den);                    %绘制奈奎斯特图
roots(den)                           %求其特征方程的根
```

运行结果为奈奎斯特曲线，如图 2.17 所示。

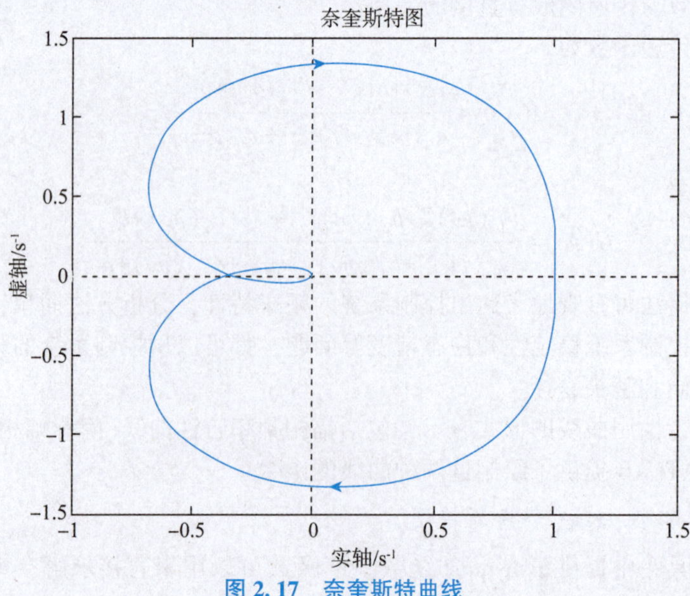

图 2.17　奈奎斯特曲线

从图中可以看出，由于控制系统的奈奎斯特曲线没有包围和远离点(-1，j0)，且 p=0，因此该系统闭环稳定。

2. 对数频率特性曲线(伯德图)

利用控制系统工具箱中提供的 bode 函数可以直接求取、绘制给定线性系统的伯德图。当命令中不包含左端返回值时，函数运行后会产生伯德图。如果命令表达式的左端还有返回值，则 bode 函数计算的幅值和相角将返回到相应的矩阵中，此时不产生响应图。该函数的调用格式为

```
[mag,phase,w]=bode(num,den)
[mag,phase,w]=bode(num,den,w)
[mag,phase,w]=bode(G)
[mag,phase,w]=bode(G,w)
```

矩阵 mag、phase 包含控制系统频率响应的幅值和相角，这些幅值和相角是在用户指定的频率点上计算得到的。如果用户不指定 w，MATLAB 会自动产生 w，并根据 w 上的频率点计算幅值和相角。

3. 求取稳定裕值

同前面介绍的时域分析法类似，由 MATLAB 中的 bode 函数绘制的伯德图也可以采用游动鼠标法求取系统的幅值裕量和相位裕量。

此外，控制系统工具箱中提供了 margin 函数求取给定线性系统幅值裕度和相角裕度。margin(num,den)：可计算出控制系统传递函数 $G(s)=\dfrac{\text{num}(s)}{\text{den}(s)}$ 表示的幅值裕度和相角裕度并绘制相应伯德图。该函数的调用格式为

```
[Gm,Pm,Wcg,Wcp]=margin(G);
```

其中，返回以绝对单位表示，即计算并返回线性时不变系统 G 的增益裕度 Gm、相角裕度 Pm、幅值穿越频率 Wcg 和相位穿越频率 Wcp。

【例 2.9】 单位负反馈系统的开环传递函数为 $G(s)=\dfrac{10(s+1)}{s(s+7)}$，试画出该系统的伯德图，并求出相应的幅值裕量和相位裕量。

解：在 MATLAB 命令窗口中输入以下程序。

```
num=10*[1,1];
den=[1,7,0];
bode(num,den);
[Gm,Pm,Wcg,Wcp]=margin(num,den)
```

运行结果为单位负反馈系统的伯德图，如图 2.18 所示，并在命令窗口中得到 Gm = Inf；Pm = 126.076 8；Wcg = NaN；Wcp = 7.272 5。

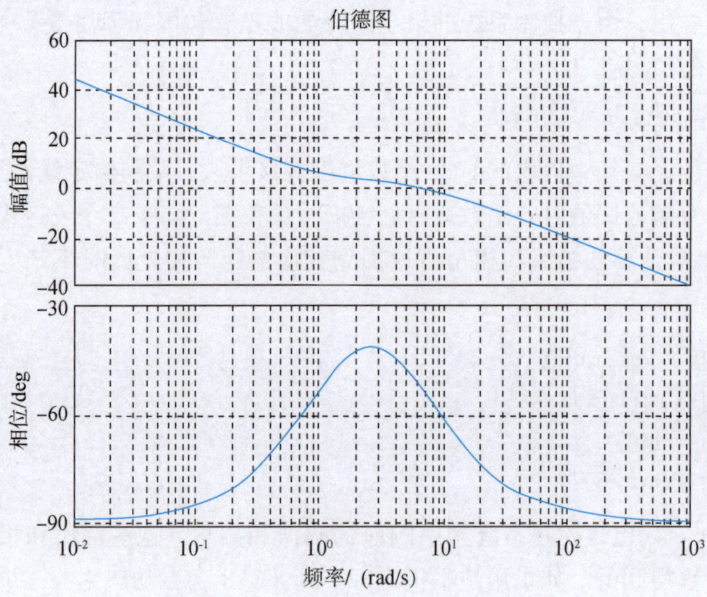

图 2.18　单位负反馈系统的伯德图

习　题

2.1 汽车模型如图 2.19 所示，m_s 为悬挂质量，m_w 为非悬挂质量，K_s 为悬架刚度，C_s 为悬架阻尼系数，K_w 为车轮刚度，q 为路面不平度的位移函数，z_w、z_s 分别为车轮轴和车身的垂直位移坐标、坐标原点在各自的平衡位置。试建立车身垂直加速度、悬架动挠度和车轮动载的传递函数。

2.2 试建立图 2.20 所示电路的动态微分方程，输入为 $u_i(t)$，输出为 $u_o(t)$，并求传递函数。

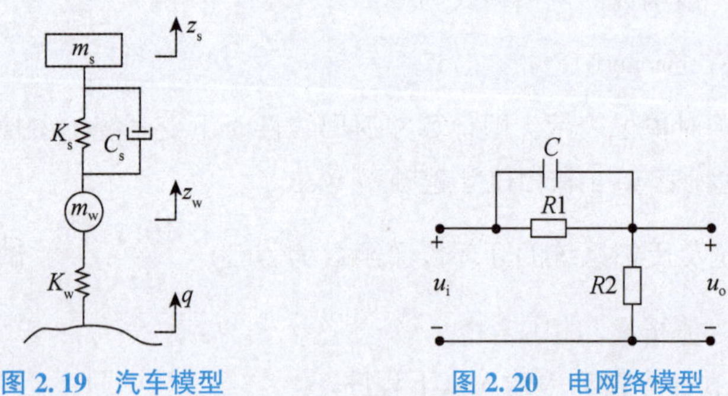

图 2.19　汽车模型　　图 2.20　电网络模型

2.3 已知系统开环传递函数为 $G(s)=\dfrac{k}{s^2+5s+k}$，分别求系统参数 $k=3$，$k=25$，$k=60$ 时，系统的单位阶跃输入响应。

2.4 已知系统开环传递函数为 $G(s)=\dfrac{75(0.2s+1)}{s(s^2+16s+100)}$，设计仿真程序，用伯德图判定系统的稳定性，并用阶跃响应曲线验证。

2.5 已知系统开环传递函数为 $G(s)=\dfrac{1000}{s(s^2+5s+100)}$，设计仿真程序，用奈奎斯特图判定系统的稳定性，并用阶跃响应曲线验证。

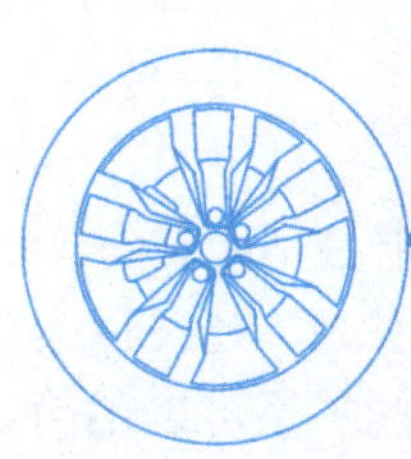

第 3 章 现代控制理论基础

本章主要介绍现代控制理论的基础知识，主要内容包括控制系统的状态空间模型、状态空间表达式的基本概念、线性系统的状态空间表达式、线性系统的能控性与能观测性以及控制系统的稳定性分析方法。

在现代控制理论中，控制系统的建模问题就是确定控制系统的状态空间表达式，即建立控制系统在状态空间中的数学模型，包括状态方程和输出方程。状态空间表达式是现代控制理论的一个基本问题，也是现代控制理论中分析和综合控制系统的前提。其重要性与经典控制理论中确定控制系统的传递函数模型一样。

3.1　状态空间模型

在经典控制理论中，常采用传递函数作为控制系统的数学模型。传递函数法如图 3.1(a)所示。传递函数 $G(s)$ 表达的是控制系统单输入 u 与单输出 y 之间的关系，消除了中间变量，未提供控制系统内部状态的必要信息，描述的只是控制系统的端部特性。然而，具有相同端部特性的控制系统，其结构特性并非总是一样的。同样，只了解端部特性也不能充分了解一个控制系统的运动状况。因此，仅用传递函数作为控制系统的描述有时是不完整的，对掌握控制系统内部的全部状态和特性往往也是不够的。

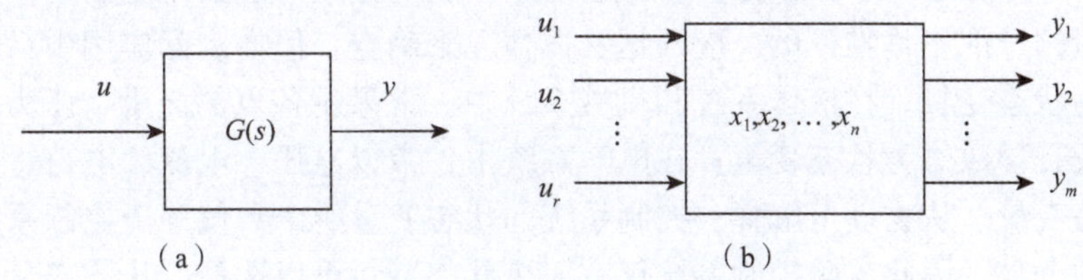

图 3.1　传递函数法与状态空间法的比较

(a)传递函数法；(b)状态空间法

现代控制理论研究高阶的、复杂的 MIMO 系统，如图 3.1(b)所示，即多输入 u_1，u_2，…，u_r 与多输出 y_1，y_2，…，y_m 之间的信号传递关系。其揭示了控制系统的内部状态 x_1，x_2，…，x_n 的变化，可以将控制系统的微分方程归结为一阶线性微分方程。该方程及其解的形式简单、直观，便于采用矩阵方法及计算机进行分析、设计与实时控制。

两个先后顺序不同传递关系的方块图，如图 3.2 所示。

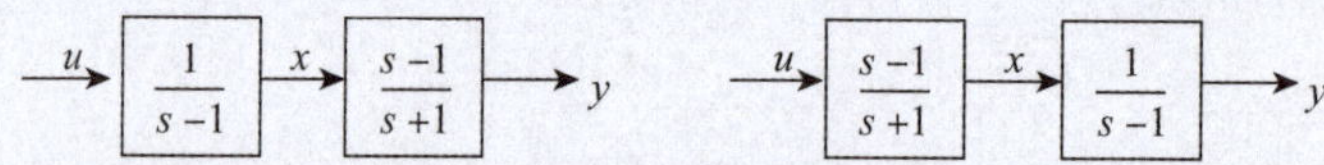

图 3.2 两个先后顺序不同传递关系的方块图

从输入-输出关系来看，它们具有相同的传递函数，即

$$G(s)=\frac{1}{s+1}$$

实际上这两个控制系统是不等价的，一个是能观不能控的，另一个是能控不能观的。

显然，状态空间法不仅可以表示控制系统多输入和多输出之间的外部关系，还可以表示出控制系统内部的全部状态和特性；控制系统输入与状态、状态与输出的关系可以用简单的矩阵方程来表示，不会因控制系统输入、输出数目的增多而增加其形式上的复杂性；便于用计算机进行分析、设计与实时控制。因此，状态空间法是一种更全面描述系统特性的较好的方法。

3.2 状态空间表达式的基本概念

在现代控制理论中，对于控制系统的数学描述除表达控制系统的输入-输出关系外，还要加上反映控制系统内部状态变化的参量-状态变量，这种描述方法称为状态空间表达式。以下为其基本的概念。

1)状态

状态是指控制系统的过去、现在和将来的状况。当控制系统的所有外部输入已知时，为确定控制系统未来运动所必要与充分的信息的集合叫作控制系统的状态。控制系统在 $t=t_0$ 的状态，由 t_0 时的状态和 $t>t_0$ 时的输入唯一确定，与 t_0 时刻前的状态和输出无关。因此控制系统的状态也就是指能够完全描述系统的一个最少变量组。此处的“完全”表示反映控制系统的全部状况；“最少”表示确定控制系统的状况无多余信息。

2)状态变量

状态变量是指完全描述控制系统行为的最少变量组中的每一个变量。例如，$x_1(t)$，$x_2(t)$，…，$x_n(t)$构成的变量组可以完全描述控制系统的行为，则其中的每一个变量 $x_i(t)$ $(i=1, 2, \cdots, n)$便是一个状态变量。状态变量一般是时间的函数。对于一个控制系统来说，状态变量的选取不是唯一的，应根据具体情况来确定，但在实际应用中，常选择容易测量的量作为状态变量。在液压系统和机械系统中，常采用各点的流量、压力、位移、速度、加速度及其导数作为状态变量；在电学系统中，常以电压、电流、电荷、磁通等及其导数作为状态变量。从物理上解释，控制系统的状态变量的个数仅等于控制系统包含的独立储能元件的个数，因此 n 阶控制系统仅有 n 个状态变量可以选择，状态变量之间最大线性无关组即为完全描述控制系统行为的最少变量组。

3)状态向量

完全描述一个给定系统的动态行为需要 n 个状态变量，每个状态变量都是时间 t 的函数，记为 $x_1(t)$，$x_2(t)$，…，$x_n(t)$，而控制系统的每一个状态都可以用一个由 x_1，x_2，…，x_n 为轴的 n 维状态空间上的一点来表示。其向量形式为

$$
\boldsymbol{x}(t)=\begin{bmatrix} x_1(t) \\ x_2(t) \\ \vdots \\ x_n(t) \end{bmatrix} \text{ 或 } \boldsymbol{x}^{\mathrm{T}}=[x_1(t)x_2(t)\ \cdots\ x_n(t)] \tag{3.1}
$$

当给定了 $t \geqslant t_0$ 的输入 $u(t)$ 和起始时刻的状态 $x(t_0)$，则状态向量 $\boldsymbol{x}(t)$ 就能唯一地确定任何 $t \geqslant t_0$ 时控制系统的状态。

4)状态空间

把 n 个状态变量分别作为 n 维空间的坐标轴，则此空间称为 n 维状态空间。控制系统的任一状态都可以用状态空间的一个点来表示。

5)状态方程

由控制系统的状态变量构成的一阶微分方程组，称为状态方程。它反映控制系统中状态变量和输入变量之间的因果关系，也反映每个状态变量对时间的变化关系。描述控制系统状态变量与输入变量之间关系的一阶微分方程组为

$$
\dot{\boldsymbol{x}}(t)=\boldsymbol{A}\boldsymbol{x}(t)+\boldsymbol{B}\boldsymbol{u}(t) \tag{3.2}
$$

6)输出方程

在指定输出的情况下，该输出变量与状态变量和输入变量之间的函数关系反映了其因果关系。描述控制系统输出变量与状态变量和输入变量之间关系的表达式为

$$
\boldsymbol{y}(t)=\boldsymbol{C}\boldsymbol{x}(t)+\boldsymbol{D}\boldsymbol{u}(t) \tag{3.3}
$$

7)状态空间表达式

状态空间表达式包括状态方程和输出方程，涉及输入变量、输出变量和状态变量。如图 3.3 所示，状态空间表达式(内部描述)能完全表征控制系统的一切动力学特征，是对控制系统的一个完全描述。

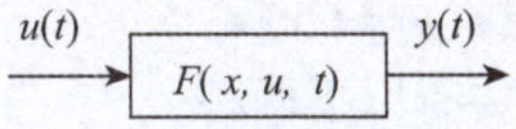

$$
u(t) \longrightarrow \boxed{F(x, u, t)} \longrightarrow y(t)
$$

图 3.3　状态空间表达式

3.3　线性系统的状态空间表达式

经典控制理论：线性定常 SISO 系统。

现代控制理论：可以是线性定常 SISO 系统，也可以是 MIMO 系统。

状态方程与输出方程的组合称为状态空间表达式，又称为动态方程或状态空间描述。其一般形式为

$$
\begin{cases} \dot{\boldsymbol{x}}(t)=\boldsymbol{f}[\boldsymbol{x}(t),\ \boldsymbol{u}(t),\ t] \\ \boldsymbol{y}(t)=\boldsymbol{g}[\boldsymbol{x}(t),\ \boldsymbol{u}(t),\ t] \end{cases} \tag{3.4}
$$

状态方程与输出方程都是线性方程的系统是线性系统。线性系统的状态方程是一阶向量线性微分方程或一阶向量线性差分方程。

线性系统状态空间表达式为

$$
\begin{cases} \dot{\boldsymbol{x}}(t)=\boldsymbol{A}(t)\boldsymbol{x}(t)+\boldsymbol{B}(t)\boldsymbol{u}(t) \\ \boldsymbol{y}(t)=\boldsymbol{C}(t)\boldsymbol{x}(t)+\boldsymbol{D}(t)\boldsymbol{u}(t) \end{cases} \tag{3.5}
$$

式中，若状态 $\boldsymbol{x}(t)$，输入 $\boldsymbol{u}(t)$，输出 $\boldsymbol{y}(t)$ 的维数分别为 n，p，q，则 $\boldsymbol{A}(t)\in\boldsymbol{R}^{n\times n}$ 为系数矩阵(或状态矩阵)；$\boldsymbol{B}(t)\in\boldsymbol{R}^{n\times p}$ 为控制矩阵(或输入矩阵)；$\boldsymbol{C}(t)\in\boldsymbol{R}^{q\times n}$ 为观测矩阵(或输出矩阵)；$\boldsymbol{D}(t)\in\boldsymbol{R}^{q\times p}$ 为前馈矩阵(或输入输出矩阵)。

在线性系统的状态空间表达式中，若系数矩阵的各元素都是常数，则称该系统为线性定常系统(线性时不变系统)，否则称该系统为线性时变系统。

线性定常系统状态空间表达式为

$$\begin{cases}\dot{\boldsymbol{x}}(t)=\boldsymbol{A}\boldsymbol{x}(t)+\boldsymbol{B}\boldsymbol{u}(t)\\ \boldsymbol{y}(t)=\boldsymbol{C}\boldsymbol{x}(t)+\boldsymbol{D}\boldsymbol{u}(t)\end{cases}\tag{3.6}$$

线性连续时间系统结构图如图 3.4 所示。

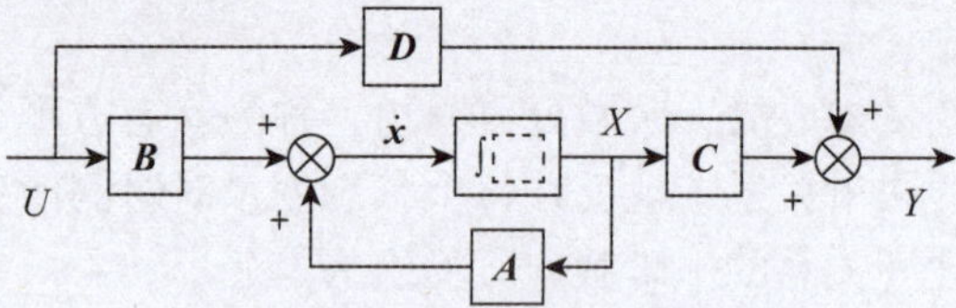

图 3.4　线性连续时间系统结构图

注意：每一个方块的输入输出关系规定为输出向量 = (方块所示矩阵)×(输入向量)，向量、矩阵的乘法运算中，相乘顺序不允许任意颠倒。

从图 3.4 中可以看出，$\boldsymbol{D}$ 描述了输入 U 不通过状态变量 $\dot{\boldsymbol{x}}$ 对输出 Y 的直接影响，其不影响系统的动态过程，实质上是系统外部模型的一部分。

因此，当利用状态模型来分析系统动态行为时，常假设 $\boldsymbol{D}\equiv 0$，并不失对问题讨论的一般性。则连续时不变系统的状态空间表达式通常表示为

$$\begin{cases}\dot{\boldsymbol{x}}(t)=\boldsymbol{A}\boldsymbol{x}(t)+\boldsymbol{B}\boldsymbol{u}(t)\\ \boldsymbol{y}(t)=\boldsymbol{C}\boldsymbol{x}(t)\end{cases}\tag{3.7}$$

建立状态空间表达式的方法主要有以下两种。

(1)根据系统机理建立状态空间表达式。属于分析的途径，适用于结构和参数为已知的系统。直接根据系统的机理建立相应的微分方程，继而选择有关的物理量作为状态变量，从而导出其状态空间表达式。

(2)由系统其他数学模型建立状态空间表达式。属于辨识的途径，适用于结构和参数难以搞清楚的系统。通过实验手段取得数据并采用适当的方法确定系统的输入输出模型，再由所得的系统输入输出描述导出相应的状态空间表达式。

3.3.1　根据系统机理建立状态空间表达式

根据系统机理建立状态空间表达式的基本步骤如下。

(1)根据系统所遵循的物理规律，建立系统的微分方程或差分方程。

(2)选取有关物理量（变量）作为状态变量，推导出系统的状态方程和输出方程。

【例 3.1】　建立图 3.5 所示 RCL 电网络的状态方程。

解： 根据各元件的电流与电压关系、回路电压和等于零，得到系统的方程为

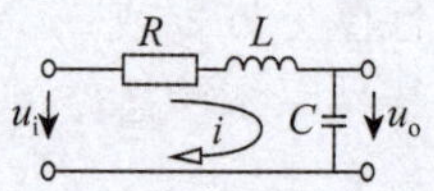

$$Ri+L\frac{\mathrm{d}i}{\mathrm{d}t}+\frac{1}{C}\int i\mathrm{d}t=u_{\mathrm{i}}$$

图 3.5　RCL 电网络

$$u_o = \frac{1}{C}\int i\mathrm{d}t$$

系统的输入、输出分别为 $u=u_i$，$y=u_o$

(1)选取状态变量 $x_1=i$，$x_2=\frac{1}{C}\int i\mathrm{d}t=u_o$，则状态空间表达式为

$$\dot{\boldsymbol{x}}=\begin{bmatrix}-R/L & -1/L\\ 1/C & 0\end{bmatrix}\boldsymbol{x}+\begin{bmatrix}1/L\\ 0\end{bmatrix}\boldsymbol{u}$$

$$\boldsymbol{y}=[0\quad 1]\boldsymbol{x}$$

(2)选取状态变量 $x_1=i$，$x_2=\int i\mathrm{d}t$，则状态空间表达式为

$$\dot{\boldsymbol{x}}=\begin{bmatrix}-R/L & -1/(CL)\\ 1 & 0\end{bmatrix}\boldsymbol{x}+\begin{bmatrix}1/L\\ 0\end{bmatrix}\boldsymbol{u}$$

$$\boldsymbol{y}=[0\quad 1/C]\boldsymbol{x}$$

可见选取不同的状态变量，状态空间表达式则不同。

【例 3.2】　求图 3.6 所示的单自由度汽车模型的状态空间表达式。

解：由牛顿第二定律可建立车体的运动微分方程，即

$$\begin{cases}m\ddot{x}=-K(x-x_0)-C(\dot{x}-\dot{x}_0)\\ \ddot{x}=\dfrac{K}{m}(x_0-x)+\dfrac{C}{m}(\dot{x}_0-\dot{x})\end{cases}$$

式中，m 为车体质量；K 为悬架刚度系数；C 为悬架阻尼系数；x 为车体位移；x_0 为路面不平度位移。

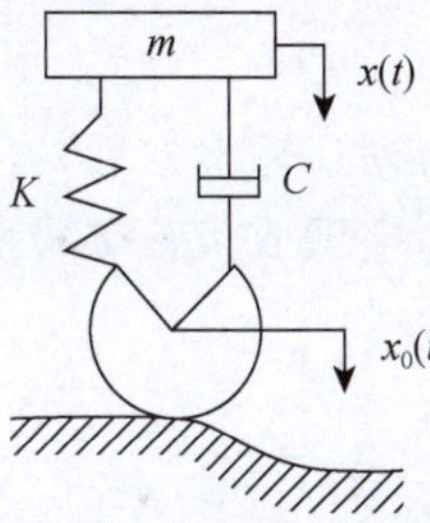

图 3.6　单自由度汽车模型

选择车体的绝对速度 $\dot{x}$ 和相对位移 $x-x_0$ 为状态变量，并令 $x_1=x_0$，$x_2=\dot{x}$，$\dot{x}_0=v_0$。则 $\dot{x}_1=\dot{x}_0-\dot{x}=-x_2+v_0$。

则有

$$\dot{x}_2=\frac{K}{m}x_1+\frac{C}{m}\dot{x}_0-\frac{C}{m}x_2$$

矩阵的形式为

$$\begin{bmatrix}\dot{x}_1\\ \dot{x}_2\end{bmatrix}=\begin{bmatrix}0 & -1\\ \dfrac{K}{m} & -\dfrac{C}{m}\end{bmatrix}\begin{bmatrix}x_1\\ x_2\end{bmatrix}+\begin{bmatrix}1\\ \dfrac{C}{m}\end{bmatrix}v_0$$

状态空间表达式为

$$\dot{x}=\boldsymbol{AX}+\boldsymbol{B}U$$

式中，$\boldsymbol{X}=\begin{bmatrix}x_1\\ x_2\end{bmatrix}$；$\boldsymbol{A}=\begin{bmatrix}0 & -1\\ \dfrac{K}{m} & -\dfrac{C}{m}\end{bmatrix}$；$\boldsymbol{B}=\begin{bmatrix}1\\ \dfrac{C}{m}\end{bmatrix}$；$U=v_0$。

若选择车身速度 $\dot{x}$ 为输出变量，则输出方程为

$$y=\dot{x}=x_2$$

写成矩阵形式，则输出方程为

$$Y=\boldsymbol{CX}$$

式中，$\boldsymbol{C}=[0\quad 1]$；$Y=x_2$。

【例 3.3】 图 3.7 所示为弹簧-质量-阻尼器系统，输入为外力 $F(t)$，输出为位移 $y(t)$，小车质量为 m，阻尼系数为 f，试建立机械位移系统的状态空间表达式。

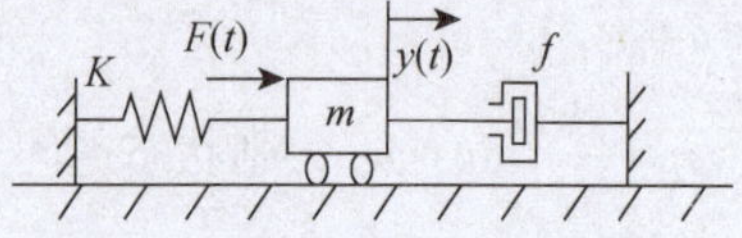

图 3.7 弹簧-质量-阻尼器系统

解：(1) 选择状态变量。选择位移 $y(t)$，速度 $\dot{y}(t)$ 为系统的状态变量。

(2)列写状态方程。

根据牛顿运动定律得出运动微分方程为

$$m\frac{\mathrm{d}^2y}{\mathrm{d}t^2}+f\frac{\mathrm{d}y}{\mathrm{d}t}+ky=F(t)$$

令 $x_1=y$，$x_2=\dot{y}$，将上式写成矩阵形式，得到状态方程为

$$\dot{x}_1=x_2$$

$$\dot{x}_2=-\frac{k}{m}x_1-\frac{f}{m}+\frac{1}{m}F(t)$$

(3)列写输出方程 $y=x_1$。

(4)整理成状态空间表达式，即

$$\dot{\boldsymbol{x}}=\begin{bmatrix}\dot{x}_1\\ \dot{x}_2\end{bmatrix}=\begin{bmatrix}0 & 1\\ -\frac{k}{m} & -\frac{f}{m}\end{bmatrix}\begin{bmatrix}x_1\\ x_2\end{bmatrix}+\begin{bmatrix}0\\ \frac{1}{m}\end{bmatrix}F(t)$$

$$\boldsymbol{y}=\begin{bmatrix}1 & 0\end{bmatrix}\begin{bmatrix}x_1\\ x_2\end{bmatrix}$$

【例 3.4】 MIMO 系统如图 3.8 所示，质量 m_1，m_2 各受到 f_1，f_2 的作用，相对静平衡位置的位移分别为 x_1，x_2。

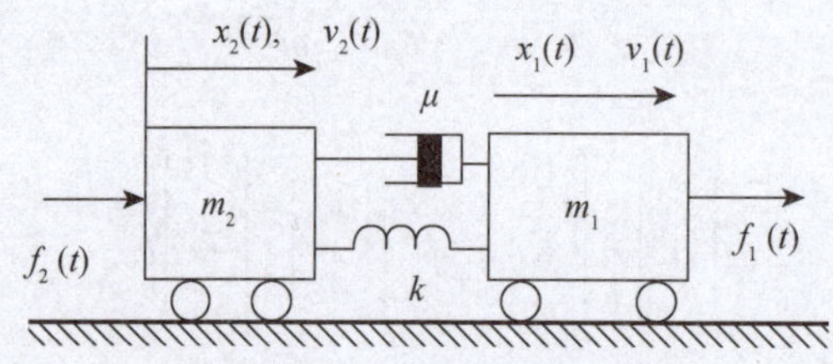

图 3.8 MIMO 系统

解：根据牛顿运动定律，分别对 m_1，m_2进行受力分析，有：

$$\begin{cases}m_1\ddot{x}_1=f_1(t)+\mu(v_2-v_1)+k(x_2-x_1)\\ m_2\ddot{x}_2=f_2(t)-\mu(v_2-v_1)-k(x_2-x_1)\end{cases}$$

取 x_1、x_2、v_1、v_2 为系统 4 个状态变量 x_1、x_2、x_3、x_4，$f_1(t)$、$f_2(t)$ 为系统 2 个控制输入 $u_1(t)$、$u_2(t)$，则状态空间表达式为

$$\begin{cases}\dot{x}_1=x_3\\ \dot{x}_2=x_4\\ \dot{x}_3=-\dfrac{k}{m_1}x_1+\dfrac{k}{m_1}x_2-\dfrac{\mu}{m_1}x_3+\dfrac{\mu}{m_1}x_4+\dfrac{1}{m_1}v_1(t)\\ \dot{x}_4=\dfrac{k}{m_2}x_1-\dfrac{k}{m_2}x_2+\dfrac{\mu}{m_2}x_3-\dfrac{\mu}{m_2}x_4+\dfrac{1}{m_2}v_2(t)\end{cases}$$

如果取 x_1、x_2 为系统的两个输出，则有：

$$\begin{cases}y_1=x_1\\ y_2=x_2\end{cases}$$

写成矢量形式，则系统的状态空间表达式为

$$\dot{\boldsymbol{X}}=\begin{bmatrix}0&0&1&0\\0&0&0&1\\-\dfrac{k}{m_1}&\dfrac{k}{m_1}&-\dfrac{\mu}{m_1}&\dfrac{\mu}{m_1}\\\dfrac{k}{m_2}&-\dfrac{k}{m_2}&\dfrac{\mu}{m_2}&-\dfrac{\mu}{m_2}\end{bmatrix}\boldsymbol{X}+\begin{bmatrix}0&0\\0&0\\\dfrac{1}{m_1}&0\\0&\dfrac{1}{m_2}\end{bmatrix}\boldsymbol{U}$$

$$\boldsymbol{Y}=\begin{bmatrix}1&0&0&0\\0&1&0&0\end{bmatrix}\boldsymbol{X}$$

式中，$\boldsymbol{X}=\begin{bmatrix}x_1\\x_2\\x_3\\x_4\end{bmatrix}$；$\boldsymbol{Y}=\begin{bmatrix}y_1\\y_2\end{bmatrix}$；$\boldsymbol{U}=\begin{bmatrix}u_1\\u_2\end{bmatrix}$。

3.3.2　根据系统的输入输出关系建立状态空间模型

描述线性定常系统输入输出间动态特性的高阶常微分方程与传递函数，通过选择适当的状态变量分别建立系统的状态空间模型。这种变换过程的原则是不管状态变量如何选择，应保持系统输入输出间的动态和静态关系不变。

1. 高阶常微分方程建立状态空间模型

(1) 描述 SISO 线性系统的输入输出间动态行为，不包含输入量的导数项时的线性定常微分方程为

$$y^{(n)}+a_1y^{(n-1)}+\cdots+a_{n-1}y^{(1)}+a_ny=bu \tag{3.8}$$

式中，y 和 u 分别为系统的输出和输入；n 为系统的阶次。

由微分方程理论可知，若初始时刻 t_0 的初值 $y(t_0)$，$\dot{y}(t_0)$，…，$y^{(n-1)}(t_0)$ 已知，则对给定的输入 $u(t)$ 微分方程有唯一解，即系统在 $t\geqslant t_0$ 的任何瞬时的动态都被唯一确定。因此，选择状态变量为 $x_1(t)=y(t)$，$x_2(t)=y'(t)$，…，$x_n(t)=y^{(n-1)}(t)$，此时取输出 y 和 y 的各阶导数(也称相变量)为输出变量，物理意义明确，易于接受。

将选择的状态变量代入输入输出的高阶常微分方程，则有如下状态方程：

$$\begin{cases}\dot{x}_1=x_2\\ \dot{x}_2=x_3\\ \vdots\\ \dot{x}_{n-1}=x_n\\ \dot{x}_n=-a_1x_n-\cdots-a_{n1}x_1+bu\end{cases} \tag{3.9}$$

输出方程为

$$y=x_1 \tag{3.10}$$

将式(3.9)和式(3.10)写成矩阵形式，即

$$\dot{\boldsymbol{x}}=\begin{bmatrix}0&1&0&\cdots&0\\0&0&1&\cdots&0\\\vdots&\vdots&\vdots&&\vdots\\0&0&0&0&1\\-a_n&-a_{n-1}&-a_{n-2}&\cdots&-a_1\end{bmatrix}\boldsymbol{x}+\begin{bmatrix}0\\0\\\vdots\\0\\b\end{bmatrix}\boldsymbol{u} \tag{3.11}$$

$$\boldsymbol{y}=\begin{bmatrix}1\\0\\\vdots\\0\\0\end{bmatrix}\boldsymbol{x}$$

【例 3.5】 将下列系统输入输出方程变换为状态空间模型。

$$\dddot{y}+6\ddot{y}+11\dot{y}+6y=2u$$

解： 根据式(3.11)的描述，本例中 $a_1=6$，$a_2=11$，$a_3=6$，$b=2$，因此当选择输出 y 及其一阶与二阶导数等相变量为状态变量时，可得状态空间模型为

$$\dot{\boldsymbol{x}}=\begin{bmatrix}0&1&0\\0&0&1\\-6&-11&-6\end{bmatrix}\boldsymbol{x}+\begin{bmatrix}0\\0\\2\end{bmatrix}\boldsymbol{u}$$

$$\boldsymbol{y}=\begin{bmatrix}1\\0\\0\end{bmatrix}\boldsymbol{x}$$

(2)描述 SISO 线性系统的输入输出间动态行为，包括输入量的导数项的线性定常系数常微分方程为

$$y^{(n)}+a_1y^{(n-1)}+\cdots+a_{n-1}y^{(1)}+a_ny=b_0u^{(n)}+\cdots+b_nu \tag{3.12}$$

为了避免状态方程中出现输入的导数，通常，可利用输出 y 和输入 u 以及其各阶导数的线性组合来组成状态变量。其原则是使状态方程中不含输入 u 的各阶导数。

选择状态变量为

$$\begin{cases}x_1=y-\beta_0u\\ x_2=\dot{y}-\beta_1u-\beta_0\dot{u}\\ x_3=\ddot{y}-\beta_2u-\beta_1\dot{u}-\beta_0\ddot{u}\\ \vdots\\ x_n=y^{(n-1)}-\beta_{n-1}u-\beta_{n-2}\dot{u}-\cdots-\beta_0u^{(n-1)}\end{cases}$$

式中，$\beta_i(i=0, 1, \cdots, n)$为待定系数。

因此，有：

$$
\begin{aligned}
\dot{x}_1 &= \dot{y}-\beta_0\dot{u}=x_2+\beta_1 u\\
\dot{x}_2 &= \ddot{y}-\beta_1\dot{u}-\beta_0\ddot{u}=x_3+\beta_2 u\\
&\vdots\\
\dot{x}_{n-1} &= y^{(n-1)}-\beta_{n-2}\dot{u}-\beta_{n-3}\ddot{u}-\cdots-\beta_0 u^{(n-1)}=x_n+\beta_{n-1}u\\
\dot{x}_n &= y^{(n)}-\beta_{n-1}\dot{u}-\beta_{n-2}\ddot{u}-\cdots-\beta_0 u^{(n)}\\
&= -a_1 y^{(n-1)}-\cdots-a_n y+b_0 u^{(n)}+b_1 u^{(n-1)}+\cdots+\\
&\quad b_n u-\beta_{n-1}\dot{u}-\beta_{n-2}\ddot{u}-\cdots-\beta_0 u^{(n)}
\end{aligned}
$$

若$\beta_i(i=0, 1, \cdots, n)$待定系数满足下列关系：

$$
\begin{bmatrix}
1 & 0 & 0 & \cdots & 0\\
a_1 & 1 & 0 & \cdots & 0\\
a_2 & a_1 & 1 & \cdots & 0\\
\vdots & \vdots & \vdots & & \vdots\\
a_n & a_{n-1} & a_{n-2} & \cdots & 1
\end{bmatrix}
\begin{bmatrix}\beta_0\\ \beta_1\\ \beta_2\\ \vdots\\ \beta_n\end{bmatrix}
=
\begin{bmatrix}b_0\\ b_1\\ b_2\\ \vdots\\ b_n\end{bmatrix}
$$

则该高阶微分方程可转化描述为如下不含有输入导数项的状态空间模型：

$$
\dot{\boldsymbol{x}}=
\begin{bmatrix}
0 & 1 & 0 & \cdots & 0\\
0 & 0 & 1 & \cdots & 0\\
\vdots & \vdots & \vdots & & \vdots\\
0 & 0 & 0 & 0 & 1\\
-a_n & -a_{n-1} & -a_{n-2} & \cdots & -a_1
\end{bmatrix}\boldsymbol{x}+
\begin{bmatrix}\beta_1\\ \beta_2\\ \vdots\\ \beta_{n-1}\\ \beta_n\end{bmatrix}\boldsymbol{u}
\tag{3.13}
$$

$$
\boldsymbol{y}=
\begin{bmatrix}1\\ 0\\ \vdots\\ 0\\ 0\end{bmatrix}\boldsymbol{x}+\beta_0\boldsymbol{u}
$$

【例 3.6】　将下列系统输入输出方程变换为状态空间模型。

$$\dddot{y}+6\ddot{y}+11\dot{y}+6y=2\ddot{u}+14\dot{u}+24u$$

解： 根据式(3.13)，本例中 $a_1=5$，$a_2=8$，$a_3=4$，$b_0=0$，$b_1=2$，$b_2=14$，$b_3=24$，因此有：

$$
\begin{aligned}
\beta_0 &= b_0=0\\
\beta_1 &= b_1-a_1\beta_0=2\\
\beta_2 &= b_2-a_1\beta_1-a_2\beta_0=4\\
\beta_3 &= b_3-a_1\beta_2-a_2\beta_1-a_3\beta_0=-12
\end{aligned}
$$

因此，当选择状态变量如下时：

$$
\begin{cases}
x_1=y-\beta_0 u=y\\
x_2=\dot{y}-\beta_1 u-\beta_0\dot{u}=\dot{y}-2u\\
x_3=\ddot{y}-\beta_2 u-\beta_1\dot{u}-\beta_0\ddot{u}=\ddot{y}-4u-2\dot{u}
\end{cases}
$$

可得系统的状态空间模型为

$$\dot{\boldsymbol{x}}=\begin{bmatrix}0 & 1 & 0\\0 & 0 & 1\\-4 & -8 & -5\end{bmatrix}\boldsymbol{x}+\begin{bmatrix}2\\4\\-12\end{bmatrix}\boldsymbol{u}$$

$$\boldsymbol{y}=[1 \quad 0 \quad 0]\boldsymbol{x}$$

2. 由传递函数建立状态空间模型

由描述系统外部输入输出关系的传递函数建立系统的状态空间模型。其关键问题是如何选择状态变量和保持系统的输入输出间的动态和静态关系不变。

由于传递函数与线性定常系数常微分方程存在直接的对应关系，因此此前探讨的通过高阶线性微分方程构建状态空间模型的方法，同样可用于将传递函数转换为状态空间模型。

类似地，由传递函数建立状态空间模型的方法也适用于对微分方程建立状态空间模型。其变换关系如图 3.9 所示。

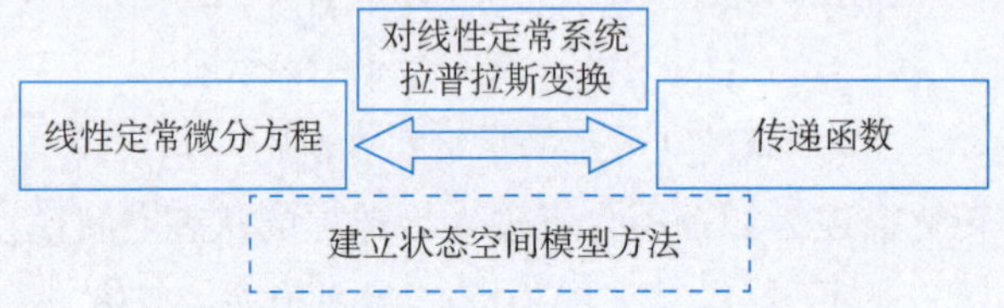

图 3.9　建立状态空间模型的变换关系

(1)传递函数中极点互异时的变换。

对于传递函数 $G(s)$，其特征方程为 $s^n+a_1s^{n-1}+\cdots+a_n=0$。若其特征方程的 n 个特征根 s_1，s_2，…，s_n互异，则用部分分式法可将 $G(s)$表示为

$$G(s)=\frac{b_1s^{n-1}+\cdots+b_n}{(s-s_1)(s-s_2)\cdots(s-s_n)}=\frac{k_1}{s-s_1}+\frac{k_2}{s-s_2}+\cdots+\frac{k_n}{s-s_n} \tag{3.14}$$

式中，k_1，k_2，…，k_n为待定系数。其计算公式为

$$k_i=[G(s)(s-s_i)]|_{s=s_i} \tag{3.15}$$

考虑到，输出 $y(t)$和输入 $u(t)$的拉普拉斯变换满足下列关系：

$$Y(s)=G(s)U(s)=\frac{k_1}{s-s_1}U(s)+\frac{k_2}{s-s_2}U(s)+\cdots+\frac{k_n}{s-s_n}U(s) \tag{3.16}$$

因此，若选择状态变量 $x_i(t)$使其拉普拉斯变换满足下列关系：

$$X_i(s)=\frac{1}{s-s_i}U(s) \quad i=1, 2, \cdots, n \tag{3.17}$$

则经反变换可得系统状态方程为

$$\dot{x}_i=s_ix_i+u \quad i=1, 2, \cdots, n \tag{3.18}$$

相应地，系统输出 $y(t)$的拉普拉斯变换为 $Y(s)=k_1X_1(s)+k_2X_2(s)+\cdots+k_nX_n(s)$。因此，经拉普拉斯反变换可得

$$y=k_1x_1+k_2x_2+\cdots+k_nx_n \tag{3.19}$$

整理可得状态空间模型，即

$$\dot{\boldsymbol{x}}=\begin{bmatrix} s_1 & 0 & \cdots & 0 \\ 0 & s_2 & \cdots & 0 \\ \vdots & \vdots & & \vdots \\ 0 & 0 & \cdots & s_n \end{bmatrix}\boldsymbol{x}+\begin{bmatrix} 1 \\ 1 \\ \vdots \\ 1 \end{bmatrix}\boldsymbol{u} \tag{3.20}$$

$$\boldsymbol{y}=[k_1 \quad k_2 \quad \cdots \quad k_n]\boldsymbol{x}$$

【例 3.7】 用部分分式法将下述传递函数变换为状态空间模型。

$$G(s)=\frac{2}{s^3+6s^2+11s+6}$$

解： 由系统特征多项式 $s^3+6s^2+11s+6=0$，可求得系统极点为 $s_1=-1$，$s_2=-2$，$s_3=-3$，则有：

$$G(s)=\frac{k_1}{s-s_1}+\frac{k_2}{s-s_2}+\frac{k_3}{s-s_3}$$

式中，$k_1=[G(s)(s+1)]|_{s=-1}=1$；

$k_2=[G(s)(s+2)]|_{s=-2}=-2$；

$k_3=[G(s)(s+3)]|_{s=-3}=1$。

因此，当选择状态变量为 $G(s)$ 分式并联分解的各个一阶惯性环节的输出，可得状态空间模型为

$$\dot{\boldsymbol{x}}=\begin{bmatrix} -1 & 0 & 0 \\ 0 & -2 & 0 \\ 0 & 0 & -3 \end{bmatrix}\boldsymbol{x}+\begin{bmatrix} 1 \\ 1 \\ 1 \end{bmatrix}\boldsymbol{u}$$

$$\boldsymbol{y}=[1 \quad -2 \quad 1]\boldsymbol{x}$$

将上述结果与前例的结果相比较可知，即使对同一个系统，采用不同的建立状态空间模型的方法，将得到不同的状态空间模型。即状态空间模型不具有唯一性。

(2)传递函数中有重极点时的变换。

当系统特征方程有重根时，传递函数不能分解成式(3.14)的情况。为了能清晰、准确地阐述变换方法，且不影响结论的普遍适用性，假设系统特征方程有 6 个根，分别为 s_1，s_1，s_1，s_4，s_5，s_5。其中，s_1为 3 重极点，s_5为 2 重极点。

相应地，用部分分式法可将所对应的传递函数表示为

$$\begin{aligned} G(s)&=\frac{b_1s^5+\cdots+b_4s+b_5}{(s-s_1)^3(s-s_4)(s-s_5)^2} \\ &=\frac{k_{11}}{(s-s_1)^3}+\frac{k_{12}}{(s-s_1)^2}+\frac{k_{13}}{s-s_1}+\frac{k_{41}}{s-s_4}+\frac{k_{51}}{(s-s_5)^2}+\frac{k_{52}}{s-s_5} \end{aligned} \tag{3.21}$$

式中，k_{ij}为待定系数。其计算公式为

$$k_{ij}=\frac{1}{(j-1)!}\frac{\mathrm{d}^{j-1}}{\mathrm{d}s^{j-1}}[G(s)(s-s_i)^l]|_{s=s_i} \quad j=1,2,\cdots,l \tag{3.22}$$

式中，l 为极点 s_i的重数。

考虑到，输出 $y(t)$ 和输入 $u(t)$ 的拉普拉斯变换满足下列关系：

$$
\begin{aligned}
Y(s) &= G(s)U(s) \\
&= \frac{k_{11}}{(s-s_1)^3}U(s)+\frac{k_{12}}{(s-s_1)^2}U(s)+\frac{k_{13}}{s-s_1}U(s)+\frac{k_{41}}{s-s_4}U(s) \\
&\quad +\frac{k_{51}}{(s-s_5)^2}U(s)+\frac{k_{52}}{s-s_5}U(s)
\end{aligned} \tag{3.23}
$$

故选择状态变量 $x_i(t)$ 使其拉普拉斯变换满足下列关系：

$$
X_1(s)=\frac{1}{(s-s_1)^3}U(s)\quad X_2(s)=\frac{1}{(s-s_1)^2}U(s)\quad X_3(s)=\frac{1}{s-s_1}U(s)\quad X_4(s)=\frac{1}{s-s_4}U(s)
$$

$$
X_5(s)=\frac{1}{(s-s_5)^2}U(s)\quad X_6(s)=\frac{1}{s-s_5}U(s)\quad X_1(s)=\frac{1}{s-s_1}X_2(s)\quad X_2(s)=\frac{1}{s-s_1}X_3(s)
$$

$$
X_3(s)=\frac{1}{s-s_1}U(s)\quad X_4(s)=\frac{1}{s-s_4}U(s)\quad X_5(s)=\frac{1}{s-s_5}X_6(s)\quad X_6(s)=\frac{1}{s-s_5}U(s)
$$

则经反变换可得系统状态方程为

$$
\begin{aligned}
\dot{x}_1 &= s_1x_1+x_2 \\
\dot{x}_2 &= s_1x_2+x_3 \\
\dot{x}_3 &= s_1x_3+u \\
\dot{x}_4 &= s_4x_4+u \\
\dot{x}_5 &= s_5x_5+x_6 \\
\dot{x}_6 &= s_5x_6+u
\end{aligned}
$$

整理可得状态空间模型，即

$$
\dot{\boldsymbol{x}}=\begin{bmatrix} s_1 & 1 & & & & \\ & s_1 & 1 & & & \\ & & s_1 & & & \\ & & & s_4 & & \\ & & & & s_5 & 1 \\ & & & & & s_5 \end{bmatrix}\boldsymbol{x}+\begin{bmatrix} 0 \\ 0 \\ 1 \\ 1 \\ 0 \\ 1 \end{bmatrix}\boldsymbol{u} \tag{3.24}
$$

$$
\boldsymbol{y}=[k_{11}k_{12}k_{13}k_{41}k_{51}k_{52}]\boldsymbol{x}
$$

【例 3.8】 用部分分式法将下述传递函数变换为状态空间模型。

$$
G(s)=\frac{2s^2+14s+24}{s^3+5s^2+8s+4}
$$

解： 由系统特征多项式 $s^3+5s^2+8s+4=0$ 可求得系统有二重极点 $s_1=-2$ 和单极点 $s_2=-1$，于是有：

$$
G(s)=\frac{k_{11}}{(s-s_1)^2}+\frac{k_{12}}{s-s_1}+\frac{k_{31}}{s-s_3}
$$

式中，$k_{11}=[G(s)(s+2)^2]|_{s=-2}=-4$；

$k_{12}=\dfrac{d}{ds}[G(s)(s+2)^2]|_{s=-2}=-10$；

$k_{31}=[G(s)(s+1)]|_{s=-1}=12$。

根据式(3.24)，当选择状态变量为 $G(s)$ 分式串-并联分解的各个一阶惯性环节的输出，可得状态空间模型为

$$\dot{\boldsymbol{x}}=\begin{bmatrix}-2 & 1 & 0\\ 0 & -2 & 0\\ 0 & 0 & -1\end{bmatrix}\boldsymbol{x}+\begin{bmatrix}0\\1\\1\end{bmatrix}\boldsymbol{u}$$

$$\boldsymbol{y}=[-4 \quad -10 \quad 12]\boldsymbol{x}$$

3.4　线性系统的能控性与能观测性

能够对一个给定的系统建立起状态空间表达式，并可在给定初始条件和输入作用的情况下求出状态方程在时间域中的解，进而可确定系统的输出，即可进行系统的设计。为此，必须先研究系统的能控性与能观测性问题。能控性、能观测性是刻画系统内部结构的两个基础性概念，由卡尔曼于 1960 年提出。在现代控制理论中，其无论是理论上还是实践上都是非常重要的。

3.4.1　问题的提出

实现多变量控制系统需要解决以下两个基本问题。

(1)在有限时间内，控制作用能否使系统从初始状态转移到要求的状态。

控制作用对状态变量的影响或控制能力，称为状态的能控性问题。如果系统的每一个状态变量的运动都可由输入来影响和控制，并且能够从任意初始状态抵达期望的终止状态，则系统能控(状态能控)。

(2)在有限时间内，能否通过对系统输出的测定来估计系统的各个状态。

系统的输出量(或观测量)对系统状态的识别能力，称为状态的能观测性问题。如果系统的所有状态变量的任意形式的运动均可由输出完全反映，则称系统是能观测的。

在最优控制问题中，其任务是寻找输入 $u(t)$，使状态达到预期的轨线。对于定常系统而言，如果系统的状态不受控于输入 $u(t)$，则无法实现最优控制。另外，为了改善系统的品质，在工程上常用状态变量作为反馈信息。但状态 $x(t)$ 的值通常是难以测取的，往往需要从测量到的值中估计出状态 $x(t)$。如果输出 $y(t)$ 不能完全反映系统的状态 $x(t)$，那么就无法实现对状态的估计。状态空间表达式是对系统的一种完全的描述。判别系统的能控性和能观测性的主要依据是状态空间表达式。

若给定系统的状态空间表达式为

$$\begin{bmatrix}\dot{x}_1\\ \dot{x}_2\end{bmatrix}=\begin{bmatrix}4 & 0\\ 0 & -5\end{bmatrix}\begin{bmatrix}x_1\\ x_2\end{bmatrix}+\begin{bmatrix}1\\2\end{bmatrix}u$$

$$y=[0 \quad -6]x$$

则 $\dot{x}_1=4x_1+u$，$\dot{x}_2=-5x_2+2u$，$y=-6x_2$。可以看出状态变量 x_1、x_2 都可通过选择输入 u 并且由始点到终点得到，状态都能控。由于输出 y 只能反映状态变量 x_2，所以 x_1 不能观测。

若给定系统的状态空间表达式为

$$\dot{\boldsymbol{x}}=\begin{bmatrix}1 & 0\\ 0 & 2\end{bmatrix}x+\begin{bmatrix}0\\2\end{bmatrix}u$$

$$\boldsymbol{y}=[1 \quad 0]x$$

则可写成方程组形式：$\begin{cases}\dot{x}_1=x_1\\ \dot{x}_2=2x_2+2u\\ y=x_1\end{cases}$。从状态空间表达式来看，输入 u 不能控制状态变量 x_1，故状态变量 x_1 是不能控的。从输出方程看，输出 y 不能反映状态变量 x_2。综上所述，状态变量 x_1 不能控，但能观测；状态变量 x_2 能控，但不能观测。

下面通过例子来说明系统的能控性与能观测性问题的存在。

【例 3.9】 对于图 3.10 所示的控制系统有以下 4 种不同的情况。

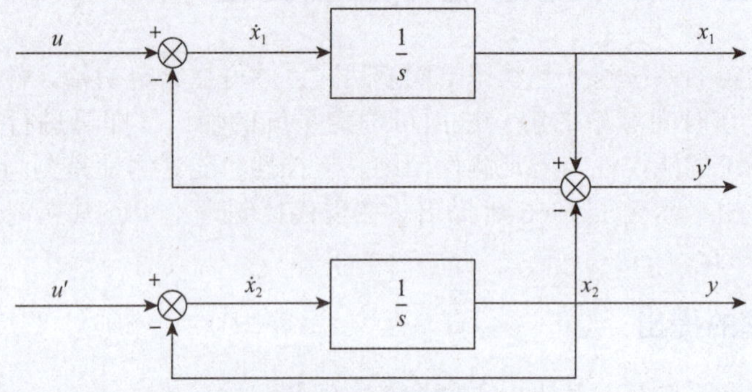

图 3.10　控制系统

(1) 以 u 为输入、以 y 为输出。

(2) 以 u' 为输入、以 y 为输出。

(3) 以 u 为输入、以 y' 为输出。

(4) 以 u' 为输入、以 y' 为输出。

试判断以上 4 种情况下控制系统的能控性与能观测性。

解： 以下为上述 4 种情况的讨论。

(1) 以 u 为输入、以 y 为输出。

从图中可以看出，输入 u 沿着箭头所示的信号传递方向无法到达并影响 x_2，即 u 与 x_2 无关，状态 x_2 不能控，控制系统是不能控的。同理，x_1 沿着箭头所示的信号传递方向无法到达并影响 y，即 y 与 x_1 无关，状态 x_1 是不能观测的。因此，以 u 为输入、以 y 为输出的控制系统是不能控与不能观测的。

(2) 以 u' 为输入、以 y 为输出。

对于这种情况，控制系统不能观测的性质与情况(1)相同。但由于输入 u' 可以直接影响 x_2 并可通过 x_2 间接地影响 x_1，所以控制系统是能控的。因此，以 u' 为输入、以 y 为输出的控制系统是能控与不能观测的。

(3) 以 u 为输入、以 y' 为输出。

对于这种情况，系统不能控的性质与情况 (1) 相同。但因为控制系统以 y' 为输出，而 x_1 与 x_2 都可以影响 y'，所以以 u 为输入、以 y' 为输出的控制系统是不能控与能观测的。

(4) 以 u' 为输入、以 y' 为输出。

对于这种情况，控制系统能控的性质与情况(2) 相同，能观测的性质与情况(3) 相同。因此，以 u' 为输入、以 y' 为输出的控制系统是能控与能观测的。

3.4.2　能控性与能观测性的概念

1. 能控性定义(能控性)

1)状态能控性

线性定常系统状态能控性的定义：对于线性定常系统 $\dot{x}=Ax+Bu$，如果存在一个分段连续的输入 $u(t)$，能在$[t_0, t_f]$有限时间间隔内，使该系统从某一初始状态 $x(t_0)$转移到指定的任一终端状态 $x(t_f)$，则称此状态是能控的。若该系统的所有状态都是能控的，则称此系统是状态完全能控的，简称系统是能控的。可控状态的图形说明如图 3.11 所示，假如相平面中的 P 点能在输入的作用下转移到任一指定状态 P_1，P_2，…，P_n，那么相平面上的 P 点是能控状态。

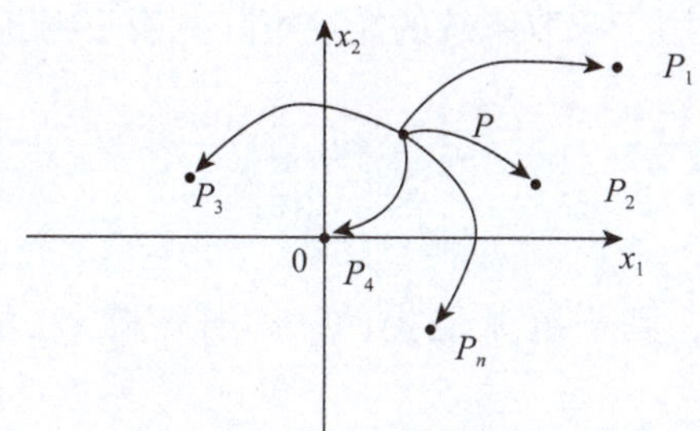

图 3.11　可控状态的图形说明

在能控性定义中，系统的初始状态可以为状态空间中的任意有限点 $x(t_0)$，而终端状态也可以为状态空间中的任意点 $x(t_f)$，这种定义方式不便于写成解析形式。为了便于数学处理，且又不失一般性，能控性的判断可分为两种情况叙述。

(1)状态能控性的判断：将系统的初始状态规定为状态空间中的任意非零点，终端目标规定为状态空间中的原点。因此，原能控性定义可表述为 $\dot{x}=Ax+Bu$，如果存在一个分段连续的输入 $u(t)$，能在$[t_0, t_f]$有限时间间隔内，将系统由任意非零初始状态 $x(t_0)$转移到零状态 $x(t_f)$，则称此系统是状态完全能控的，简称系统是能控的。

(2)状态能达性的判断：如果存在一个分段连续的输入 $u(t)$，能在$[t_0, t_f]$有限时间间隔内，将系统由零初始状态 $x(t_0)$ 转移到任一指定的非零终端状态 $x(t_f)$，则称此系统是状态完全能达的，简称系统是能达的。

2)输出能控性(控制输入影响输出的能力)

在分析和设计控制中，系统的被控量往往不是系统的状态，而是系统的输出，因此必须研究系统的输出是否能控。

对于系统：

$$\begin{aligned}\dot{\boldsymbol{x}}&=\boldsymbol{Ax}+\boldsymbol{Bu}\\ \boldsymbol{y}&=\boldsymbol{Cx}+\boldsymbol{Du}\end{aligned}\tag{3.25}$$

在有限时间区间 $t\in[t_0, t_f]$存在一个无约束的分段连续的控制输入 $u(t)$，能使任意初始输出 $y(t_0)$转移到状态空间原点 $y(t_f)=0$，则称系统是输出完全能控的，简称输出能控。

2. 能观测性定义(可观性)

设线性定常系统的状态方程和输出方程为 $\dot{x}=Ax+Bu$ 和 $y=Cx$，如果对于任一给定的输

入 $u(t)$，存在一有限观测时间 $t_f>t_0$，使在$[t_0, t_f]$期间的输出 $y(t)$ 能唯一地确定系统初始状态 $x(t_0)$，则称此系统是状态完全能观测的，简称系统是能观的。简单来说，对于任意给定 $u(t)$，在$[t_0, t_f]$内输出 $y(t)$ 可唯一地确定系统的初始状态 $x(t_0)$，则系统是完全能观测的。

3.4.3 线性定常系统的能控性判别准则

能控性是系统的一种内在性质，是系统在输入作用下其内部状态能够转移的能力的标志，仅取决于系统状态方程中矩阵 $\boldsymbol{A}$ 和 $\boldsymbol{B}$ 的形态。

对于 n 阶线性定常系统 $\dot{\boldsymbol{x}}=\boldsymbol{Ax}+\boldsymbol{Bu}$，其系统状态完全能控的充分必要条件：由 $\boldsymbol{A}$、$\boldsymbol{B}$ 构成的能控性判别矩阵 $\boldsymbol{Q}_c=[\boldsymbol{B} \quad \boldsymbol{AB} \quad \boldsymbol{A}^2\boldsymbol{B} \quad \cdots \quad \boldsymbol{A}^{n-1}\boldsymbol{B}]$为满秩，即 $\mathrm{rank}\boldsymbol{Q}_c=n$

MATLAB 中的 ctrb 命令用于求取系统的能控矩阵，用于判断系统的能控性。

该命令的调用格式为

```
Qc=ctrb(A,B);
rank(Qc)
```

如果矩阵 $\boldsymbol{Q}_c$ 是满秩的，则系统是能控的，即若矩阵 $\boldsymbol{Q}_c$ 的秩等于系统的阶次，即 $\mathrm{rank}(\boldsymbol{Q}_c)=n$，则系统能控。

【例 3.10】 试分析系统的状态能控性。系统的状态方程为

$$\begin{bmatrix}\dot{x}_1\\ \dot{x}_2\end{bmatrix}=\begin{bmatrix}-1 & 1\\ 0 & -2\end{bmatrix}\begin{bmatrix}x_1\\ x_2\end{bmatrix}+\begin{bmatrix}1\\ 0\end{bmatrix}u_1+\begin{bmatrix}0\\ 2\end{bmatrix}u_2$$

解：由状态方程可写出各系数矩阵：

$$\boldsymbol{A}=\begin{bmatrix}-1 & 1\\ 0 & -2\end{bmatrix},\ \boldsymbol{B}_1=\begin{bmatrix}1\\ 0\end{bmatrix},\ \boldsymbol{B}_2=\begin{bmatrix}0\\ 2\end{bmatrix}$$

由于 $\boldsymbol{AB}_1=\begin{bmatrix}-1 & 1\\ 0 & -2\end{bmatrix}\begin{bmatrix}1\\ 0\end{bmatrix}=\begin{bmatrix}-1\\ 0\end{bmatrix}$，$\boldsymbol{\theta}=[\boldsymbol{B}_1 \quad \boldsymbol{AB}_1]=\begin{bmatrix}1 & -1\\ 0 & 0\end{bmatrix}$，$\begin{vmatrix}1 & -1\\ 0 & 0\end{vmatrix}=0$，$\mathrm{rank}\boldsymbol{\theta}<2$。

所以对于 u_1 来说，系统的状态是不完全能控的。

另外，由于 $\boldsymbol{AB}_2=\begin{bmatrix}-1 & 1\\ 0 & -2\end{bmatrix}\begin{bmatrix}0\\ 2\end{bmatrix}=\begin{bmatrix}2\\ -4\end{bmatrix}$，$\boldsymbol{\theta}=[\boldsymbol{B}_2 \quad \boldsymbol{AB}_2]=\begin{bmatrix}0 & 2\\ 2 & -4\end{bmatrix}$，$\begin{vmatrix}0 & 2\\ 2 & -4\end{vmatrix}\neq 0$，$\mathrm{rank}\boldsymbol{\theta}=2$。

所以对于 u_2 来说，系统的状态是完全能控的。

此外，这个问题还可以用 MATLAB 编程的方法来判断，可在命令窗口中输入以下程序。

```
clear all                          %清内存变量
a=[-1 1;0-2];                      %建立变量矩阵
b1=[1 0]';
co1=ctrb(a,b1);                    %求能控性判别矩阵
n1=rank(co1)
b2=[0 2]';
co2=ctrb(a,b2);
n2=rank(co2)
```

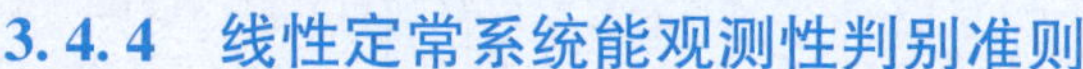

3.4.4　线性定常系统能观测性判别准则

能观测性判别：线性定常系统的状态方程和输出方程为 $\dot{X}=AX+BU$，$Y=CX$。其状态完全能观测的充分必要条件：由 A、C 构成的能观测性判别矩阵 $\boldsymbol{Q}_b=[C \quad CA \quad \cdots \quad CA^{n-1}]^T$ 满秩，即 $\mathrm{rank}\boldsymbol{Q}_b=n$，系统的输入不影响系统的能观测性。

obsv 函数用于求得系统的可观测矩阵 $\boldsymbol{O}_b$，若矩阵 $\boldsymbol{O}_b$ 的秩 $\mathrm{rank}(\boldsymbol{O}_b)=n$，则系统可观。该命令的调用格式为

```
Ob=obsv(sys)
Ob=obsv(A,C)
```

【例 3.11】　试分析例 3.7 所示传递函数表示的系统的能观测性。

解：由系统的状态方程直接可写出其系统矩阵为

$$\boldsymbol{A}=\begin{bmatrix}-1 & 1\\0 & -2\end{bmatrix}$$

若以状态变量 $x_1(t)$ 为输出变量 $y_1(t)$，则可得：

$$y_1(t)=x_1(t)=[1 \quad 0]\begin{bmatrix}x_1\\x_2\end{bmatrix}=\boldsymbol{C}_1\boldsymbol{X}$$

由此求出对应输出 $y_1(t)$ 的可观控矩阵为 $\boldsymbol{C}_1=[1 \quad 0]$，则 $\boldsymbol{C}_1\boldsymbol{A}=[1 \quad 0]\begin{bmatrix}-1 & 1\\0 & -2\end{bmatrix}=$ $[-1 \quad 1]$，$\boldsymbol{\theta}=[C_1 \quad C_1A]^T=\begin{bmatrix}C_1\\C_1A\end{bmatrix}=\begin{bmatrix}1 & 0\\-1 & 1\end{bmatrix}$，$\begin{vmatrix}1 & 0\\-1 & 1\end{vmatrix}=1$，$\mathrm{rank}\boldsymbol{\theta}=2$。

因此，系统的能观测性判别矩阵是满秩矩阵，当以 x_1 为输出时，系统是状态完全可观的。

若以状态变量 x_2 为输出变量 $y_2(t)$ 则

$$y_2(t)=x_2(t)=[0, \ 1]\begin{bmatrix}x_1\\x_2\end{bmatrix}=\boldsymbol{C}_2\boldsymbol{X}$$

因此，$\boldsymbol{C}_2=[0 \quad 1]$，$\boldsymbol{C}_2\boldsymbol{A}=[0 \quad 1]\begin{bmatrix}-1 & 1\\0 & -2\end{bmatrix}=[0 \quad -2]$，$\boldsymbol{\theta}=\begin{bmatrix}C_2\\C_2A\end{bmatrix}=\begin{bmatrix}0 & 1\\0 & -2\end{bmatrix}$，$\begin{vmatrix}0 & 1\\0 & -2\end{vmatrix}=0$，$\mathrm{rank}\boldsymbol{\theta}<2$。

由此可知，若以 x_2 为输出时，系统的能观测性判别矩阵不是满秩的，因此系统状态是不完全能观测的。

【例 3.12】　已知连续系统的传递函数模型为

$$G(s)=\frac{s+a}{s^3+10s^2+27s+18}$$

当 a 分别取 -1，0，1 时，使用 MATLAB 判别该系统的能控性与能观测性。

解：在 MATLAB 命令窗口中输入以下程序。

```
clear all
a=input('输入 a=')
```

```
num=[1,a];
den=[1,10,27,18];
[a,b,c,d]=tf2ss(num,den)
n=length(a)
qc=ctrb(a,b);
nc=rank(qc)
if n==nc
    disp('系统能控')
else
    disp('系统不能控')
end
qo=obsv(a,c);
no=rank(qo)
if n==no
    disp('系统能观')
else
    disp('系统不能观')
end
```

3.5 控制系统的稳定性分析方法

稳定性表示控制系统遭受外界扰动偏离原来的平衡状态，但在外界扰动消失后，控制系统本身仍有能力恢复到平衡状态的一种“顽性”。其属于控制系统的基本结构特性，与输入作用无关。

控制系统的稳定性，通常有两种定义方式，即外部稳定性和内部稳定性。

(1)外部稳定性。是指控制系统在零初始条件下通过系统的输入和输出之间的关系来界定其外部状态，即由控制系统的输入和输出两者关系所定义的外部稳定性，有界输入有界输出(Bounded-Input Bounded-Output，BIBO)稳定。

(2)内部稳定性。是指控制系统在零输入条件下通过其内部状态变化所定义的内部稳定性，即状态稳定。

外部稳定性只适用于线性系统。内部稳定性不仅适用于线性系统，还适用于非线性系统。但对于同一个线性系统，只有在满足一定的条件下两种定义才具有等价性。不管哪一种稳定性，都是属于控制系统本身的一种特性，只和控制系统本身的结构和参数有关，与输入、输出无关。

分析稳定性问题的方法有两类，即 Lyapunov 第一法和 Lyapunov 第二法。它们是由俄国数学家亚历山大·米哈伊洛维奇·李亚普诺夫在 1982 年提出的。为了纪念他在稳定性理论方面作出的卓越贡献，因此以“Lyapunov”命名。

Lyapunov 第一法通过求解微分方程的解来分析运动稳定性，即通过分析非线性系统线性化方程特征值分布来判别原非线性系统的稳定性，通常称为间接法。

Lyapunov 第二法则是一种定性方法，其无需求解非线性微分方程，而是通过构造一个 Lyapunov 函数，研究其正定性及沿着非线性系统方程解对时间的全导数的负定或半负定，

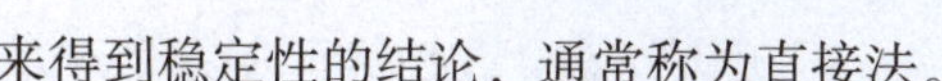

来得到稳定性的结论，通常称为直接法。

一般所说的 Lyapunov 方法是指 Lyapunov 第二法。

虽然在非线性系统的稳定性分析中，Lyapunov 稳定性分析方法具有基础性的地位，但在具体确定许多非线性系统的稳定性时，仍需要技巧和经验。

1. 平衡状态

考虑非线性系统：

$$\dot{\boldsymbol{x}}=f(\boldsymbol{x},\ t) \tag{3.26}$$

式中，$\boldsymbol{x}$ 为 n 维状态向量，$f(\boldsymbol{x},\ t)$是变量 $\boldsymbol{x}_1$，$\boldsymbol{x}_2$，…，$\boldsymbol{x}_n$ 和 t 的 n 维向量函数。

若对所有 t，总存在 $\dot{\boldsymbol{x}}_e=f(\boldsymbol{x}_e,\ t)\equiv 0$，则称 $\boldsymbol{x}_e$ 为系统的平衡状态或平衡点。线性系统和非线性系统在平衡状态及稳定性方面的相关特性具体内容如下。

(1)如果系统是线性定常的，即 $f(\boldsymbol{x},\ t)=\boldsymbol{A}\boldsymbol{x}$，则当 $\boldsymbol{A}$ 为非奇异矩阵时，系统存在一个唯一的平衡状态 $\boldsymbol{x}_e=0$；当 $\boldsymbol{A}$ 为奇异矩阵时，系统将存在无穷多个平衡状态。

(2)对于非线性系统，则有一个或多个平衡状态，这些状态对应于系统的常值解(对所有 t，总存在 $\boldsymbol{x}=\boldsymbol{x}_e$)。

(3)线性系统在平衡点稳定，则系统稳定；非线性系统在平衡点稳定，则只是在该点稳定，而不是整个系统稳定，可见，稳定性问题是相对于平衡状态而言的。

(4)线性系统的稳定性只取决于系统的结构和参数，与系统的初始条件及外界扰动的大小无关；但非线性系统的稳定性除与系统的结构和参数有关外，还与初始条件及外界扰动的大小有关。

(5)在某一平衡状态的充分小的领域内不存在其他平衡状态，即可称为孤立的平衡状态。对于孤立的平衡状态，可以通过适当的坐标变换，将其变换到状态空间的原点。因此，只需要讨论系统在 $x_e=0$ 这个平衡状态处的稳定性即可。

2. Lyapunov 意义下的稳定性定义

设系统 $\dot{x}=f(x,\ t)\dot{x}_e=f(x_e,\ t)\equiv 0$，如果对每个实数 $\varepsilon>0$ 都对应存在另一个实数 $\delta(\varepsilon,\ t_0)>0$，使满足 $\|x_0-x_e\|\leqslant\delta(\varepsilon,\ t_0)$的任意初始态 x_0 出发的运动轨迹 $x(t;\ x_0,\ t_0)$在 $t\to\infty$ 时均满足 $\|x(t;\ x_0,\ t_0)-x_e\|\leqslant\varepsilon$ 和 $t\geqslant t_0$，则称平衡状态 x_e 是 Lyapunov 意义下稳定，常简称为稳定。

Lyapunov 意义下稳定性的几何表示如图 3.12 所示，如果对应于每一个 $S(\varepsilon)$，存在一个 $S(\delta)$，使当 t 趋于无穷时，始于 $S(\delta)$的轨迹不脱离 $S(\varepsilon)$，则系统的平衡状态 $x_e=0$ 称为在 Lyapunov 意义下是稳定的。一般地，实数 δ 与 ε 有关，通常也与 t_0有关。如果 δ 与 t_0 无关，则称此时的平衡状态 $x_e=0$ 为一致稳定的平衡状态。

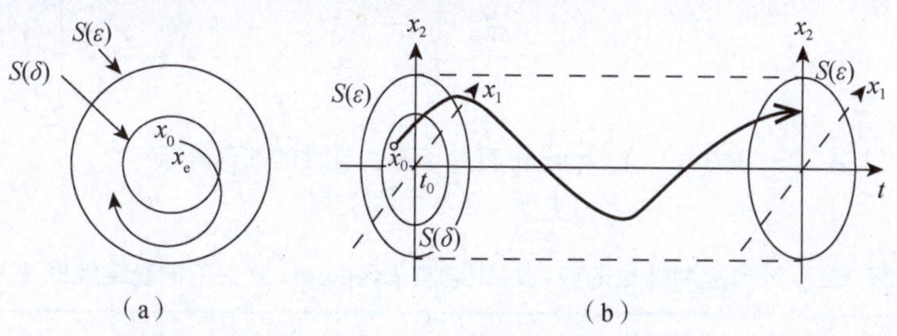

图 3.12　Lyapunov 意义下稳定性的几何表示

(a)平衡状态；(b)轨迹状态

上述定义表明，先选取一个球域 $S(\varepsilon)$，对于每一个球域 $S(\varepsilon)$，必然存在一个球域 $S(\delta)$，使当 t 趋于无穷时，始于 $S(\delta)$ 的系统轨迹总不脱离球域 $S(\varepsilon)$。

如果平衡状态 $x_e=0$，在 Lyapunov 意义下是稳定的，且始于球域 $S(\delta)$ 的任一条系统轨迹，当时间 t 趋于无穷时，都不脱离球域 $S(\varepsilon)$，并收敛于 $x_e=0$，则称系统的平衡状态 $x_e=0$ 为渐近稳定的，其中球域 $S(\delta)$ 被称为平衡状态 $x_e=0$ 的吸引域。

类似地，如果 δ 与 t_0 无关，则称此时的平衡状态 $x_e=0$ 为一致渐近稳定的。

实际上，渐近稳定性比 Lyapunov 意义下的稳定性更重要。考虑到非线性系统的渐近稳定性是一个局部概念，因此简单地确定渐近稳定性并不意味着系统能正常工作，通常有必要确定渐近稳定性的最大范围或吸引域。吸引域是发生渐近稳定轨迹的那部分状态空间。发生于吸引域内的每一个轨迹都是渐近稳定的。

对于所有的状态(状态空间中的所有点)，如果由这些状态出发的轨迹都保持渐近稳定性，则平衡状态 $x_e=0$ 称为大范围渐近稳定。或者说，如果系统的平衡状态 $x_e=0$ 渐近稳定的吸引域为整个状态空间，则称此时系统的平衡状态 $x_e=0$ 为大范围渐近稳定的。显然，大范围渐近稳定的必要条件是在整个状态空间中只有一个平衡状态。

在控制工程问题中，总希望系统具有大范围渐近稳定的特性。如果平衡状态不是大范围渐近稳定的，那么问题就转化为确定渐近稳定的最大范围或吸引域，这通常非常困难。然而，对于所有的实际问题，若能确定一个足够大的渐近稳定的吸引域，以致扰动不会超过它就可以了。

如果对于某个实数 $\varepsilon>0$ 和任一个实数 $\delta>0$，不管这两个实数多么小，在球域 $S(\delta)$ 内总存在一个状态 x_0，使始于这一状态的轨迹最终会脱离球域 $S(\varepsilon)$，那么平衡状态 $x_e=0$ 称为不稳定的。Lyapunov 意义下不稳定性的几何表示如图 3.13 所示。

对于线性系统，渐近稳定等价于大范围渐近稳定。但对于非线性系统，一般只考虑吸引域为有限范围的渐近稳定。

最后指出，在经典控制理论中的稳定性概念与 Lyapunov 意义下的稳定性概念是有一定的区别的。例如，在经典控制理论中只有渐近稳定的系统才称为是稳定的系统；仅在 Lyapunov 意义下是稳定的系统不是渐近稳定的系统，则被称为不稳定系统。两者的区别与联系见表 3.1。

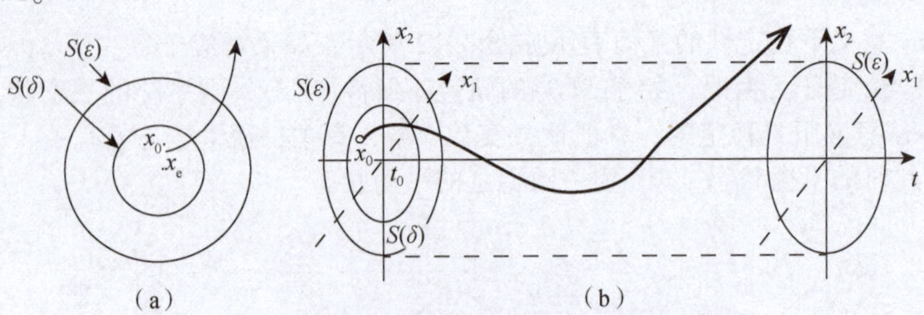

图 3.13　Lyapunov 意义下不稳定性的几何表示

(a) 平衡状态；(b) 轨迹状态

表 3.1　经典控制理论的稳定性概念与 Lyapunov 意义下的稳定性概念

经典控制理论(线性系统)	不稳定 ($Re(s)>0$)	临界情况 ($Re(s)=0$)	稳定 ($Re(s)<0$)
Lyapunov 意义下	不稳定	稳定	渐近稳定

3. Lyapunov 第一法

Lyapunov 第一法判断稳定性的思路：对于线性定常系统，利用特征值进行判断；对于非线性系统，首先进行线性化，然后用线性系统的特征值进行判断。

1）外部稳定性判据

线性定常系统的传递函数是 $\boldsymbol{G}(s)=\boldsymbol{C}(s\boldsymbol{I}-\boldsymbol{A})^{-1}\boldsymbol{B}$，当且仅当其极点都在 s 的左半平面时，系统才是输入输出稳定的。否则系统是不稳定的（在此，虚轴上的临界稳定，对应等幅周期振荡，控制工程上认为是不稳定的）。稳定性的图解如图 3.14 所示。

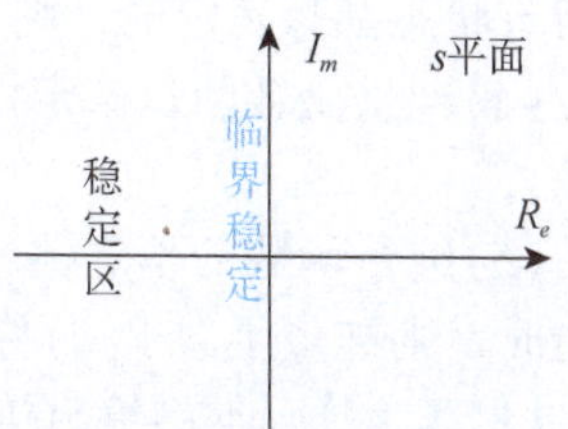

图 3.14　稳定性的图解

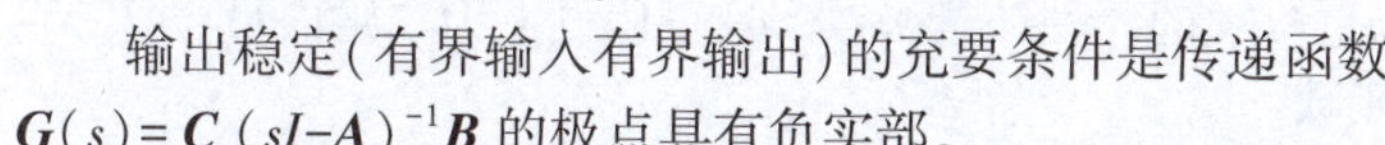
输出稳定（有界输入有界输出）的充要条件是传递函数 $\boldsymbol{G}(s)=\boldsymbol{C}(s\boldsymbol{I}-\boldsymbol{A})^{-1}\boldsymbol{B}$ 的极点具有负实部。

2）内部稳定性判据

线性定常系统渐近稳定的充分必要条件为 $\boldsymbol{A}$ 矩阵的所有特征值全为负实数或具有负实部的共轭复根，等同于特征方程的根全部位于 s 平面的左半平面。

【例 3.13】　设系统方程为 $\dot{\boldsymbol{x}}=\begin{bmatrix}0 & 6\\1 & -1\end{bmatrix}x+\begin{bmatrix}-2\\1\end{bmatrix}u$，$\boldsymbol{y}=[0\quad 1]x$，试确定其外部稳定性、内部稳定性。

解：（1）系统的传递函数为

$$\boldsymbol{G}(s)=\boldsymbol{C}(s\boldsymbol{I}-\boldsymbol{A})^{-1}\boldsymbol{B}=[0\quad 1]\begin{bmatrix}s & -6\\-1 & s+1\end{bmatrix}^{-1}\begin{bmatrix}-2\\1\end{bmatrix}=\frac{(s-2)}{(s-2)(s+3)}=\frac{1}{(s+3)}$$

极点位于 s 的左半平面，$s=2$ 的极点被对消掉了。系统是有界输入有界输出稳定的。

（2）系统的特征方程为

$$\det(\lambda\boldsymbol{I}-\boldsymbol{A})=\begin{bmatrix}\lambda & -6\\-1 & \lambda+1\end{bmatrix}=(\lambda-2)(\lambda+3)=0$$

由上述方程得 $\lambda_1=2$，$\lambda_2=-3$，根据内部稳定性判据，该系统不是渐近稳定的。

4. Lyapunov 第二法

由力学经典理论可知，对于一个振动系统，当振动系统总能量（正定函数）连续减小（意味着总能量对时间的导数为负定），直到平衡状态时为止，则称此振动系统是稳定的。Lyapunov 第二法的思路是根据这个能量观点来分析系统的稳定性。

如果系统的某个平衡状态是渐近稳定的，即 $\lim\limits_{t\to\infty}x=x_e$，那么随着系统的运动，其储存的能量将随时间增长而衰减，直至趋于平衡状态而能量趋于极小值。但在实际系统中很难找到一个统一的能量函数。此时需要虚构一个广义能量函数，称为 Lyapunov 函数，然后根据此函数及其一阶导数的正负来判断系统稳定性。

Lyapunov 第二法判断稳定性的过程，需要找到一个正定的标量函数 $V(x)$，若 $\dot{V}(x)$ 是负定的，则该系统是稳定的，$V(x)$ 即 Lyapunov 函数。

1）纯量函数的正定性

如果对所有在域Ω中的状态 $x\neq0$，有 $V(x)>0$，且在 $x=0$ 处有 $V(0)=0$，则在域Ω（域Ω包含状态空间的原点）内的纯量函数 $V(x)$ 称为正定函数。

（1）如果时变函数 $V(x,\ t)$ 由一个定常的正定函数作为下限，即存在一个正定函数 $V(x)$，使

$$V(x,\ t)>V(x),\qquad \text{对所有 } t\geqslant t_0$$

$$V(0,\ t)=0,\qquad 对所有\ t\geqslant t_0$$

则称时变函数 $V(x,\ t)$ 在域Ω(域Ω包含状态空间原点)内是正定的。

(2)纯量函数的负定性。如果 $-V(x)$ 是正定函数，则纯量函数 $V(x)$ 称为负定函数。

(3)纯量函数的正半定性。如果纯量函数 $V(x)$ 除原点和某些状态等于零外，在域Ω内的所有状态都是正定的，则 $V(x)$ 称为正半定纯量函数。

(4)纯量函数的负半定性。如果 $-V(x)$ 是正半定函数，则纯量函数 $V(x)$ 称为负半定函数。

(5)纯量函数的不定性。如果在域Ω内，无论域Ω多么小，$V(x)$ 既可为正值，又可为负值时，则纯量函数 $V(x)$ 称为不定函数。

【例 3.14】 本例给出按照以上分类的几种纯量函数，这里假设 $\boldsymbol{x}$ 为二维向量。

(1) $\boldsymbol{V}(\boldsymbol{x})=\boldsymbol{x}_1^2+2\boldsymbol{x}_2^2$，为正定函数。

(2) $\boldsymbol{V}(\boldsymbol{x})=(\boldsymbol{x}_1+\boldsymbol{x}_2)^2$，为正半定函数。

(3) $\boldsymbol{V}(\boldsymbol{x})=-\boldsymbol{x}_1^2-(3\boldsymbol{x}_1+2\boldsymbol{x}_2)^2$，为负定函数。

(4) $\boldsymbol{V}(\boldsymbol{x})=\boldsymbol{x}_1\boldsymbol{x}_2+\boldsymbol{x}_2^2$，为不定函数。

(5) $\boldsymbol{V}(\boldsymbol{x})=\boldsymbol{x}_1^2+\dfrac{2\boldsymbol{x}_2^2}{1+\boldsymbol{x}_2^2}$，为正定函数。

2)二次型函数 $\boldsymbol{X}^{\mathrm{T}}\boldsymbol{P}\boldsymbol{X}$

建立在 Lyapunov 第二法基础上的稳定性分析中，有一类纯量函数发挥着很重要的作用，即二次型函数。其表达式为

$$\boldsymbol{V}(x)=[x_1,\ x_2,\ \cdots,\ x_n]\begin{bmatrix} p_{11} & p_{12} & \cdots & p_{1n} \\ p_{21} & p_{22} & \cdots & p_{2n} \\ \vdots & \vdots & & \vdots \\ p_{n1} & p_{n2} & \cdots & p_{nn} \end{bmatrix}\begin{bmatrix} x_1 \\ x_2 \\ \vdots \\ x_n \end{bmatrix}=\boldsymbol{X}^{\mathrm{T}}\boldsymbol{P}\boldsymbol{X} \tag{3.27}$$

如果 $p_{ik}=p_{ki}$，则称 $\boldsymbol{P}$ 为实对称矩阵。

二次型函数 $\boldsymbol{V}(x)$ 正(负)定性判定。

(1)二次型函数 $\boldsymbol{V}(x)=\boldsymbol{X}^{\mathrm{T}}\boldsymbol{P}\boldsymbol{X}$ 为正定或实对称矩阵 $\boldsymbol{P}$ 为正定的充要条件是 $\boldsymbol{P}$ 的所有主、子行列式均为正，即 $\boldsymbol{P}=\begin{bmatrix} p_{11} & p_{12} & \cdots & p_{1n} \\ p_{21} & p_{22} & \cdots & p_{2n} \\ \vdots & \vdots & & \vdots \\ p_{n1} & p_{n2} & \cdots & p_{nn} \end{bmatrix}$，如果 $\Delta_1=p_{11}>0$，$\Delta_2=\begin{vmatrix} p_{11} & p_{12} \\ p_{21} & p_{22} \end{vmatrix}>0$，…，$\Delta_n=|\boldsymbol{P}|>0$，则 $\boldsymbol{P}$ 为正定，即 $\boldsymbol{V}(x)$ 正定。

(2)二次型函数 $\boldsymbol{V}(x)=\boldsymbol{X}^{\mathrm{T}}\boldsymbol{P}\boldsymbol{X}$ 为负定或实对称矩阵 $\boldsymbol{P}$ 为负定的充要条件是 $\boldsymbol{P}$ 的主、子行列式满足 $\Delta_i<0$(i 为奇数)，$\Delta_i>0$(i 为偶数)。

3) Lyapunov 第二法判断稳定性

对于给定的系统，若可求得正定的纯量函数 $V(x)$，并使其沿轨迹对时间的全导数总为负定，则随着时间的增加，$V(x)$ 将取越来越小的 C 值，最终 $V(x)$ 变为零，而 x 也趋于零，即状态空间的原点是渐近稳定的。Lyapunov 主稳定性定理就是前述事实的普遍化，其给出了渐近稳定的充分条件。

判据 1：考虑如下非线性系统。

$$\dot{x}(t)=f(x(t),\ t)$$

式中，$f(0, t)\equiv 0$，$t\geqslant t_0$。

如果存在一个具有连续一阶偏导数的纯量函数 $V(x, t)$，且满足条件[$V(x, t)$正定，$\dot{V}(x, t)$负定]，则在原点处的平衡状态是(一致)渐近稳定的。若 $\|x\|\to\infty$，$V(x, t)\to\infty$(径向无穷大)，则在原点处的平衡状态 $x_e=0$ 是大范围渐近稳定的。

【例 3.15】 考虑如下非线性系统。

$$\dot{x}_1=x_2-x_1(x_1^2+x_2^2)$$

$$\dot{x}_2=-x_1-x_2(x_1^2+x_2^2)$$

显然原点($x_1=0$，$x_2=0$)是唯一的平衡状态。试确定其稳定性。

解： 定义一个负定函数：

$$V(x)=2x_1\dot{x}_1+2x_2\dot{x}_2-2(x_1^2+x_2^2)^2$$

其为负定函数，说明 $V(x)$沿任一轨迹连续地减小，因此 $V(x)$是一个 Lyapunov 函数。由于 $V(x)$随着 $\|x\|\to\infty$ 而变为无穷，所以由判据 1 可得该系统在原点处的平衡状态是大范围渐近稳定的。

对判据 1 作以下 4 点说明。

(1)这里仅给出了充分条件，即如果我们构造出了 Lyapunov 函数 $V(x, t)$，那么该系统是渐近稳定的。但如果找不到这样的 Lyapunov 函数，则不能给出任何结论。例如，不能据此说该系统是不稳定的。

(2)对于渐近稳定的平衡状态，必存在 Lyapunov 函数。

(3)对于非线性系统，通过构造某个具体的 Lyapunov 函数，可以证明该系统在某个稳定域内是渐近稳定的，但这并不意味着稳定域外的运动是不稳定的。对于线性系统，如果存在渐近稳定的平衡状态，则其必定是大范围渐近稳定的。

(4)这里给出的稳定性定理，既适用于线性系统、非线性系统，又适用于定常系统、时变系统，具有普遍意义。

显然，判据 1 仍有一些限制条件，如 $\dot{V}(x, t)$必须是负定函数等。如果在 $\dot{V}(x, t)$上附加一个限制条件，即除原点外，沿任一轨迹 $\dot{V}(x, t)$均不恒等于零，则要求 $\dot{V}(x, t)$负定函数的条件可用 $\dot{V}(x, t)$取负半定函数的条件来代替。

判据 2：考虑如下非线性系统。

$$\dot{x}(t)=f(x(t), t)$$

式中，$f(0, t)\equiv 0$，$t\geqslant t_0$。

如果存在一个具有连续一阶偏导数的纯量函数 $V(x, t)$，且满足条件[$V(x, t)$是正定的；$\dot{V}(x, t)$是负半定的]，则在系统原点处的平衡状态 $x_e=0$ 是大范围渐近稳定的。

注意，若 $\dot{V}(x, t)$不是负定函数，而只是负半定函数，则典型点的轨迹可能与某个特定曲面 $V(x, t)=C$ 相切。然而，由于 $\dot{V}[\Phi(t; x_0, t_0), t]$对任意 t_0 和任意 $x_0\neq 0$，在 $t\geqslant t_0$ 时不恒等于零，所以典型点就不可能保持在切点处[在该点上存在 $\dot{V}(x, t)=0$]，必然要运动到原点。

【例 3.16】 给定连续时间的定常系统：

$$\dot{x}_1=x_2$$

$$\dot{x}_2=-x_1-(1+x_2)^2x_2$$

试判定其稳定性。

解：定常系统的平衡状态为 $x_1=0$，$x_2=0$。现取 $V(x)=x_1^2+x_2^2$。

(1) $V(x)=x_1^2+x_2^2$，为正定函数。

$$(2)\ \dot{V}(x)=\begin{bmatrix}\dfrac{\partial V}{\partial x_1} & \dfrac{\partial V}{\partial x_2}\end{bmatrix}\begin{bmatrix}\dot{x}_1\\ \dot{x}_2\end{bmatrix}$$

$$=[2x_1\quad 2x_2]\begin{bmatrix}x_2\\ -x_1-(1+x_2)^2x_2\end{bmatrix}$$

$$=-2x_2^2(1+x_2)^2$$

可以看出，除以下情况时 $\dot{V}(x)=0$ 外，均有 $\dot{V}(x)<0$。$\dot{V}(x)$ 为半负定函数。

①x_1 任意，$x_2=0$；

②x_1 任意，$x_2=-1$。

(3) 检查是否 $\dot{V}(\boldsymbol{\Phi}(t;\ x_0,\ 0))\neq 0$。

考察情况①：$\overline{\boldsymbol{\Phi}}(t;\ x_0,\ 0)=[x_1(t),\ 0]^{\mathrm{T}}$ 是否为定常系统的扰动解，由 $x_2=0$ 可导出 $\dot{x}_2=0$，将此代入定常系统的方程得：

$$\dot{x}_1(t)=x_2(t)=0$$

$$0=\dot{x}_2=-(1+x_2(t))^2-x_1=-x_1(t)$$

这表明，除点($x_1=0$，$x_2=0$)外，$\overline{\boldsymbol{\Phi}}(t;\ x_0,\ 0)=[x_1(t),\ 0]^{\mathrm{T}}$ 不是定常系统的扰动解。

考察情况②：$\overline{\boldsymbol{\Phi}}(t;\ x_0,\ 0)=[x_1(t),\ -1]^{\mathrm{T}}$，则 $x_2=-1$ 可导出 $\dot{x}_2(t)=0$，将此代入定常系统方程得：

$$\dot{x}_1=x_2=-1$$

$$0=\dot{x}_2(t)=-(1+x_2(t))^2x_2(t)-x_1(t)=-x_1(t)$$

可以看出与已知条件矛盾，$\overline{\boldsymbol{\Phi}}(t;\ x_0,\ 0)=[x_1(t),\ -1]^{\mathrm{T}}$ 不是定常系统的扰动解。

(4) 当 $\|x\|=\sqrt{x_1^2+x_2^2}\to\infty$，显然有 $V(x)\to\infty$。综上，定常系统在原点平衡状态是大范围渐近稳定的。

判据 3：考虑如下非线性系统。

$$\dot{x}(t)=f(x(t),\ t)$$

式中，$f(0,\ t)\equiv 0$，$t\geqslant t_0$。

若存在一个纯量函数 $V(x,\ t)$，具有连续的一阶偏导数，且满足条件[$V(x,\ t)$ 在原点附近的某一邻域内是正定的；$\dot{V}(x,\ t)$ 在同样的邻域内是正定的]，则原点处的平衡状态是不稳定的。

判据 4：线性定常系统为 $\dot{x}=\boldsymbol{A}x$。在平衡状态 $x_e=0$ 处渐近稳定的充要条件是给定一个正定对称矩阵 $\boldsymbol{Q}$，存在一个正定实对称矩阵 $\boldsymbol{P}$，使其满足 $\boldsymbol{A}^{\mathrm{T}}\boldsymbol{P}+\boldsymbol{P}\boldsymbol{A}=-\boldsymbol{Q}$。标量函数 $V(x)=\boldsymbol{X}^{\mathrm{T}}\boldsymbol{P}\boldsymbol{X}$ 就是系统的一个 Lyapunov 函数。因为正定对称矩阵 $\boldsymbol{Q}$ 的形式可任意给定，且最终判断结果和 $\boldsymbol{Q}$ 的不同形式选择无关，所以通常取 $\boldsymbol{Q}=\boldsymbol{I}$。

【例 3.17】 试用 Lyapunov 方程判断下列线性系统的稳定性：

$$\dot{x}_1 = x_2$$
$$\dot{x}_2 = 2x_1 - x_2$$

解：（1）利用 Lyapunov 第一法进行判定，则

$$|\lambda \boldsymbol{I} - \boldsymbol{A}| = \begin{vmatrix} \lambda & -1 \\ -2 & \lambda+1 \end{vmatrix} = \lambda^2 + \lambda - 2 = (\lambda+2)(\lambda-1) = 0$$

由上式可知，特征值为-2、1，故线性系统不稳定。

（2）利用 Lyapunov 第二法进行判定。

令$\boldsymbol{A}^{\mathrm{T}}\boldsymbol{P} + \boldsymbol{P}\boldsymbol{A} = -\boldsymbol{Q} = -\boldsymbol{I}$，则

$$\begin{bmatrix} 0 & 2 \\ 1 & -1 \end{bmatrix}\begin{bmatrix} p_{11} & p_{12} \\ p_{12} & p_{22} \end{bmatrix} + \begin{bmatrix} p_{11} & p_{12} \\ p_{12} & p_{22} \end{bmatrix}\begin{bmatrix} 0 & 1 \\ 2 & -1 \end{bmatrix} = \begin{bmatrix} -1 & 0 \\ 0 & -1 \end{bmatrix}$$

$$\begin{bmatrix} 4p_{12} & p_{11} - p_{12} + 2p_{22} \\ p_{11} - p_{12} + 2p_{22} & 2p_{12} - 2p_{22} \end{bmatrix} = \begin{bmatrix} -1 & 0 \\ 0 & -1 \end{bmatrix}$$

解得 $\boldsymbol{P} = \begin{bmatrix} p_{11} & p_{12} \\ p_{12} & p_{22} \end{bmatrix} = \begin{bmatrix} -\frac{3}{4} & -\frac{1}{4} \\ -\frac{1}{4} & -\frac{1}{4} \end{bmatrix}$。

校验 $\boldsymbol{P}$ 的正定性：$\Delta_1 = p_{11} = -\frac{3}{4} < 0$；$\Delta_2 = \begin{vmatrix} -\frac{3}{4} & -\frac{1}{4} \\ -\frac{1}{4} & -\frac{1}{4} \end{vmatrix} = -\frac{1}{4} < 0$。

由上式可知 $\boldsymbol{P}$ 不定。线性系统为非渐近稳定，属于不稳定。

习　题

3.1 图 3.15 所示为电网络，试以电压 u 为输入，以电容 C 上的电压 u_c 为输出变量，列写其状态空间表达式。

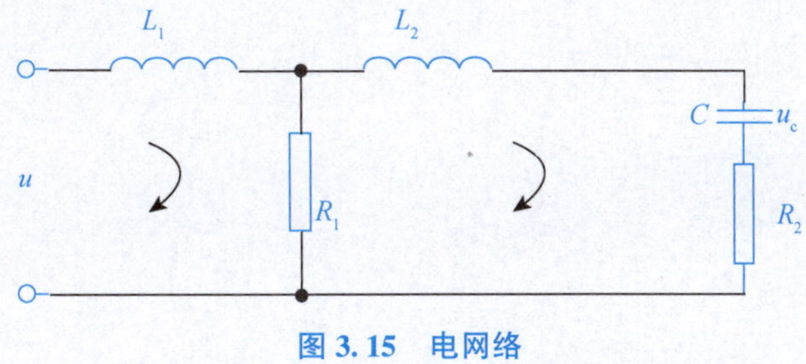

图 3.15　电网络

3.2 已知下列系统的微分方程，试列写出它们的状态空间表达式。

（1）$\dddot{y} + \ddot{y} + 4\dot{y} + 5y = 3u$。

（2）$2\ddot{y} + 3\dot{y} = \ddot{u} - u$。

（3）$\dddot{y} + 2\ddot{y} + 3\dot{y} + 5y = 5\dddot{u} + 7u$。

3.3 列写图 3.16 所示控制系统的状态空间表达式。

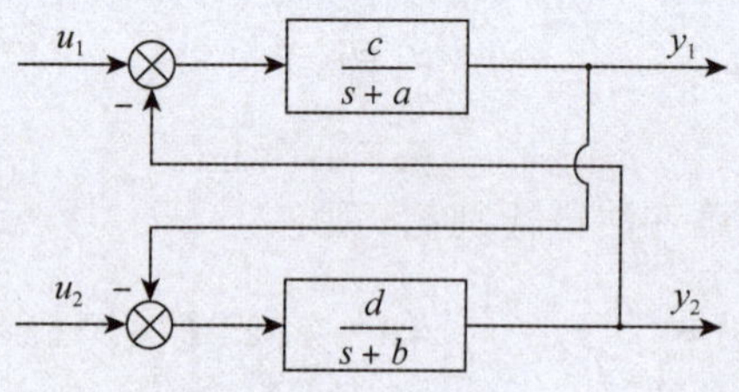

图 3.16 控制系统

3.4 判断下列系统的状态及输出能控性。

$$\dot{\boldsymbol{x}}=\begin{bmatrix}0 & 1\\ -1 & -2\end{bmatrix}\boldsymbol{x}+\begin{bmatrix}1\\ -1\end{bmatrix}\boldsymbol{u},\ \boldsymbol{y}=[1\quad 0]\boldsymbol{x}$$

3.5 用 Lyapunov 第二法，求使下列控制系统稳定的 K 值。

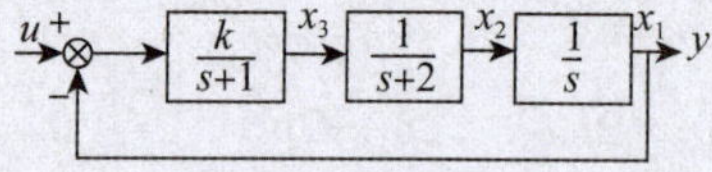

图 3.17 控制系统

3.6 试用 Lyapunov 方法求下列系统在平衡状态 $\boldsymbol{x}=0$ 为大范围渐近稳定的条件。

$$\dot{\boldsymbol{x}}=\begin{bmatrix}a_{11} & a_{12}\\ a_{21} & a_{22}\end{bmatrix}\boldsymbol{x}$$

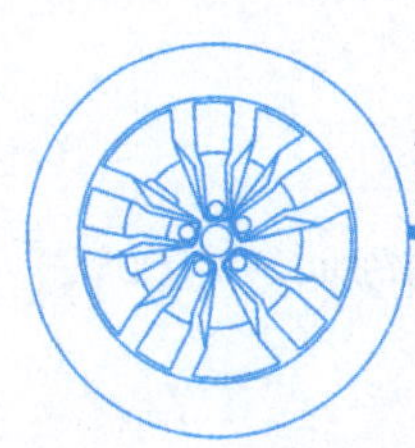

第 4 章 控制理论在汽车控制系统中的应用

本章主要介绍作用在汽车控制系统的控制算法，包括 PID 控制、模糊控制、线性二次最优控制、滑模控制和模型预测控制。

4.1 PID 控制

作为最早发展起来的控制算法之一，PID 控制历史悠久，被广泛应用于工业过程控制。因其算法简单、可靠性高和鲁棒性好的优点，现在仍有相当多的控制系统采用 PID 控制方法。常规 PID 控制系统的原理如图 4.1 所示。

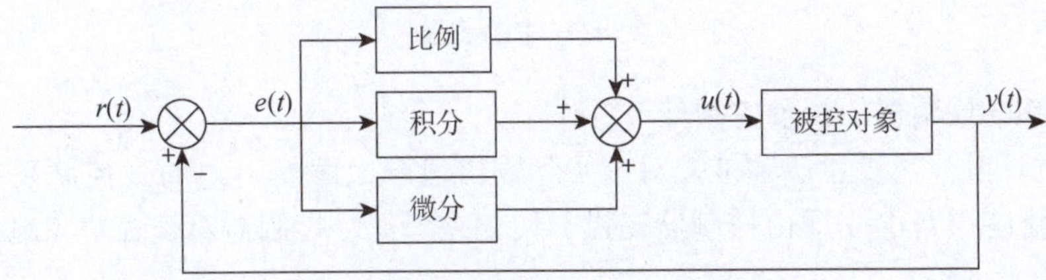

图 4.1　常规 PID 控制系统的原理

由图 4.1 可知，PID 控制器主要由比例环节、积分环节和微分环节构成。控制系统主要由 PID 控制器和被控对象组成。偏差 $e(t)$ 由设定值 $r(t)$ 和实际输出值 $y(t)$ 构成，即设定值 $r(t)$ 与实际输出值 $y(t)$ 之差。控制量 $u(t)$ 由偏差 $e(t)$ 按比例、积分和微分通过线性组合构成。PID 控制器将控制量 $u(t)$ 对被控对象进行控制，来减小实际输出值 $y(t)$ 和设定值 $r(t)$ 的偏差。控制器的输入和输出之间的关系为

$$u(t) = K_p e(t) + K_i \int_0^t e(t)\mathrm{d}t + K_d \frac{\mathrm{d}e(t)}{\mathrm{d}t} \tag{4.1}$$

式中，K_p 为控制器的比例增益系数；K_i 为控制器的积分增益系数；K_d 为控制器的微分增益系数；$e(t)$ 为实际输出值与设定值的偏差；$u(t)$ 为控制器的输出控制量。

$u(t)$ 作为 PID 控制器的输出量，也可以表示为

$$u(t) = K\left[e(t) + \frac{1}{T_i}\int_0^t e(t)\mathrm{d}t + T_d \frac{\mathrm{d}e(t)}{\mathrm{d}t}\right] \tag{4.2}$$

式中，K 为控制器的比例增益系数；T_i 为控制器的积分时间常数；T_d 为控制器的微分时间

常数。

在实际操作过程中，因为计算机只能处理离散信号，不能处理连续信号，所以将 PID 控制应用于实际的被控对象时，必须将 PID 控制算法进行转换，把连续的形式转换为离散的形式。PID 控制器离散化后的差分形式为

$$u(t)=K_{\mathrm{p}}\left\{e(t)+\frac{T}{T_{j}}\sum_{j=0}^{k}e(j)+\frac{T_{\mathrm{d}}}{T}[e(k)-e(k-1)]\right\} \tag{4.3}$$

式中，k 为控制器的采样序号，$k=0$，1，2，3，…；T 为控制器的采样周期；$e(k-1)$、$e(k)$ 为控制器的采样偏差。

4.1.1 PID 的结构

常用 PID 控制器的传递函数如式(4.1)所示，将式(4.1)拉普拉斯变换可得

$$G(s)=\frac{U(s)}{E(s)}=K_{\mathrm{p}}\left(1+\frac{1}{T_{\mathrm{i}}s}+T_{\mathrm{d}}s\right)=K_{\mathrm{p}}+\frac{K_{\mathrm{i}}}{s}+K_{\mathrm{d}}s \tag{4.4}$$

PID 结构如图 4.2 所示。

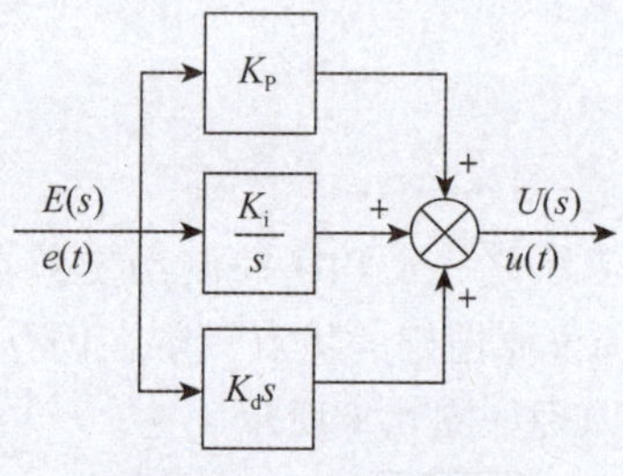

图 4.2 PID 结构

以下为 PID 控制器的 3 个控制环节的作用。

(1) 比例环节：当设置值和被控对象实际输出值产生偏差 $e(t)$ 时，控制系统输出不精确，那么控制量 $u(t)$ 会立即由控制器提供，使偏差降低，控制器对被控对象输出的控制量随偏差的变化而变化。

(2) 积分环节：积分控制用于提升系统输出与目标值之间的精准度，即消除控制系统中存在的静态误差。积分的时间常数决定积分控制的效果，积分作用随着时间常数值的增大而减弱。当偏差 $e(t)$ 连续累积且不断变大时，被控系统趋于不稳定，必须增大控制量来阻止偏差的增加。

(3) 微分环节：微分主要在偏差 $e(t)$ 未变化太大前对其进行控制，使控制系统的反应提前，缩短了控制时间，反映了偏差信号的变化速率。

以下为 PID 控制器的 3 个控制环节的优缺点。

(1) 比例控制的优点是被控对象实际输出值与设定值一产生偏差，系统控制动作随即被触发，这一控制动作非常迅速，控制器作用的强弱由比例系数 K_{p} 的大小决定，然后被控量在比例控制作用下朝偏差减小的方向发展，使控制系统趋于稳定。但是对于控制系统响应始终为有限值，即拥有自平衡性的控制系统，那么比例控制作用时会有静态误差的存在。减小静态误差的方法是加大比例系数 K_{p}，不过这很可能使闭环系统变得不稳定，因为 K_{p} 太大会使系统的动态性能恶化。

(2) 积分控制的优点是有利于消除控制的静态误差，使控制系统输出更精确，能够记

忆误差并对其进行积分。积分控制的缺点是积分作用通常会滞后一小段时间。积分作用的强弱对控制系统的动态性能有很大的影响，如果积分作用太强会使动态性能变差。

(3) 微分控制的优点是对误差变化的趋势比较敏感，能使控制系统提前反应，这是因为其能够对误差进行微分计算，从而能够加快控制系统的响应。若要使控制系统的超调量减少，可以增大微分控制作用，这样控制系统的稳定性也会增加。但其不足之处是不能对信号进行筛选，这是因为其对干扰信号也同样敏感，会使控制系统的抗干扰能力变差。

4.1.2　基于 MATLAB 的 PID 控制的实现

依据 PID 控制理论，用 MATLAB 软件的 Simulink 功能建立 PID 控制模型，如图 4.3 所示。

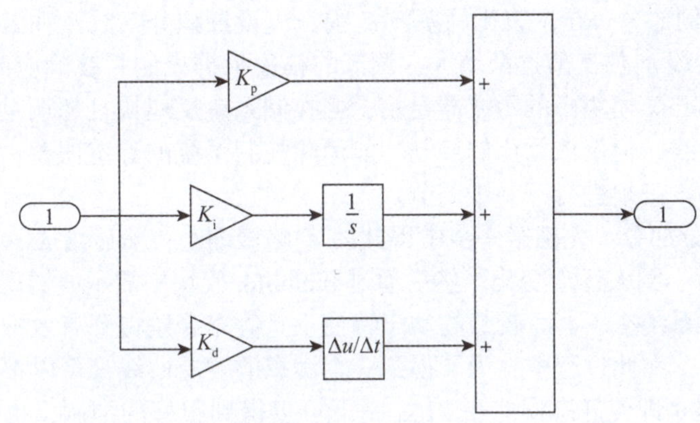

图 4.3　PID 控制模型

如前所述，当选用 PID 控制算法时，PID 控制器的 3 个参数 K_p、K_i、K_d 决定了系统的控制效果。由于每个参数各有优、缺点且相互影响，所以需要对 3 个参数进行整定，只有找到最合适的参数值，才能获得预期的控制效果，使控制系统不仅能获得满意的稳态特性，还能达到较好的动态特性。在时域范围内，3 个参数 K_p、K_i、K_d 对 PID 控制器的性能指标的影响见表 4.1。在实际控制过程中，由于表 4.1 中的对应关系只是由理论分析所得，只起到辅助说明的作用，所以在对控制系统进行参数整定时，要根据实际的响应曲线合理地选择 3 个参数，从而改善控制系统的动态特性和稳态特性。

表 4.1　控制参数对 PID 控制器的性能指标的影响

控制参数	超调量	上升时间	静态偏差	过渡时间
K_p	增大	减小	减小	微小变化
K_i	增大	减小	消除	增大
K_d	减小	微小变化	影响很小	减小

迄今为止，PID 参数整定方法的研究已经比较深入，且在实际控制中得到了成功应用，以下为其整定方法。

(1) 理论计算法：该方法必须先求出被控对象的数学模型，在此基础上，通过理论推导，计算出控制器的比例、积分、微分 3 个参数。计算后，需依据实际响应曲线，对这 3 个控制参数进行合理筛选。但由于理论计算法所依赖的数学模型存在一定局限性，得到的理论参数值很难直接应用到实际场景中，因此要想让这 3 个参数适配实际控制系统，还需结合具体实验进行调整。

(2)工程整定法：目前有衰减曲线法、临界比例度法和齐格勒-尼科尔斯(Ziegler-Nichols，Z-N)整定法3种工程整定法。这3种方法的共通之处是整定3个参数时，需将工程经验和具体实验结合起来，每种方法的侧重点不同，在应用中还需进行二次调节使其适应实际控制系统。与理论计算法不同，工程整定法将控制器参数整定的环节直接贯穿于目标系统控制过程中，不需要求出被控对象的数学模型。

如前所述的3个参数K_p、K_i、K_d对控制效果的影响及整定方法，在工程应用中可以使用试凑的方法结合自身经验来整定PID控制器参数。在使用MATLAB软件进行仿真时，依据控制系统的性能指标要求，通过观察响应曲线来不断调整3个参数，最终得到满意的曲线，具体操作步骤如下。

(1)首先是比例部分。在调节比例系数K_p前，先设置积分系数K_i和微分系数K_d的值为零，再调节比例系数K_p使其值逐渐增大，调节的幅度根据控制系统响应曲线的变化而定，此曲线可通过Simulink模块中的示波器显示，当控制系统反应快且超调量小时，即可得到较为理想的响应曲线。但仅依靠比例控制不能消除控制系统的静态误差，因此此刻仍然存在较大的静态误差，必须进行下一步调节。

(2)其次是积分部分。先把第一步中得到的K_p略微缩小，然后给K_i一个较小的值，再调节K_i的值使其由小到大逐渐变化，然后通过Simulink模块中的示波器观察控制系统响应曲线变化，当控制系统有了一个较好的动态特性，且静态误差得到有效抑制，即可得到较为理想的响应曲线。在此过程中，为了得到一个满意的响应曲线，可以根据曲线的情况反复调节K_i、K_p。但是即使静态误差在PI控制下可以得到很好的抑制，也不能完全获得令人满意的动态特性，因此还需进行最后一步。

(3)最后是微分部分。调节微分系数K_d的方法参照积分系数的调节，在上一步中已经得到了K_i、K_p的值，将它们略微缩小，然后调节微分系数K_d使之从小到大逐渐变化，同时可通过Simulink模块中的示波器观察控制系统响应曲线变化，根据具体情况调节K_i、K_p的值，直到获得理想的响应曲线。即可通过试凑的方法得到PID控制器3个参数的值。

通过以下4个应用实例来了解PID控制器参数的调节。

1. 比例控制

【例4.1】 被控对象的传递函数为$G(s)=\dfrac{1}{3s^3+13s^2+26s+15}$，系统为单位反馈，对系统采用比例控制，比例系数分别为$K_p=3$，4，5，绘制各个比例下系统的单位阶跃响应曲线。

解： 在MATLAB命令窗口中输入以下程序。

```
num=1;                                        %传递函数分子多项式系数
den=[3,13,26,15];                             %传递函数分母多项式系数
G=tf(num,den);                                %创建被控对象传递函数
kp=[3,4,5];
for i=1:3
    G=feedback(kp(i)*G,1);
    gss='- :--';
    step(G,[gss(2*i-1) gss(2*i)]);            %绘制单位阶跃响应曲线
    hold on
end
```

```
xlabel('时间/s')
ylabel('振幅')
legend('Kp=3','Kp=4','Kp=5')
```

运行结果为比例控制阶跃响应曲线，如图 4.4 所示。

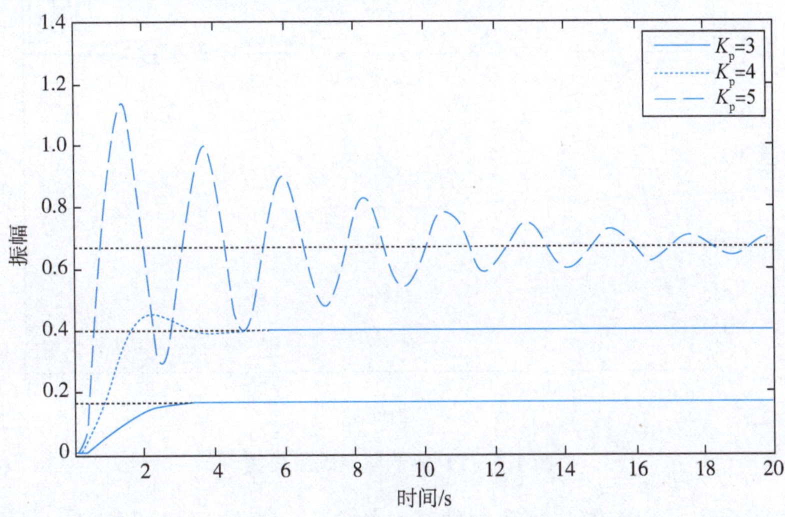

图 4.4　比例控制阶跃响应曲线

从图中可以看出，随着比例系数的增大，系统响应速度加快，系统的超调量和调节时间也相应增加。

2. PD 控制

【例 4.2】　被控对象的传递函数为 $G(s)=\dfrac{1}{11s^3+17s^2+8s+1}$，系统为单位反馈，对系统采用 PD 控制，比例系数为 $K_p=3$，微分时间常数分别为 $T_d=0$，1，3。绘制各个微分下系统的单位阶跃响应曲线。

解： 在 MATLAB 命令窗口中输入以下程序。

```
num=1;                          %传递函数分子多项式系数
den=[11,17,8,1];                %传递函数分母多项式系数
G=tf(num,den);                  %创建被控对象传递函数
kp=3;
td=[0,1,3];
for i=1:3
    g1=tf([kp* td(i),kp],1)
    G2=feedback(g1* G,1);
    gss='- :--';
    step(G2,[gss(2* i-1) gss(2* i)]);     %绘制单位阶跃响应曲线
    hold on
end
xlabel('时间/s')
ylabel('振幅')
```

```
legend('Td=0','Td=1','Td=3')
```

运行结果为 PD 控制阶跃响应曲线，如图 4.5 所示。

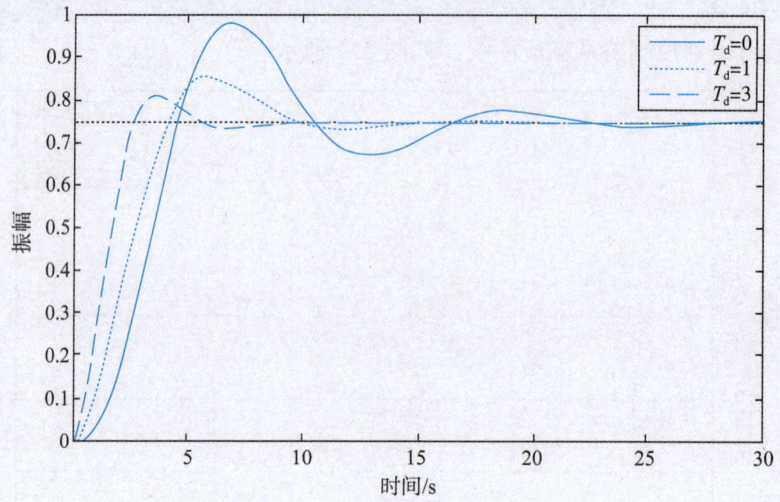

图 4.5　PD 控制阶跃响应曲线

从图中可以看出，随着微分时间常数系数的增大，系统的超调量减小，稳定性提高，上升时间减少，快速性也相应提高。

3. PI 控制

【例 4.3】　被控对象的传递函数为 $G(s)=\dfrac{1}{10s^3+16s^2+8s+1}$，系统为单位反馈，对系统采用 PI 控制，比例系数为 $K_p=3$，积分时间常数分别为 $T_i=3$，10，20。绘制各个积分下系统的单位阶跃响应曲线。

解：在 MATLAB 命令窗口中输入以下程序。

```
num=1;                                   %传递函数分子多项式系数
den=[10,16,8,1];                         %传递函数分母多项式系数
G=tf(num,den);                           %创建被控对象传递函数
kp=3;
ti=[3,10,20];
for i=1:3
    g1=tf([kp* ti(i),kp],[ti(i),0]);
    G2=feedback(g1* G,1);
    gss='- :--';
    step(G2,[gss(2* i-1) gss(2* i)]);    %绘制单位阶跃响应曲线
    hold on
end
xlabel('时间/s')
ylabel('振幅')
legend('Ti=3','Ti=10','Td=20')
```

运行结果为 PI 控制阶跃响应曲线，如图 4.6 所示。

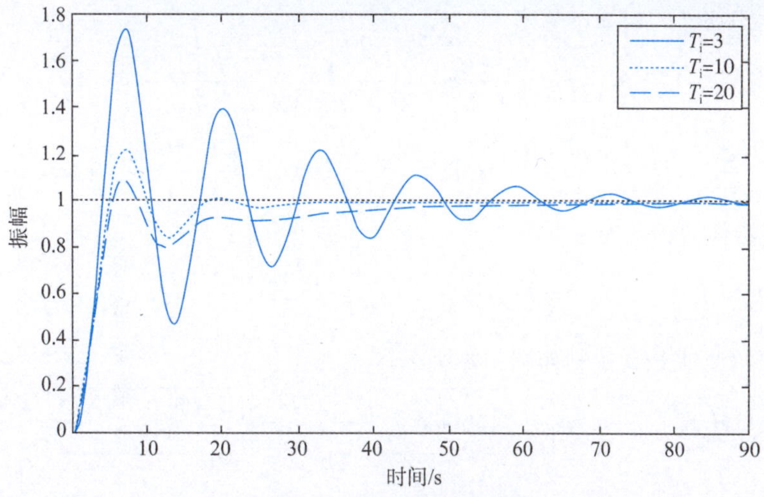

图 4.6　PI 控制阶跃响应曲线

从图中可以看出，随着积分时间常数系数的增大，积分作用增强，系统的稳定性提高。

4. PID 控制

【例 4.4】　利用汽车横摆角速度传递函数，对汽车横摆角速度进行 PID 控制，绘制汽车横摆角速度的阶跃响应曲线。仿真需要的参数见表 4.2。

表 4.2　仿真需要的参数

汽车质量/kg	汽车转动惯量/(kg · m²)	汽车质心至前轴距离/m
3 018	10 437	1.84
汽车质心至后轴距离/m	前轮综合侧偏刚度/(N/rad)	后轮综合侧偏刚度/(N/rad)
1.88	−23 147	−38 318

解： 汽车二自由度模型如图 4.7 所示。

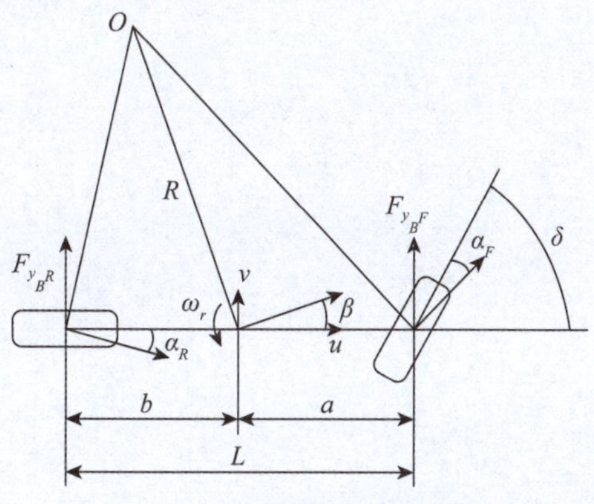

图 4.7　汽车二自由度模型

图 4.7 中，v、u 分别为汽车质心侧向速度、纵向速度；β 为汽车的质心侧偏角；ω_r 为汽车横摆角速度；a、b 分别为汽车质心至前、后轴距离；α_F、α_R 分别为汽车前、后轮侧偏角；F_{y_BR}，F_{y_BF} 分别为汽车前、后轮侧向力；δ 为前轮转向角。

汽车横摆角速度的传递函数为

$$G_{\omega_r}(s)=\frac{\omega_r(s)}{\delta_1(s)}=\frac{(s-a_{11})b_{11}+a_{21}b_{11}}{s^2-a_{11}s-a_{22}s+a_{11}a_{22}-a_{12}a_{21}}$$

式中，$a_{11}=\frac{K_{a1}+K_{a2}}{mu}$；$a_{12}=\frac{aK_{a1}-bK_{a2}-mu^2}{mu^2}$；$a_{21}=\frac{aK_{a1}-bK_{a2}}{I_z}$；$a_{22}=\frac{a^2K_{a1}+b^2K_{a2}}{I_zu}$；$b_{11}=-\frac{K_{a1}}{mu}$；$b_{21}=-\frac{aK_{a1}}{I_z}$。

PID 控制器传动函数为

$$G_c(s)=k_p+\frac{k_i}{s}+k_ds=\frac{k_ds^2+k_ps+k_i}{s}$$

汽车横摆角速度 PID 控制如图 4.8 所示。

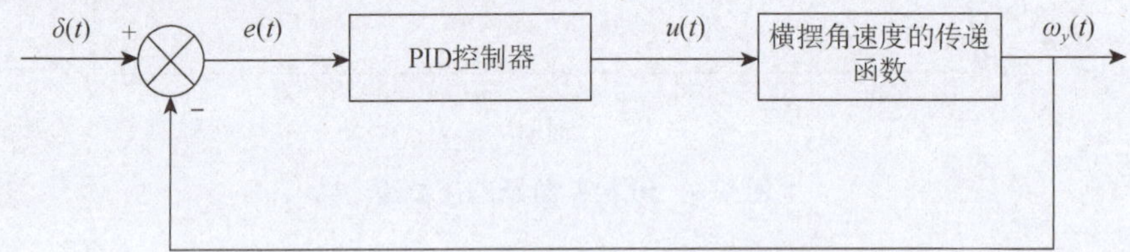

图 4.8　汽车横摆角速度 PID 控制

在 MATLAB 命令窗口中输入以下程序。

```
clear all
m=3018;Iz=10437;a=1.84;b=1.88;                          %参数设置
k1=-23147;k2=-38318;                                    %参数设置
u=30;                                                   %车速
a11=(k1+k2)/m/u;a12=(a* k1-b* k2-m* u^2)/m/u^2;
a21=(a* k1-b* k2)/Iz;a22=(a^2* k1+b^2* k2)/Iz/u;
b11=-k1/m/u;b21=-a* k1/Iz;
b1=b21;b2=a21* b11-a11* b21;
b3=-a11-a22;b4=a11* a22-a12* a21;
num=[b1,b2];                                            %传递函数的分子
den=[1,b3,b4];                                          %传递函数的分母
t=0:0.1:10;
Go=step(num,den,t);                                     %求传递函数的阶跃响应
Go1=Go* pi* 15/180;
plot(t,Go1)                                             %绘制无控制的响应曲线
hold on
kd=0;kp=1;ki=0;                                         %PID 参数设置
num2=[kd,kp,ki];
den2=[0,1,0.5];
[nums,dens]=series(num,den,num2,den2);
[num3,den3]=cloop(nums,dens);
t=0:0.1:10;
Go2=step(num3,den3,t);                                  %求 PID 控制的阶跃响应
Go3=Go2* pi* 15/180;
plot(t,Go3,'r')                                         %绘制 PID 时控制响应曲线
```

```
hold off
xlabel('时间/s')
ylabel('横摆角速度/(rad/s)')
legend('无控制','PID')
```

运行结果为汽车横摆角速度 PID 控制曲线，如图 4.9 所示。从图中可以看出加入 PID 控制后，汽车横摆角速度稳定性有所提高，达到稳定状态的时间也相应减少。

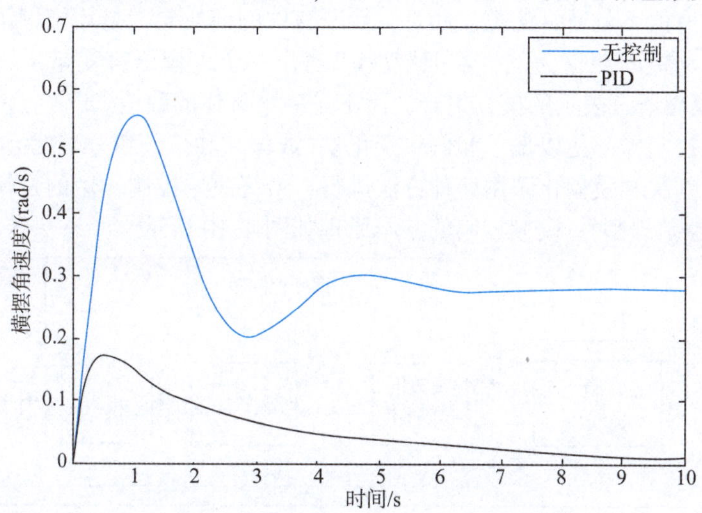

图 4.9　汽车横摆角速度 PID 控制曲线

4.2　模糊控制

4.2.1　模糊集合

映射 $\mu A(x)$：$X\rightarrow[0\ 1]$ 称为论域 X 上的模糊子集合，记为 A。

该定义表示出 $\mu A(x)$ 刻划了论域 X 的一个模糊集合 A。其中，$\mu A(x)$ 称为模糊集合 A 的隶属函数，也叫作 x 相对于模糊集合 A 的隶属度。$\mu A(x)$ 在闭区间[0，1]上的取值表明了 x 对模糊集合的隶属程度，$\mu A(x)$ 的值越接近 1，x 对模糊集合 A 的隶属程度越高。隶属函数属于人为主观定义的一种函数，是模糊集合的重要组成部分，也是衔接物理变量和语言变量的关键步骤。理论上论域内所有元素属于模糊集合的程度都可由隶属函数表示。实际应用中，人们在定义一个模糊集时，通常采用有限个数值。由于所选取数值有限，在计算中间隶属度时，需采用内插法。随着模糊数学的不断发展，迄今为止常用的隶属度赋值方法主要有以下 6 种。

(1) 推理：一种以模糊判断为前提，运用模糊语言规则，推出一个新的、近似的模糊判断结论的方法。

(2) 专家：基于相关人员的经验和智慧开展评估。

(3) 排序：借助民意测验、个人评定及委员会评审等评价方式，按一定标准对评估对象进行筛选排序。

(4) 归纳推理：用归纳推理的基本性质自动调整得到隶属函数。

(5)神经网络：用样本数据对神经网络进行训练得到对应的隶属关系。

(6)遗传算法：利用遗传算法计算出隶属关系。

常用的隶属函数有钟型隶属函数、高斯型隶属函数、Z 型隶属函数、线性函数等。在工程实际应用中，为了计算方便常采用线性函数的形式。

4.2.2 模糊控制基本原理

语言变量的取值不是通常的数，而是自然语言中的词或句，是用模糊语言表示的模糊集合。以汽车发动机的功率为例，若把“功率”当作一个模糊语言变量，那么其取值是如“大”“小”等用模糊语言表示的模糊集合，而不是一个具体的数值。

常用的模糊控制器都是以偏差和偏差变化量(或偏差和偏差积分)作为输入变量。无论控制器的规则、判决和模糊化采用何种方法进行，最终决定控制作用的是输入与输出之间的确定性函数(控制规则)。模糊控制的基本原理如图 4.10 所示。

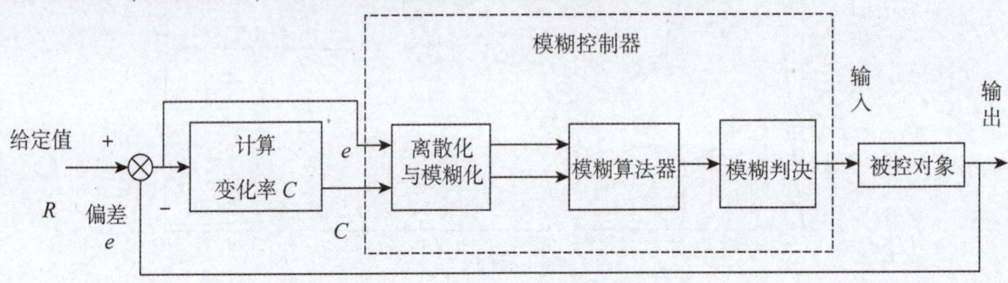

图 4.10　模糊控制的基本原理

其中，模糊逻辑系统的基本结构如图 4.11 所示。由该图可知，模糊产生器、模糊规则库、解模糊和模糊推理机 4 个部分组成了基本的模糊逻辑系统。

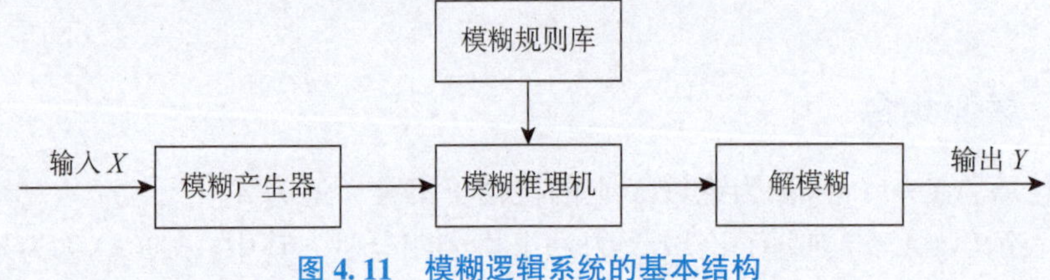

图 4.11　模糊逻辑系统的基本结构

模糊规则库包含控制系统所需的模糊规则，是一系列“if-then”规则的总和。其形式为

$$\begin{aligned} &R^i\text{: if } x_1 \text{ is } F_1^i \text{ and } \cdots \text{ and } x_n \text{ is } F_n^i \\ &\text{then } y \text{ is } Y^i \end{aligned} \tag{4.5}$$

式中，$i=1, 2, \cdots, r$，r 表示模糊规则数。实际操作过程中，能够获得完备的模糊规则库是很难的。对于一些控制系统而言，只提供少数的几条模糊规则，就足以达到良好的控制效果。但是对于另外一些控制系统而言，控制器输入语言值的某些组合不会出现或不可能发生，模糊规则库有冗余。不完备性也提示操作员需要增强对控制对象的理解，增长过程控制的经验。

模糊推理机作为模糊逻辑系统与模糊控制的核心枢纽，通过运用模糊推理合成、模糊关系合成等逻辑运算方法，以模糊逻辑系统的输入数据为基础，结合模糊规则库中预设的规则，依据特定的模糊推理规则，经过复杂的逻辑推导与运算，最终输出模糊系统的结果，其重要性如同心脏之于人体，驱动着整个模糊系统完成对复杂模糊信息的处理与

决策。

解模糊也称为清晰化，作用是在输出的模糊集合的论域中提取出一个合理的值来代替它。控制系统经过模糊推理后输出是模糊集，并不是精确的量，而且其隶属函数大多数情况下是分段、不规则的形状。对于实际的控制系统而言，控制系统的输出是精确的量，不可能是模糊集。因此，要利用清晰化模块将输出的模糊集合映射为一个具有代表性的数值。常用的解模糊的方法有以下 3 种。

(1)最大隶属度法。此法简单易行，只需直接选取模糊子集中隶属度最大的元素作为输出的精确值，定义为

$$y = \arg\sup_{y \in V}[\mu_Y(y)] \tag{4.6}$$

(2)中位数法。经过模糊推理后会输出模糊集合的隶属函数曲线，此曲线与横坐标围成一个面，取将该面的面积平分为两部分的元素作为输出的精确值，因此中位数法也称为面积中心法，定义为

$$y = \frac{\int y\mu_Y(y)\,\mathrm{d}y}{\int \mu_Y(y)\,\mathrm{d}y} \tag{4.7}$$

(3)加权平均法。此法也称为面积平均法，将经过模糊推理所得到的模糊集合中的各元素加权平均，得到的结果作为输出的精确值。此法运用广泛，定义为

$$y = \frac{\sum_{i=1}^{r} y^i \mu_Y(y^i)}{\sum_{i=1}^{r} \mu_Y(y^i)} \tag{4.8}$$

在模糊逻辑系统中，因为模糊产生器、模糊推理机、模糊规则库、解模糊合成的方法很多，再加上各种新方法层出不穷，所以不同的组合会构成不同类型的模糊逻辑系统。

4.2.3　模糊控制器在汽车设计中的应用

1. 面向汽车离合器的模糊控制设计

汽车离合器模糊控制如图 4.12 所示。

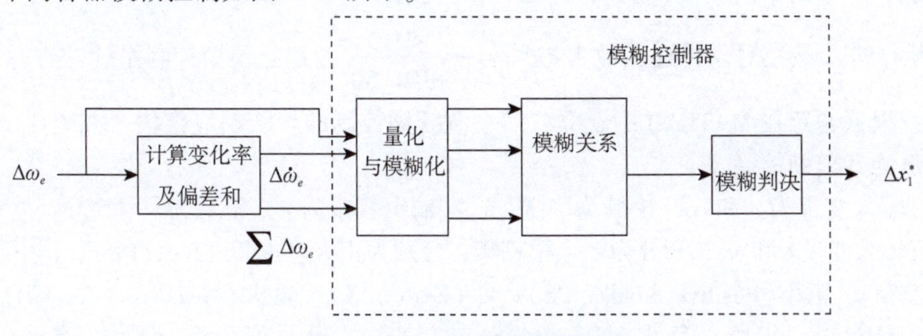

图 4.12　汽车离合器模糊控制

将发动机转速偏差 $\Delta\omega_e$ 及其变化率 $\Delta\dot{\omega}_e$ 和离合器位移调节量 Δx_1^* 用语言变量分别取 7 个等级：3，2、1、0、-1、-2，-3，则汽车离合器模糊控制规则见表 4. 3。

表中 $\Delta x_1^* = \left[\frac{\Delta\omega_e + \Delta\dot{\omega}_e}{2}\right]$。

表 4.3　汽车离合器模糊控制规则

Δx_1^*		$\Delta\omega_e$						
		-3	-2	-1	0	1	2	3
$\Delta\dot{\omega}_e$	-3	-3	-3	-2	-2	-1	-1	0
	-2	-3	-2	-2	-1	-1	0	1
	-1	-2	-2	-1	-1	0	1	1
	0	-2	-1	-1	0	1	1	2
	1	-1	-1	0	1	1	2	2
	2	-1	0	1	1	2	2	3
	3	0	1	1	2	2	3	3

2. 半主动悬架模糊控制系统

半主动悬架模糊控制系统如图 4.13 所示。

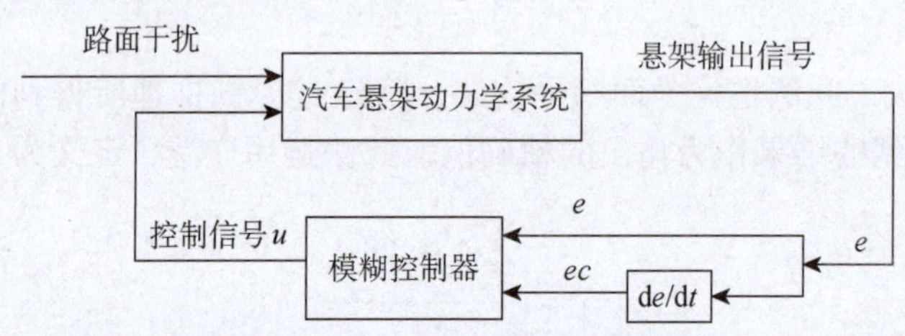

图 4.13　半主动悬架模糊控制系统

半主动悬架模糊控制系统以悬架非簧载质量和簧载质量的相对位移 y_2-y_1 及其变化率作为控制器的输入量，记作 e 和 ec；半主动悬架的磁流变减振器可调阻尼力 u 作为模糊控制器的输出量。

4.2.4　模糊控制 MATLAB 实现

下面举一个简单的实例说明模糊控制器的使用。

【例 4.5】　被控对象传递函数为 $G(s)=\dfrac{80}{s^2+10s+50}$，建立模糊控制系统并进行仿真。

解：根据题意在 MATLAB 中建立二阶系统模糊控制的阶跃响应模块，如图 4.14 所示。以下为其模糊控制。

(1)输入变量为 e 和 ec，论域为[-3，3]；输出变量为 u，论域为[-4.5，4.5]。

(2)输入变量 e 和 ec 都划分为 7 个模糊集，分别为正大(Positive Big，PB)、正中(Positive Middle，PM)、正小(Positive Small，PS)；零(Zero ，Z)、负大(Negative Big，NB)、负中(Negative Middle，NM)、负小(Negative Small，NS)。隶属度函数分别选择 smf，trimf，trimf，trimf，trimf，trimf，zmf。论域分别为[1，3]，[0，2，3]，[-1，1，3]，[-2，0，2]，[-3，-1，1]，[-3，-2，0]和[-3，-1]

(3)输出变量 u 划分为 7 个模糊集，分别为“PB”、“PM”、“PS”、“Z”、“NB”、“NM”、“NS”，隶属度函数分别选择 smf，trimf，trimf，trimf，trimf，trimf，zmf。论域分别为[1.5，4.5]，[0，3，4.5]，[-1.5，1.5，4.5]，[-3，0，3]，[-4.5，-1.5，1.5]，[-4.5，-3，0]和

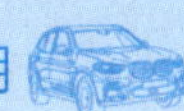

[-4.5，-1.5]。

Step
Gain
Gain1
e
ec
Derivative
Mux
in
out
Fuzzy Logic Controller
80
s²+10s+50
Transfer Fcn
Transfer Fcn1
Mux1
Scope

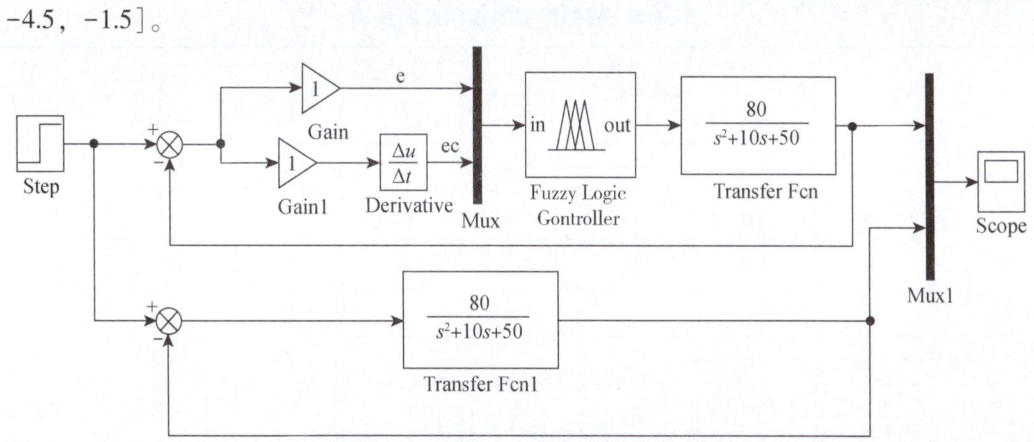

图 4.14　二阶系统模糊控制的阶跃响应模块

在 MATLAB 中模糊控制的输入、输出量如图 4.15 所示。

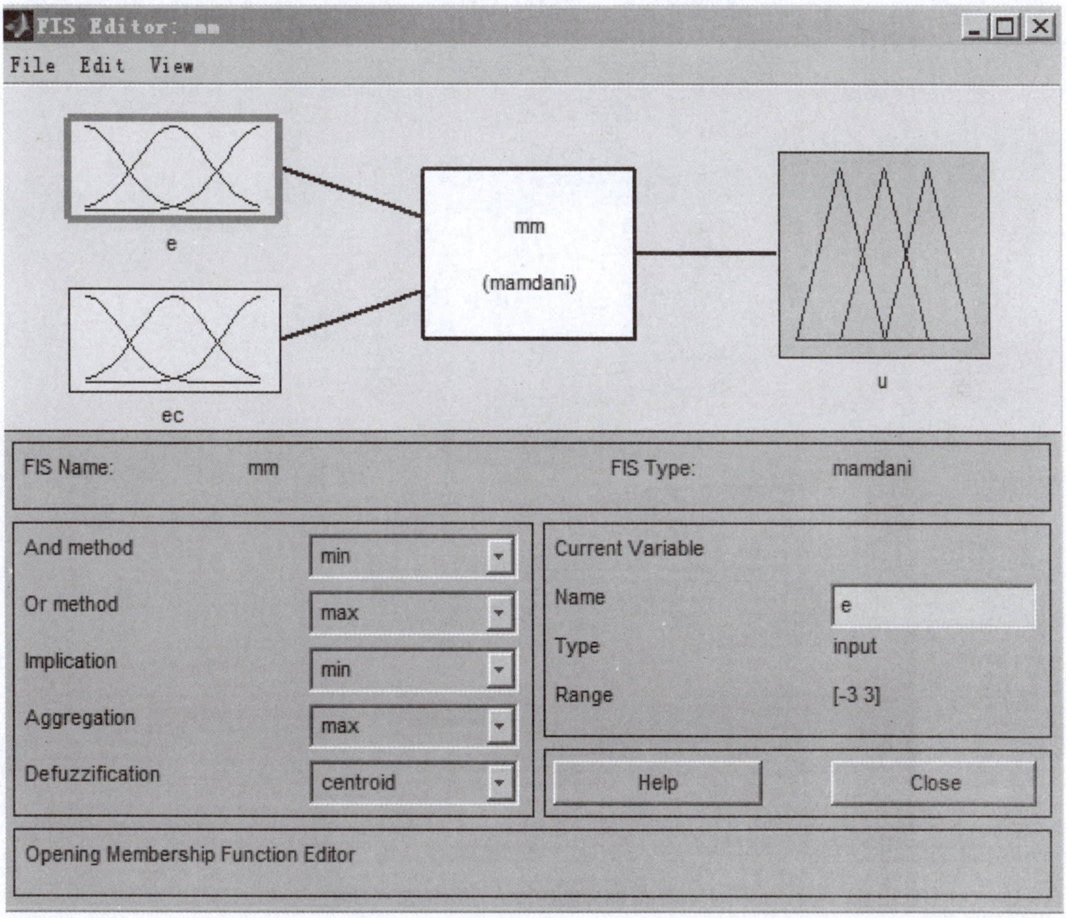

FIS Editor: mm
File Edit View
e
ec
mm
(mamdani)
u
FIS Name: mm
FIS Type: mamdani
And method min
Or method max
Implication min
Aggregation max
Defuzzification centroid
Current Variable
Name e
Type input
Range [-3 3]
Help
Close
Opening Membership Function Editor

图 4.15　模糊控制的输入、输出量

模糊控制的模糊控制规则见表 4.4。

表 4.4　模糊控制的模糊控制规则

输出量 u		偏差 e						
		NB	NM	NS	Z	PS	PM	PB
偏差率 ec	NB	NB	NB	NM	NM	NS	NS	Z
	NM	NB	NM	NM	NS	NS	Z	PS
	NS	NM	NM	NS	NS	Z	PS	PS
	Z	NM	NS	NS	Z	PS	PS	PM
	PS	NS	NS	Z	PS	PS	PM	PM
	PM	NS	Z	PS	PS	PM	PM	PB
	PB	Z	PS	PS	PM	PM	PB	PB

模糊控制的输入输出的关系曲线如图 4.16 所示。

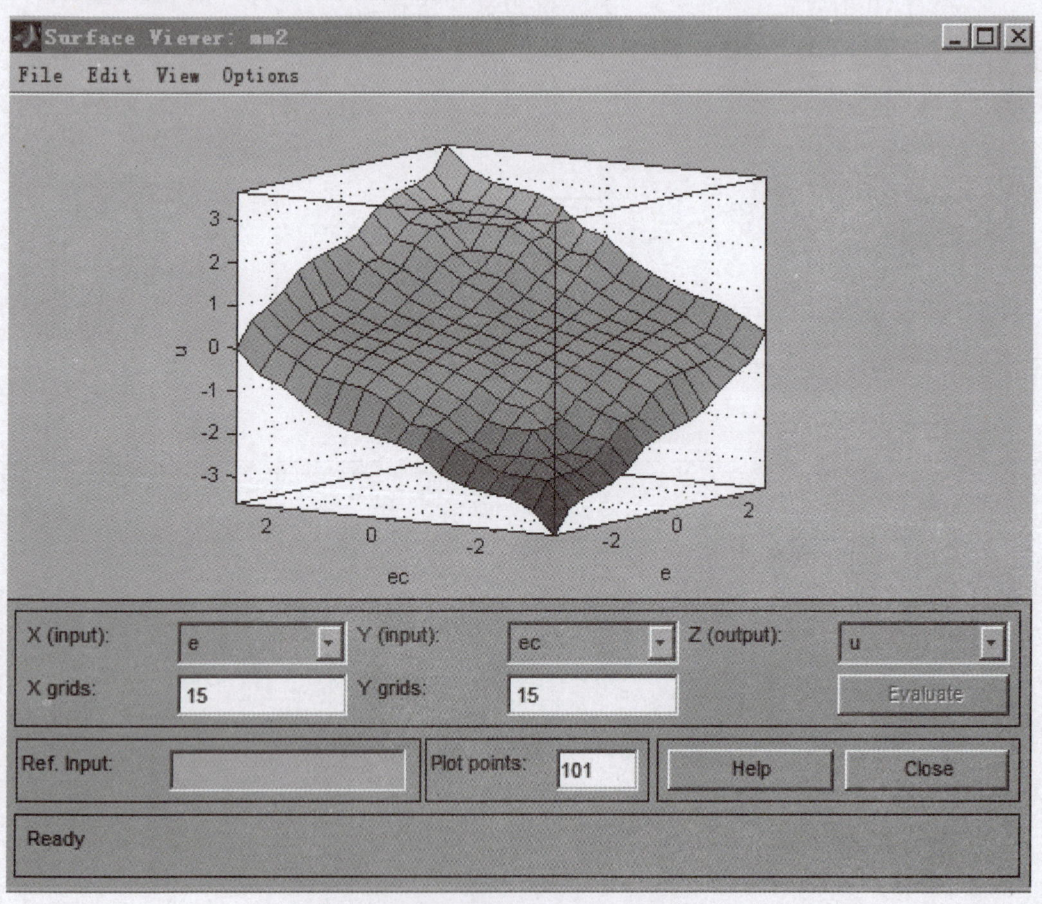

图 4.16　模糊控制的输入输出的关系曲线

运行 Simulink 仿真模块 4.13，可以得到二阶系统的阶跃响应曲线，如图 4.17 所示。从该图中可以看出二阶系统模糊控制后的阶跃响应曲线明显比无控制阶跃响应曲线的响应性和稳定性提高了很多。

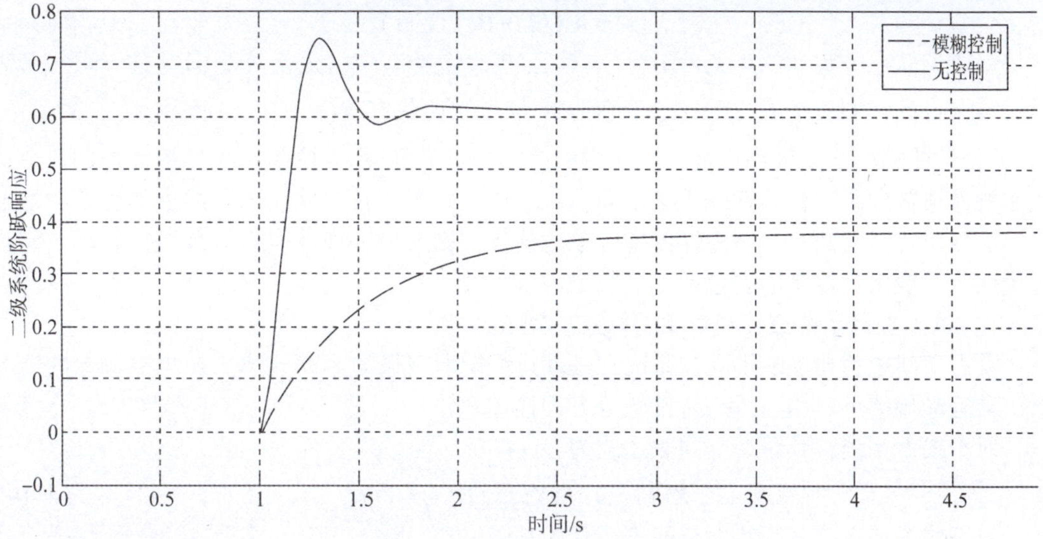

图 4.17　二阶系统的阶跃响应曲线

4.3　线性二次最优控制

在汽车主动悬挂系统、自动防抱死制动系统、自动变速系统等的设计中，都要应用最优控制理论。现代汽车设计必须以最优控制的理论和方法为基础。

最优控制是在给定条件下对受控系统确定一种控制规律，使该系统的性能指标具有最优值。

最优控制理论所要解决的问题是按照控制对象的动态特性，选择一个容许控制，使被控对象按照技术要求运行，并使给定的性能指标达到最优值。

控制系统最优化问题包括性能指标的合理选择和最优化控制系统的设计。其中，性能指标在很大程度上决定了最优控制性能和最优控制形式。

虽然目前最优控制理论的研究在分布参数的最优控制、随机最优控制、大系统的最优控制等许多方面都有很大的发展，但仍有许多工程和理论问题尚待解决。因此，最优控制仍然是一个活跃的学科领域。

最优控制系统的形式包括以下几种。

(1) 在整个控制过程中使误差达到极小的系统。

①最优镇定(调节)系统，即能以最小的误差维持平衡状态的系统。

②最优随动(跟踪)系统，即能以最小的误差跟踪目标、希望轨迹或控制输入的系统。

(2) 时间最优控制系统，即在给定的控制功率条件下，能最快地从初始状态 $X(0)$ 转移到任意状态 $X(t)$ 的系统。

(3) 最优末值控制系统，即具有要求的最优终状态 $X(t)$ 的系统。

(4) 能量（燃料）最优控制系统，即消耗最少能量（燃料）的系统。

(5) 最大可靠性系统、最少投资系统等。

4.3.1　最优控制问题的提法和数学模型

状态方程：

$$\dot{\boldsymbol{X}}(t)=\boldsymbol{A}\boldsymbol{X}(t)+\boldsymbol{B}(t)\boldsymbol{U}(t) \tag{4.9}$$

对于该状态方程和约束条件 $\boldsymbol{U}(t)\in\Omega\subseteq R^m$ 决定的系统，最优控制问题是寻求一个满足约束条件的控制矢量 $\hat{\boldsymbol{U}}(t)\in\Omega$，使控制系统从初始状态 $\boldsymbol{X}(t_0)=\boldsymbol{X}_0$ 到终止状态 $\boldsymbol{X}(t_f)\in S$，并使性能指标 $\boldsymbol{J}$ 为极小或极大。这样的控制矢量 $\hat{\boldsymbol{U}}(t)$ 称为控制系统的最优控制。最优控制规律通常取决于初始状态或初始输出、希望的状态或希望的输出、约束的性质、性能指标的性质等。因此，在一种性能指标下的最优控制对另一种性能指标来说，它不一定是最优的。一般最优控制问题包括以下几个内容。

(1)给出控制系统或控制对象的状态空间表达式。

状态空间表达式反映了受控系统在运动过程中所遵循的运动规律。在集中参数的情况下，其运动规律可以用一组一阶常微分方程描述。

对于线性系统，其状态空间表达式为

$$\dot{\boldsymbol{X}}(t)=\boldsymbol{A}(t)\boldsymbol{X}(t)+\boldsymbol{B}(t)\boldsymbol{U}(t) \tag{4.10}$$

对于非线性系统，其状态空间表达式为

$$\dot{\boldsymbol{X}}(t)=f[\boldsymbol{X}(t),\ \boldsymbol{U}(t),\ t] \tag{4.11}$$

式中，$\boldsymbol{X}(t)$ 为 n 维状态矢量；$\boldsymbol{U}(t)$ 为 r 维控制矢量；$\boldsymbol{A}(t)$、$\boldsymbol{B}(t)$ 为时变数矩阵；$f(\cdot)$ 为 n 维向量函数。

(2)给出实现最优控制的约束条件。

(3)给出一个合理的性能指标 $\boldsymbol{J}$。

在最优控制问题中，性能指标的形式，决定了最优控制的形式和复杂程度，直接影响到实际系统中实现最优控制的可能性。

性能指标的确定既要考虑到其能确切地评价系统的性能，又要考虑到数学上处理的方便和实际工程上的可能性。

由于实际系统千差万别，要求又各不相同。因此，要提出一个统一的性能指标是困难的。在一般情况下，应对不同的问题，选择不同型式的性能指标。

在一般问题中，性能指标为

$$\boldsymbol{J}=\int_{t_0}^{t_f}F(\boldsymbol{X},\ \boldsymbol{U},\ \boldsymbol{t})\,\mathrm{d}t \tag{4.12}$$

若要突出控制系统终态性能的影响，性能指标为

$$\boldsymbol{J}=\Phi[\boldsymbol{X}(t_f)]+\int_{t_0}^{t_f}F(\boldsymbol{X},\ \boldsymbol{U},\ \boldsymbol{t})\,\mathrm{d}t \tag{4.13}$$

二次型性能指标为

$$\boldsymbol{J}=\int_{t_0}^{t_f}(\boldsymbol{X}^{\mathrm{T}}\boldsymbol{Q}\boldsymbol{X}+\boldsymbol{U}^{\mathrm{T}}\boldsymbol{R}\boldsymbol{U}+\cdots)\,\mathrm{d}t \tag{4.14}$$

式中，$\boldsymbol{Q}$ 和 $\boldsymbol{R}$ 是正定实对称矩阵，又称为加权矩阵。取 $\boldsymbol{Q}$ 和 $\boldsymbol{R}$ 为对角矩阵，设 $\boldsymbol{Q}$ 和 $\boldsymbol{R}$ 的元素分别为 q_1，q_2，…，q_n 和 r_1，r_2，…，r_n，则二次型性能指标可写为

$$\boldsymbol{J}=\int_{t_0}^{t_f}(q_1x_1^2+q_2x_2^2+\cdots+r_1u_1^2+r_2u_2^2+\cdots)\,\mathrm{d}t \tag{4.15}$$

式(4.15)中的变量可以代表各种物理量。

在被积函数中，控制作用 u 的平方具有能量的意义，使性能指标为最小，意味着所需的控制能量为最小。用加权矩阵 $\boldsymbol{Q}$ 和 $\boldsymbol{R}$ 对这两部分变量加权，以便使这两部分在性能指标中所占的比重不同。不同的比重表示对这两部分的要求严格程度不同。如果在控制过程

中，还要求其他变量为最小，则可以将这些变量以二次型的形式依次列入性能指标中。

4.3.2　线性二次最优控制 MATLAB 实现

设线性时变系统的方程为

$$\begin{aligned}\dot{\boldsymbol{X}}(t)&=\boldsymbol{A}(t)\boldsymbol{X}(t)+\boldsymbol{B}(t)\boldsymbol{U}(t)+\boldsymbol{E}W\\ \boldsymbol{Y}(t)&=\boldsymbol{CX}+\boldsymbol{DU}(t)\end{aligned}\tag{4.16}$$

式中，$\boldsymbol{X}(t)$为 n 维状态向量；$\boldsymbol{U}(t)$为 m 维控制向量；$\boldsymbol{Y}(t)$为 l 维输出向量；$\boldsymbol{E}$ 为扰动矩阵；$\boldsymbol{W}$ 为系统的扰动量。

寻找最优控制，使下面的性能指标最小：

$$\boldsymbol{J}=\frac{1}{2}\int_0^{\infty}(\boldsymbol{X}^{\mathrm{T}}\boldsymbol{QX}+\boldsymbol{U}^{\mathrm{T}}\boldsymbol{RU})\mathrm{d}t\tag{4.17}$$

式中，$\boldsymbol{Q}$ 为状态加权系数矩阵；$\boldsymbol{R}$ 为控制加权系数矩阵。

根据最小值原理，可求使性能指标最小的最优控制规律，即

$$\begin{aligned}\boldsymbol{U}&=-\boldsymbol{KX}=-\boldsymbol{R}^{-1}\boldsymbol{B}^{\mathrm{T}}\boldsymbol{PX}\\ \boldsymbol{K}&=-\boldsymbol{R}^{-1}\boldsymbol{B}^{\mathrm{T}}\boldsymbol{P}\end{aligned}\tag{4.18}$$

式中，$\boldsymbol{K}$ 为最优反馈增益矩阵；$-\dot{\boldsymbol{P}}=\boldsymbol{PA}+\boldsymbol{A}^{\mathrm{T}}\boldsymbol{P}-\boldsymbol{PBR}^{-1}\boldsymbol{B}^{\mathrm{T}}\boldsymbol{P}+\boldsymbol{Q}$，对于线性定常系统 $t_{\mathrm{f}}=\infty$，此时 $\boldsymbol{P}$ 为常数，则 $\boldsymbol{PA}+\boldsymbol{A}^{\mathrm{T}}\boldsymbol{P}-\boldsymbol{PBR}^{-1}\boldsymbol{B}^{\mathrm{T}}\boldsymbol{P}+\boldsymbol{Q}=0$，只要知道 $\boldsymbol{A}$、$\boldsymbol{B}$、$\boldsymbol{R}$、$\boldsymbol{Q}$ 即可解出 $\boldsymbol{P}$。

利用 MATLAB 求解最优控制的命令格式为

```
[k,p,e]=lqr(A,B,Q,R,N)
```

其中，$\boldsymbol{k}$ 为最优反馈控制系数矩阵；p 为方程的解；e 为 $\boldsymbol{A}-\boldsymbol{Bk}$ 的特征值；$\boldsymbol{Q}$ 为给定的状态加权系数矩阵；$\boldsymbol{R}$ 为给定的控制加权系数矩阵；$\boldsymbol{N}$ 为性能指标中交叉乘积项的加权系数矩阵。

【例 4.6】　线性系统状态空间方程为 $\dot{\boldsymbol{X}}=\boldsymbol{AX}+\boldsymbol{BU}$，输出方程为 $\boldsymbol{Y}=\boldsymbol{CX}+\boldsymbol{DU}$，目标函数为 $\boldsymbol{J}=\frac{1}{2}\int_0^{\infty}(\boldsymbol{X}^{\mathrm{T}}\boldsymbol{QX}+\boldsymbol{U}^{\mathrm{T}}\boldsymbol{RU})\mathrm{d}t$。式中，$\boldsymbol{A}=\begin{bmatrix}0 & 1\\ -5 & -3\end{bmatrix}$，$\boldsymbol{B}=\begin{bmatrix}0\\ 1\end{bmatrix}$，$\boldsymbol{C}=\begin{bmatrix}1\\ 0\end{bmatrix}$，$\boldsymbol{D}=0$，$\boldsymbol{Q}=\begin{bmatrix}500 & 200\\ 200 & 100\end{bmatrix}$，$\boldsymbol{R}=[1.6667]$。确定最优控制。

解： 在 MATLAB 命令窗口中输入以下程序。

```
clear all
a=[0,1;-5,-3];
b=[0;1];
q=[500,200;200,100];
r=1.6667;
[k,p,e]=lqr(a,b,q,r)
ap=a-b* k;                                   %反馈后的系统状态矩阵
bp=b;
c=[1,0];
d=0;
[ap,bp,cp,dp]=augstate(ap,bp,c,d);           %将状态变量作为输出变量
```

```
cp=[cp;-k];
dp=[dp;0];
G=ss(ap,bp,cp,dp);
[y,t,x]=step(G);
plotyy(t,y(:,2:3),t,y(:,4));
[ax,h1,h2]=plotyy(t,y(:,2:3),t,y(:,4));
xlabel('时间/s')
set(get(ax(1),'ylabel'),'string','状态变量 x1')
set(get(ax(2),'ylabel'),'string','控制变量 x2')
```

运行结果为

```
k =   13.0276      6.7496
p =
   67.9406    21.7131
   21.7131    11.2495
e =
   -7.2698
   -2.4798
```

由此可得最优反馈增益矩阵为

$$\boldsymbol{K}=[13.0276\quad 6.7496]$$

最优控制变量与状态变量之间的关系为

$$u^{*}=-13.0276x_1(t)-6.7496x_2(t)$$

最优控制曲线如图 4.18 所示。

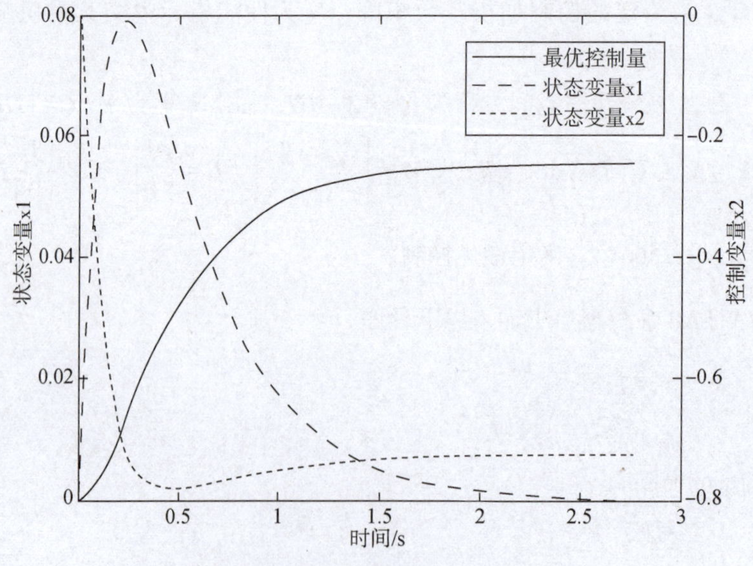

图 4.18　最优控制曲线

4.4　滑模控制

4.4.1　滑模控制的基本概念

首先考虑一个简单的例子，设线性定常系统为

$$\begin{cases}\dot{x}_1=x_2\\ \dot{x}_2=ax_2+u,\ a>0\end{cases}\tag{4.19}$$

设控制输入 u 为

$$u=-\varphi x_1\tag{4.20}$$

当 $\varphi=\alpha(\alpha>0)$ 时，该系统的特征方程为一对实部为正数的共轭复根，相平面坐标原点为不稳定焦点，相轨迹如图 4.19 所示。当 $\varphi=-\alpha(\alpha<0)$ 时，该系统的特征方程有一正一负实根，相平面坐标原点为鞍点，相轨迹如图 4.20 所示。

由图 4.19 和图 4.20 可知，对于这两种结构，线性定常系统均不稳定。如果 φ 按式(4.20)的规律进行切换，则有：

$$\varphi=\begin{cases}\alpha, & x_1s>0\\ -\alpha, & x_1s<0\end{cases}\tag{4.21}$$

式中，$s=cx_1+x_2$，$0<c<-\dfrac{a}{2}+\sqrt{\dfrac{a^2}{4}+\alpha}$。

在 $x_1=0$ 和 $s=0$ 这两条直线上改变该系统的结构，可以使该系统稳定。滑模控制系统的相轨迹如图 4.21 所示。由图 4.21 可知，$s=0$ 两侧的相轨迹都引向切换线 $s=0$，状态轨线一旦到达此直线，就沿此直线收敛于原点。这种沿 $s=0$ 滑动至原点的特殊运动段称为滑动模态，直线 $s=0$ 称为切换线(滑模线)或更一般的切换流形，相应的函数称为切换函数(滑模函数)。

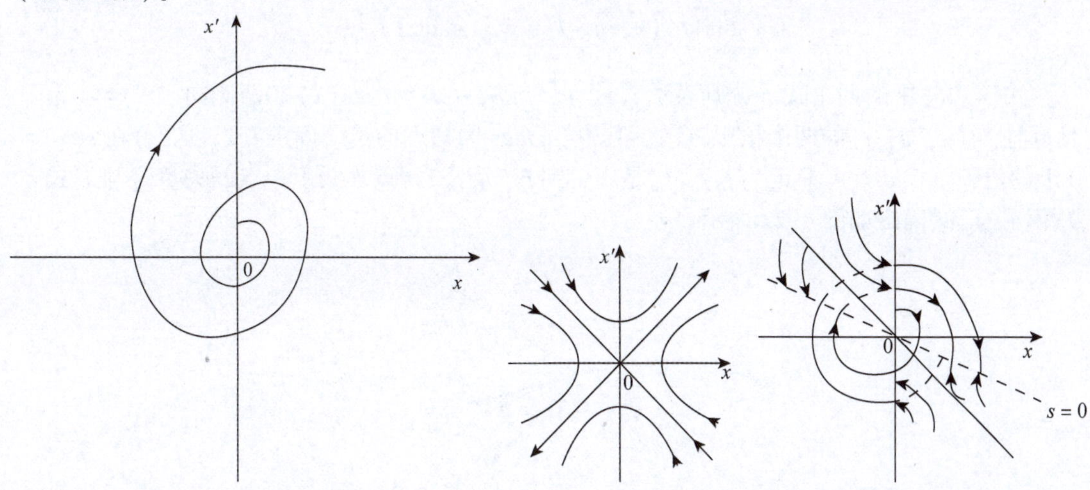

图 4.19　$\alpha>0$ 时的相轨迹　图 4.20　$\alpha<0$ 时的相轨迹　图 4.21　滑模控制系统的相轨迹

在滑动模态下，线性定常系统的运动方程为

$$\dot{x}_1+cx_1=0\tag{4.22}$$

求解此方程可得：

$$x_1(t)=x_1(0)\mathrm{e}^{-ct} \tag{4.23}$$

可以看出，方程阶数比原系统低，而且仅与参数 c 有关，即不受系统参数变化或干扰的影响，故此时的系统具有很强的鲁棒性，这就是滑模控制的突出优点。用来作为描述滑动运动的方程称为滑动模态方程或滑模方程。有了上述概念后，即可给出一般滑模控制系统的定义。

设控制系统为

$$\dot{x}=f(x,\ u,\ t),\ x\in R^n,\ u\in R^m,\ t\in R \tag{4.24}$$

确定切换函数矢量 $s(x)$，$s\in R^m$，并寻求滑模控制，可得：

$$u_i(x)=\begin{cases} u_i^{\ +}(x), & s_i(x)>0 \\ u_i^{\ -}(x), & s_i(x)<0 \end{cases} \tag{4.25}$$

使切换面 $s_i(x)=0$ 以外的相轨迹在有限时间内进入切换面，保证切换面是滑动模态区，滑模运动渐近稳定，动态品质良好。这种具有滑动模态运动的控制称为滑模变结构控制，简称滑模控制；这样的控制系统，称为滑动模态变结构控制系统，简称滑模控制系统或滑模变结构系统。一般的变结构系统基本都属于这一类。

4.4.2 滑模控制的数学描述

从式(4.25)可知，由于控制量按一定的逻辑进行切换，其对应的微分方程右端函数是不连续的，因此传统的控制系统分析方法已不再适用，许多学者对各种类型的具有不连续右端函数的微分方程解的存在且唯一性进行了研究。其中，最早和比较直观的方法由菲力波夫给出，称为菲力波夫理论。菲力波夫理论针对标量控制情况对式(4.24)、式(4.25)进行了补充定义。

极限函数(假设存在)为

$$\begin{cases} \lim\limits_{s(x)\to 0^+} f^{+}(x,\ u,\ t)=f_0^+,\ \mathrm{grad}s\cdot f_0^+<0 \\ \lim\limits_{s(x)\to 0^-} f^{-}(x,\ u,\ t)=f_0^-,\ \mathrm{grad}s\cdot f_0^-<0 \end{cases} \tag{4.26}$$

式(4.26)中的两个式子分别表示 $f(x,\ u,\ t)$ 从 $s(x)>0$ 及 $s(x)<0$ 两侧向 $s(x)=0$ 无限趋近时，$f(x,\ u,\ t)$ 的两个极限方向。其中，grads 为梯度向量。确定 $f(x,\ u,\ t)$ 在 $s(x)=0$ 上的值 $f_0(x,\ u,\ t)$（简记为 f_0），f_0 是由 x 到 $f_0^{\ -}$ 及 $f_0^{\ +}$ 端点连线上一点的矢量且与 $s(x)=0$ 相切。f_0 的确定如图 4.22 所示。

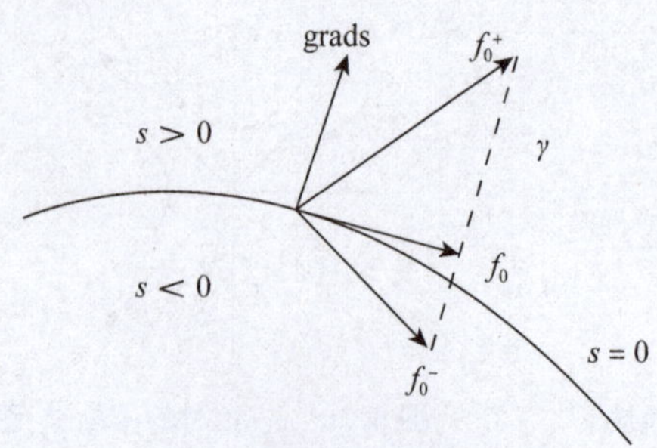

图 4.22 f_0 的确定

则有

$$\begin{cases} f_0=\mu f_0^{+}+(1-\mu)f_0^{-}, \ 0\leqslant\mu\leqslant 1 \\ f_0 \perp \text{grad}s \end{cases} \tag{4.27}$$

由以下条件确定 μ，即

$$\text{grad}s \cdot f_0=0$$

可推出 $\mu \text{grad}s \cdot f_0^{+}+(1-\mu)\text{grad}s \cdot f_0^{-}=0$，得

$$\mu=\frac{\text{grad}s \cdot f_0^{-}}{\text{grad}s \cdot (f_0^{-}-f_0^{+})} \tag{4.28}$$

控制系统在切换曲线上的运动可由下列方程描述：

$$\dot{x}=\mu f_0^{+}+(1-\mu)f_0^{-}=f_0=\frac{\text{grad}s \cdot f_0^{-}}{\text{grad}s \cdot (f_0^{-}-f_0^{+})}f_0^{+}-\frac{\text{grad}s \cdot f_0^{+}}{\text{grad}s \cdot (f_0^{-}-f_0^{+})}f_0^{-} \tag{4.29}$$

上述内容是对式(4.24)和式(4.25)的补充，以补充定义的方式抑制了连续面 $s(x)=0$ 上微分方程的不确定性，说明控制系统在切换线 $s(x)=0$ 的解是存在且唯一的。

对于滑模控制系统，从理论上讲，当控制系统发生滑动模态时，控制系统状态保持在切换流形上运动，这种滑动模称为理想滑动模，如图 4.23 所示。滑动模态的运动方程通常采用等效控制方法确定，不需要去求极限。但实际控制系统存在惯性、滞后等因素，其轨线不可能保持在切换流形上运动，而是在切换流形的附近来回抖动，这种滑动模称为实际滑动模，如图 4.24 所示。理想滑动模和实际滑动模存在一定的偏差。

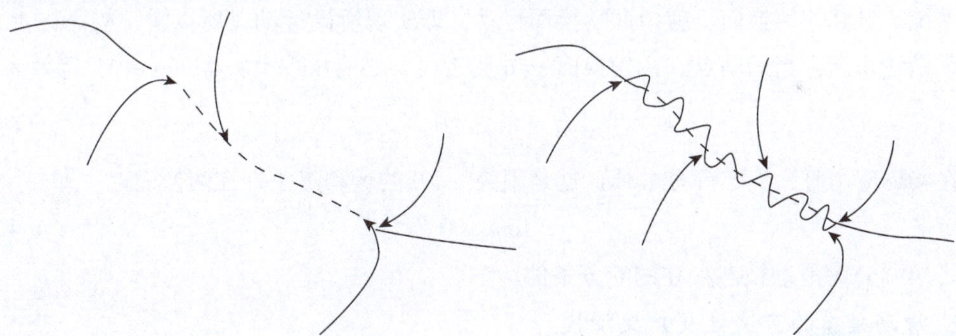

图 4.23　理想滑动模　　　　图 4.24　实际滑动模

对于理想滑动模，控制系统进入滑模后状态轨迹保持在切换面上，满足 $s=0$，故 $\dot{s}=0$。控制系统应满足下列方程：

$$\dot{s}=\frac{\partial s}{\partial x}\frac{\text{d}x}{\text{d}t}=0$$

$$\frac{\partial s}{\partial x}\dot{x}=0 \tag{4.30}$$

为了讨论方便，一般研究下列仿射控制系统(即对控制量而言是线性的)：

$$\dot{x}=f(x, t)+B(x, t)u \tag{4.31}$$

式中，$f(x, t)$、$B(x, t)$ 为适当维数的连续光滑函数。对于这样的控制系统，由式(4.30)和式(4.31)可得

$$\frac{\partial s}{\partial x}(f+Bu)=0 \tag{4.32}$$

设 $G=\dfrac{\partial s}{\partial x}$，如果 GB 可逆，则等效控制量为

$$u_{eq}=-(GB)^{-1}Gf \tag{4.33}$$

将等效控制量代入式(4.31)，可得到理想滑动模态方程，即

$$\begin{cases}\dot{x}=[I-B(GB)^{-1}G]f\\ s=0\end{cases} \tag{4.34}$$

上述滑动模态方程直接由 $s=0$ 推出，从该方程可解出 m 个状态变量，即式(4.34)本质上只有 $n-m$ 个独立变量，从而滑模方程降阶为 $n-m$ 维，这一降阶特性给滑动模的设计带来了许多方便。注意：上述推导是假定 GB 可逆，一般来说，此条件可通过适当选取切换函数得到满足。此外，滑模运动还具有一个非常重要的性质，即其与控制对象的参数变化及外部扰动无关，这将在后面章节中详细讨论。

4.4.3 滑模控制的3个基本要素

从前面的分析可知，滑模控制研究的主要问题是设计适当的切换函数和变结构控制规律，使控制系统的状态轨线在有限时间内到达所设计的切换面，实现滑动模态运动，保证滑模运动渐近稳定并具有良好的动态品质。滑动模态的存在性、滑动模态的可达性及滑模运动的稳定性是正确实施滑模控制的3个基本问题，即滑模控制的3个基本要素。

1. 滑动模态的存在性

系统一旦到达切换面，就沿此切换面运动，即实现滑模运动，所以滑动模态区上的点都必须是终止点，当运动点到达切换面 $s=0$ 附近时，必有 $\lim\limits_{s\to 0^{+}}\dot{s}\leqslant 0$ 及 $\lim\limits_{s\to 0^{-}}\dot{s}\geqslant 0$，等效为

$$\lim_{s\to 0} s\dot{s}\leqslant 0 \tag{4.35}$$

在实际应用时，上式等号去掉，这是因为 $s\dot{s}=0$ 的运动点正好在切换面上。即

$$\lim_{s\to 0} s\dot{s}<0 \tag{4.36}$$

式(4.36)为滑动模态存在的充分条件。

2. 滑动模态的可达性及广义滑模

如果控制系统的初始点不在切换面 $s=0$ 附近，而是在状态空间的任意位置，此时要求控制系统的运动必须趋向于切换面 $s=0$，即必须满足可达性条件，否则控制系统无法启动滑模运动。将式(4.36)的极限符号去掉，即

$$s\dot{s}<0 \tag{4.37}$$

式(4.37)表示状态空间中的任意点必将向切换面 $s=0$ 靠近，称为“广义滑动模态”的存在条件，显然控制系统满足广义滑模条件的同时也必然满足滑动模态的存在性及可达性条件。

3. 滑模运动的稳定性

如果满足滑模的存在性及可达性条件，则运动进入滑动模态区后，就开始滑模运动，对一般的反馈控制系统而言，都希望滑模运动是渐近稳定的。这里仅介绍滑模运动的稳定性的一般分析方法。

设滑模控制系统为

$$\dot{x}=f(x,u),\ x\in R^{n},\ u\in R \tag{4.38}$$

$$u=\begin{cases}u^{+}(x),\ s(x)>0\\ u^{-}(x),\ s(x)<0\end{cases}$$

其等效控制为 $u^{*}(x)$，则滑模运动方程为

$$\begin{cases}\dot{x}=f(x,\ u^{*}(x))=f^{*}(x),\ x\in R^{n}\\ s(x)=0\end{cases}\tag{4.39}$$

为了使滑模运动通过原点，令 $s(0,\ \cdots,\ 0)=0$，则上述微分方程只有 $n-1$ 个是独立的，即

$$\dot{x}_i=g_i(x_1,\ x_2,\ \cdots,\ x_{n-1}),\ i=1,\ 2,\ \cdots,\ n-1\tag{4.40}$$

式中，状态变量 x_i 是以偏差形式给出的，且 $\dot{x}_i=0(\ i=1,\ 2,\ \cdots,\ n-1)$ 是系统的一个平衡点，则有 $g_i(0,\ 0,\ \cdots,\ 0)=0$。将 $g_i(x_1,\ x_2,\ \cdots,\ x_{n-1})$ 在原点附近展开成泰勒级数为

$$\dot{x}_i=\sum_{j=1}^{n-1}a_{ij}x_j+G_i(x_1,\ x_2,\ \cdots,\ x_{n-1})\ (i=1,\ 2,\ \cdots,\ n-1)\tag{4.41}$$

式中，G_i 为含有二次及二次以上的项。根据 Lyapunov 第一近似定理，有：

$$\boldsymbol{A}=\begin{bmatrix}a_{11} & a_{12} & \cdots & a_{1(n-1)}\\ a_{21} & a_{22} & \cdots & a_{2(n-1)}\\ \vdots & \vdots & & \vdots\\ a_{(n-1)1} & a_{(n-1)2} & \cdots & a_{(n-1)(n-1)}\end{bmatrix}$$

当 $\boldsymbol{A}$ 的 $(n-1)$ 阶方阵为满秩矩阵时，如果 $\boldsymbol{A}$ 的特征根都具有负实部，则方程式(4.40)的原点是渐近稳定的。

因此，只要适当地选取切换函数 $s(x)$，即满足下列条件：

$$\begin{cases}\lim\limits_{s\to 0}s\dot{s}=0\\ s(0,\ 0,\ \cdots,\ 0)=0\end{cases}$$

求出式(4.41)中的 $a_{ij}(i,\ j=1,\ 2,\ \cdots,\ n-1)$，即可确定滑动模态渐近稳定于 $x=0$ 的必要条件。

4. 滑模控制系统的动态品质

滑模控制系统的运动由两个部分组成，第一部分是控制系统在初始点进入切换面的运动阶段，即到达段；第二部分是控制系统在切换面上的运动阶段，即滑模段。若要求控制系统过渡过程有良好的品质，则必须使这两个部分都具有良好的品质。滑模段的品质可由滑模方程决定。但到达段的品质一直未受到足够重视，滑动模态的可达性条件仅实现了在状态空间任意点必然于有限时间内到达切换面，而对于如何运动，未做任何规定。为了改善到达段的品质，可以设计各种趋近律。

(1)等速趋近律：

$$\dot{s}=-\varepsilon\mathrm{sgn}(s),\ \varepsilon>0\tag{4.42}$$

式中，ε 表示趋近速度。当 $s>0$ 时，$s(t)=-t\varepsilon$；当 $s<0$ 时，$s(t)=t\varepsilon$，到达切换面时 $s(t)=0$，故可求得由初始状态到达切换面的时间 $t^{*}=\dfrac{s_0}{\varepsilon}$，其中 s_0 为初始时刻 $(t=0)$ 切换函数的值 $[s_0=s(0)]$。ε 太小，趋近速度慢，调节过程慢；ε 太大，趋近速度快，到达切换面时速度较大，将会引起较大抖振，因此这种最简单的趋近律运动的品质有时不够好。

符号函数为

$$\operatorname{sgn}(s)=\begin{cases}1, & \varepsilon>0 \\ 0, & \varepsilon=0 \\ -1, & \varepsilon<0\end{cases}$$

(2)指数趋近律：

$$\dot{s}=-\varepsilon \operatorname{sgn}(s)-ks,\ \varepsilon>0,\ k>0 \tag{4.43}$$

当 $s>0$ 时，$s(t)=\frac{\varepsilon}{k}+\left(s_0-\frac{\varepsilon}{k}\right)e^{-kt}$；当 $s<0$ 时，$s(t)=\frac{-\varepsilon}{k}+\left(s_0+\frac{\varepsilon}{k}\right)e^{-kt}$，可解出 $t^*=\frac{1}{k}\left[\ln\left(s_0+\frac{\varepsilon}{k}\right)-\ln\frac{\varepsilon}{k}\right]$。由此可知，减小 ε，并增大 k，可以加速趋近过程。

(3)幂次趋近律：

$$\dot{s}=-k|s|^{\alpha}\operatorname{sgn}(s),\ k>0,\ 0<\alpha<1 \tag{4.44}$$

特别地，取 $\alpha=\frac{1}{2}$，则

$$\dot{s}=-k\sqrt{|s|}\operatorname{sgn}(s),\ k>0 \tag{4.45}$$

积分后，可得 $s^{1-\alpha}=-(1-\alpha)kt+s_0^{1-\alpha}$，$k>0$，因此 $t^*=s_0^{1-\alpha}/(1-\alpha)k$。

(4)一般趋近律：

$$\dot{s}=-\varepsilon \operatorname{sgn}(s)-f(s),\ f(0)=0,\ sf(s)>0(s\neq 0) \tag{4.46}$$

式中，$f(s)$取不同值时，得到上述各种趋近律。对于上述趋近律，如果控制系统是多输入的，s 为矢量，则

$$s=[s_1,\ s_2,\ \cdots,\ s_m]^{\mathrm{T}}$$
$$\varepsilon=\operatorname{diag}[\varepsilon_1,\ \varepsilon_2,\ \cdots,\ \varepsilon_m],\ \varepsilon_i>0$$
$$\operatorname{sgn}(s)=[\operatorname{sgn}(s_1),\ \operatorname{sgn}(s_2),\ \cdots,\ \operatorname{sgn}(s_m)]^{\mathrm{T}}$$
$$K=\operatorname{diag}[k_1,\ k_2,\ \cdots,\ k_m],\ k_i>0$$
$$f(s)=[f_1(s_1),\ f_2(s_2),\ \cdots,\ f_m(s_m)]^{\mathrm{T}}$$
$$|s|^{\alpha}\operatorname{sgn}(s)=[|s_1|^{\alpha}\operatorname{sgn}(s_1),\ |s_2|^{\alpha}\operatorname{sgn}(s_2),\ \cdots,\ |s_m|^{\alpha}\operatorname{sgn}(s_m)]^{\mathrm{T}}$$

式中，符号 diag 表示对角矩阵。

显然，上述各种趋近律都满足广义滑模可达条件。以下为两种广义滑模到达条件。

对趋近不加限制的趋近到达：

$$s_i\dot{s}_i<0,\ i=1,\ 2,\ \cdots,\ m$$

按规定趋近律的趋近到达：

$$\dot{s}_i=-\varepsilon_i \operatorname{sgn}(s_i)-f_i(s),\ i=1,\ 2,\ \cdots,\ m$$

4.4.4 滑模控制的设计方法

滑模控制的设计问题包括选择切换函数 $s_i(x)$ 及求出控制 $u_i^{\pm}(x)$。它们使控制系统满足滑模控制的 3 个基本要素。

1. 切换函数的选择

无论是单输入还是多输入系统，确定切换函数实质上是选择系数 c 或系数矩阵 $\boldsymbol{C}$ 的问题。

在单输入情况下，切换函数为

$$\boldsymbol{s}=\boldsymbol{C}^{\mathrm{T}}\boldsymbol{x}=[c_1,\ c_2,\ \cdots,\ c_n]\begin{bmatrix}x_1\\x_2\\\vdots\\x_n\end{bmatrix}=c_1x_1+c_2x_2+\cdots+c_nx_n(\text{一般 } c_n=1) \tag{4.47}$$

系数的选择满足赫尔维茨稳定多项式。

在多输入情况下，切换函数构成一矢量，即

$$s=\boldsymbol{C}^{\mathrm{T}}x \tag{4.48}$$

式中，$\boldsymbol{s}=\begin{bmatrix}s_1\\s_2\\\vdots\\s_m\end{bmatrix}$；$\boldsymbol{C}$ 是 $m\times n$ 矩阵，第 i 行第 j 列元素为 $c_{ij}(i=1,\ 2,\ \cdots,\ m;\ j=1,\ 2,\ \cdots,\ n)$。

切换函数的系数或系数矩阵通常可用极点配置、二次型最优、特征结构配置等方法进行设计。确定了切换函数，也就确定了滑动模态方程。

2. 滑模控制的求取

在实现滑模控制时，$u_i^{\pm}(x)$一般有以下 3 种基本形式。

(1) 常值切换控制。其基本形式为

$$u_i=\begin{cases}k_i^+,\ s_i(x)>0\\k_i^-,\ s_i(x)<0\end{cases} \tag{4.49}$$

式中，k_i^+ 和 $k_i^-(i=1,\ \cdots,\ n)$均为实数。

(2) 函数切换控制。其基本形式为

$$u_i=\begin{cases}u_i^+(x),\ s_i(x)>0\\u_i^-(x),\ s_i(x)<0\end{cases} \tag{4.50}$$

式中，$u_i^+(x)=u_i^+(x_1,\ x_2,\ \cdots,\ x_n)$，$u_i^-(x)=u_i^-(x_1,\ x_2,\ \cdots,\ x_n)$ $(i=1,\ 2,\ \cdots,\ n)$均为连续函数。

(3) 比例切换控制。其基本形式为

$$u_j=\psi_{ij}x_i,\ \psi_{ij}=\begin{cases}\alpha_{ij},\ x_is_j(x)>0\\\beta_{ij},\ x_is_j(x)<0\end{cases} \tag{4.51}$$

这些基本控制策略，一般都采用广义滑模条件和满足一定的趋近律求取。

4.4.5 滑模控制应用

【例 4.7】 以消除横摆角速度误差为控制目标，通过滑模变结构控制设计主动前轮转向(Active Front Steering，AFS)控制器，并在车速为 90 km/h、路面附着系数为 0.8 的双移线道路上进行仿真验证。最后与汽车无控制时的横摆角速度和质心侧偏角进行比较。仿真需要的参数见表 4.5。

表 4.5 仿真需要的参数

汽车质量/kg	汽车转动惯量/(kg·m²)	汽车质心至前轴距离/m
1 412	1 536.7	1.015
汽车质心至后轴距离/m	前轮综合侧偏刚度/(N/rad)	后轮综合侧偏刚度/(N/rad)
1.895	−131 470	−99 710

解： 以汽车二自由度模型(图 4-7)为参考，微分方程为

$$\begin{cases}\dot{\beta}=\dfrac{k_{\mathrm{f}}+k_{\mathrm{r}}}{mv_x}\beta+\left(\dfrac{ak_{\mathrm{f}}-bk_{\mathrm{r}}}{mv_x^2}-1\right)\omega-\dfrac{k_{\mathrm{f}}}{mv_x}\delta\\ \dot{\omega}=\dfrac{ak_{\mathrm{f}}-bk_{\mathrm{r}}}{I_z}\beta+\dfrac{a^2k_{\mathrm{f}}+b^2k_{\mathrm{r}}}{I_zv_x}\omega-\dfrac{ak_{\mathrm{f}}}{I_z}\delta\end{cases}$$

式中，m 为汽车质量；v_x 为纵向速度；β 为质心侧偏角；ω 为横摆角速度；k_{f}、k_{r} 分别为前、后轴的侧偏刚度；a、b 分别为前、后轴至质心的距离；δ 为前轮的转向角；I_z 为汽车绕 z 轴的转动惯量。

汽车横摆角速度的理想值 ω_{d} 表达式为

$$\omega_{\mathrm{d}}=\frac{v_x\delta}{(a+b)(1+Kv_x^2)}$$

式中，$K=\dfrac{m}{(a+b)^2}\left(\dfrac{a}{k_{\mathrm{r}}}-\dfrac{b}{k_{\mathrm{f}}}\right)$，表示汽车的稳定性因数。

为了使汽车更有效地满足驾驶员的方向控制需求，使其具有更好的操纵稳定性，应当使横摆角速度的真实值 ω 能跟踪横摆角速度理想值 ω_{d}，即尽量减小实际横摆角速度与理想横摆角速度差值。AFS 控制器的控制误差 e_ω 为

$$e_\omega=\omega-\omega_{\mathrm{d}}$$

定义 e_ω 的积分滑模面为

$$s_{\mathrm{AFS}}=e_\omega+\lambda\int_0^t e_\omega \mathrm{d}t,\ \lambda>0$$

式中，λ 为偏差加权系数，积分项主要是限制稳态误差。

对 e_w 的积分滑模面求导得：

$$\dot{s}_{\mathrm{AFS}}=\dot{e}_\omega+\lambda e_\omega=\dot{\omega}-\dot{\omega}_{\mathrm{d}}+\lambda(\omega-\omega_{\mathrm{d}})$$

可得：

$$\dot{s}_{\mathrm{AFS}}=\left[\frac{ak_{\mathrm{f}}-bk_{\mathrm{r}}}{I_z}\beta+\frac{a^2k_{\mathrm{f}}+b^2k_{\mathrm{r}}}{I_zv_x}\omega-\frac{ak_{\mathrm{f}}}{I_z}\delta-\dot{\omega}_{\mathrm{d}}+\lambda(\omega-\omega_{\mathrm{d}})\right]$$

采用等速趋近律，即

$$\dot{s}_{\mathrm{AFS}}=-\varepsilon\operatorname{sgn}(s)$$

式中，sgn(s)为符号函数；ε 为等速趋近律系数，且 $\varepsilon>0$。

主动前轮转角为

$$\delta_{\mathrm{f}}=\frac{I_z}{ak_{\mathrm{f}}}\left[\frac{ak_{\mathrm{f}}-bk_{\mathrm{r}}}{I_z}\beta+\frac{a^2k_{\mathrm{f}}+b^2k_{\mathrm{r}}}{I_zv_x}\omega-\dot{\omega}_{\mathrm{d}}+\lambda(\omega-\omega_{\mathrm{d}})-\varepsilon\operatorname{sgn}(s)\right]$$

为了减轻滑模控制系统中符号函数 sgn(s)所引起的抖振，采用饱和函数代替符号函数，即

$$\mathrm{sat}\left(\frac{s}{c}\right)=\begin{cases}\mathrm{sgn}\left(\frac{s}{c}\right) & |s|>c\\ \frac{s}{c} & |s|\leqslant c\end{cases}$$

联合仿真图如图 4.25 所示。

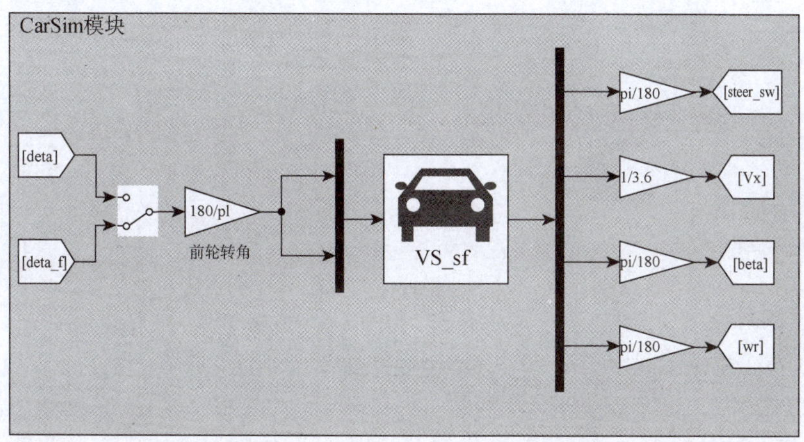

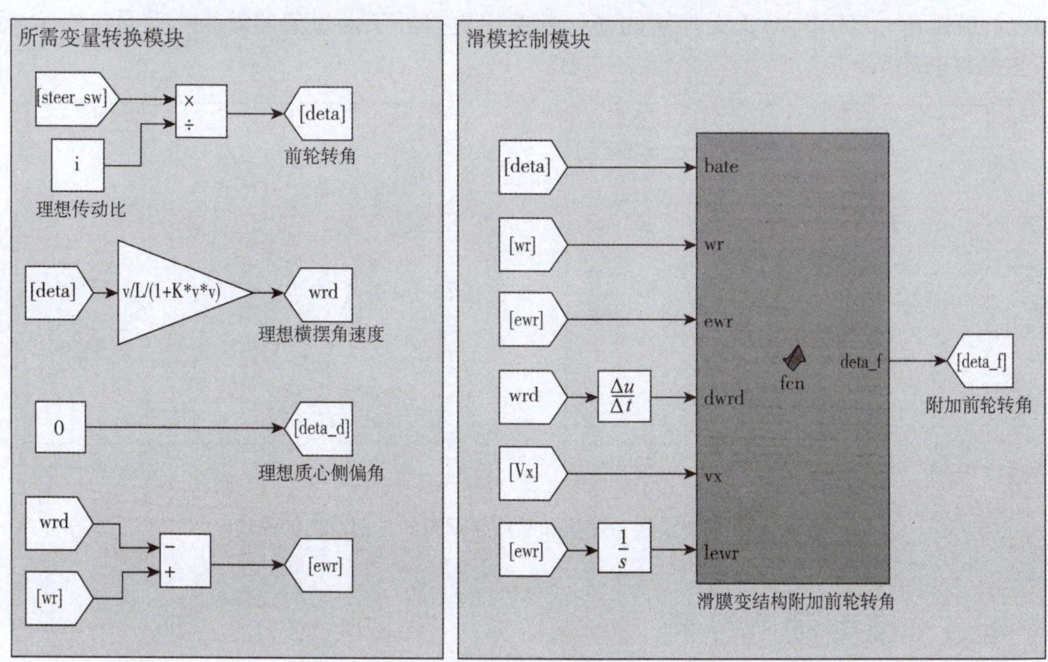

图 4.25　联合仿真图

以下为图 4.25 中滑模变结构附加前轮转角函数的模块程序。

```
function deta_f= fcn(bate,wr,ewr,dwrd,vx,lewr)
a=1.015;b=1.895;Iz=1536.7;
k1=-131470;k2=-99710;                       %前后轴侧偏刚度
a21=(a* k1-b* k2)/Iz;a22=(a^2* k1+b^2* k2)/(Iz* vx);
b21=-a* k1/Iz;
lamuda=20;                                  %加权系数越大趋近速度越快
cgema=5;                                    %切换面的速度变化率
Safs=ewr+lamuda* lewr;                      %滑模面
c=0.05;
S=abs(Safs);
if S>c
    sat=sign(Safs/c);
else
    sat=Safs/c;
end
deta_f=(1/b21)* (-a21* bate-a22* wr+dwrd-lamuda* ewr-cgema* sat);
end
```

汽车横摆角速度和质心侧偏角的分别对比的曲线如图 4.26 所示，从图中可以看出 AFS 的横摆角速度(重合)比无控制的横摆角速度更接近于理想值的效果，并且 AFS 的质心侧偏角也较小。

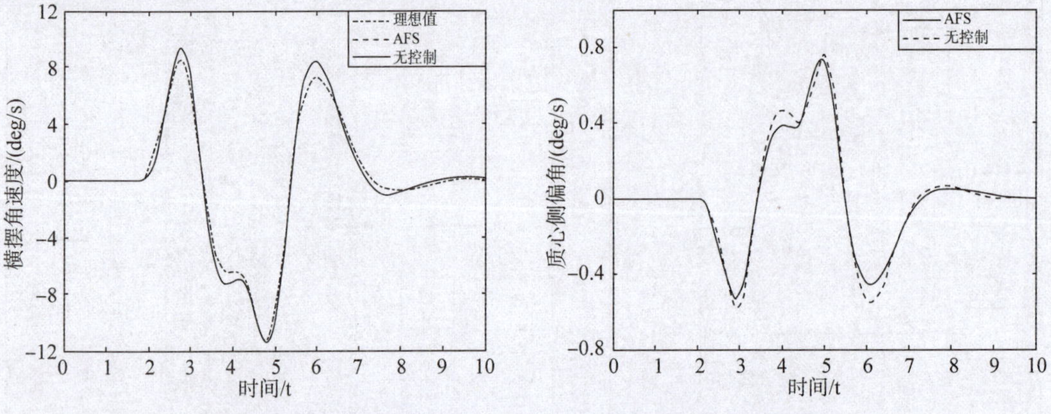

图 4.26　汽车横摆角速度和质心侧偏角的分别对比的曲线

4.5　模型预测控制

模型预测控制(Model Predictive Control，MPC)是一种利用系统模型预测未来输出并优化控制策略的算法。其涉及线性模型、二次规划和滚动优化控制。在实际工程中，由于经典控制方法 PID 控制较难处理非线性、多约束、不确定和时变的控制系统，所以往往难以取得令人满意的控制效果。MPC 采用的多步预测、滚动优化、误差修正等控制策略在模型方面要求并不高，并具有一定的鲁棒性，控制效果良好，在处理高阶次、多约束和非线性系统问题时具有独特优势。

4.5.1　MPC 的基本原理

MPC 算法的原理如图 4.27 所示，MPC 算法的核心思想主要由以下 3 部分组成。

(1) 预测模型：MPC 算法能够根据当前系统的状态信息，预测系统未来的输出。

(2) 滚动优化；MPC 算法虽然每次只能求解出局部最优解并作用在系统上，但是该算法会在有限的时域内，不断根据预测模型求出每一步的局部最优解。虽然这种局部最优解可能不是最好的控制解，但是其抗干扰性强。

(3) 反馈校正：由于每一时刻都会采集当前系统的信息，进行重新预测，所以可以很好解决环境干扰的问题。

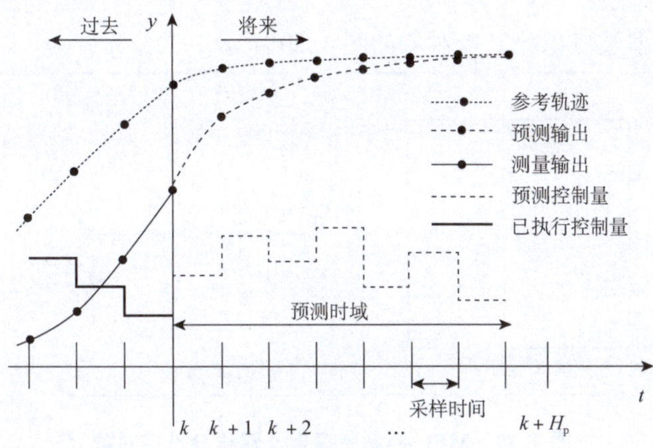

图 4.27　MPC 算法的原理

由图 4.27 可以看出，在控制过程中，始终存在一条期望轨迹即参考轨迹。以 k 时刻作为时间刻度分界点，控制器在当前状态测量值和控制测量值基础上，结合预测模型，预测系统未来一段时间内的轨迹，即预测输出曲线。通过求解目标函数以及各种约束的优化问题，得到未来一段时间内的控制序列，如矩形波，即预测控制量等。在 k 时刻，将该序列的第一个元素值作为受控对象的实际控制量，当来到下一个时刻 $(k+1)$ 时，重复以上过程，如此周而复始，来回滚动，实现对被控对象的持续控制。

图 4.28 所示为 MPC 的工作原理，包含 MPC 控制器、被控对象和状态估计器 3 个模块。MPC 控制器得到当前时刻最优控制序列，输入给被控对象，被控对象按照当前的控制量进行控制，同时将传感器采集到的当前的状态信息 $X(t)$ 输入给状态估计器。状态估计器通常是对一些无法直接测量或测量成本较高的量进行估计，常用的估计算法有卡尔曼滤波等。将估计值输入给 MPC 控制器，再次求解最优解得到控制序列，进行下一轮控制。

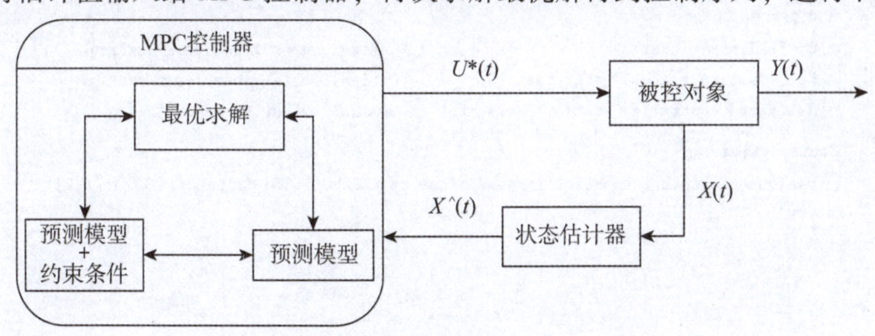

图 4.28　MPC 的工作原理

MPC 通常将待优化问题转换为二次型规划问题，是一种典型的数学优化问题，常用的解法为有效集法或内点法。

4.5.2 MPC 算法 MATLAB 实现

汽车纵向车速控制可以简化为一个简单的双积分系统，即

$$\begin{cases} \dot{v}=a \\ \dot{a}=j \end{cases} \tag{4.52}$$

式中，a，v 为汽车的纵向加速度和速度；j 为加速度的变化率，是被控对象的控制输入，也是 MPC 控制器的输出。

MPC 控制器模型及双积分被控对象如图 4.29 所示。

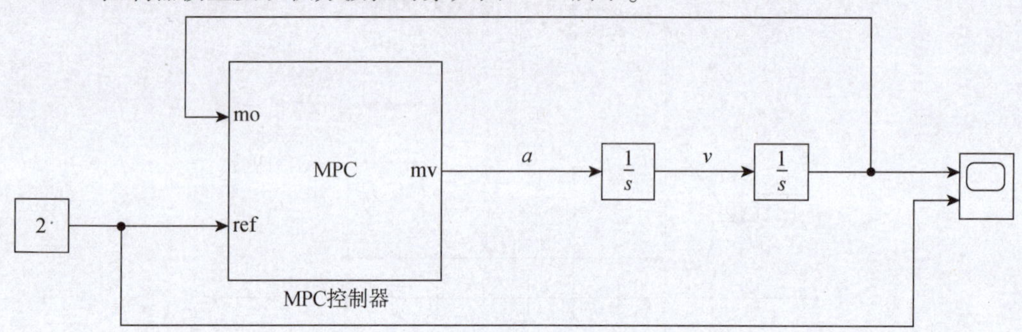

图 4.29　MPC 控制器模型及双积分被控对象

MPC 控制器的模块参数如图 4.30 所示。

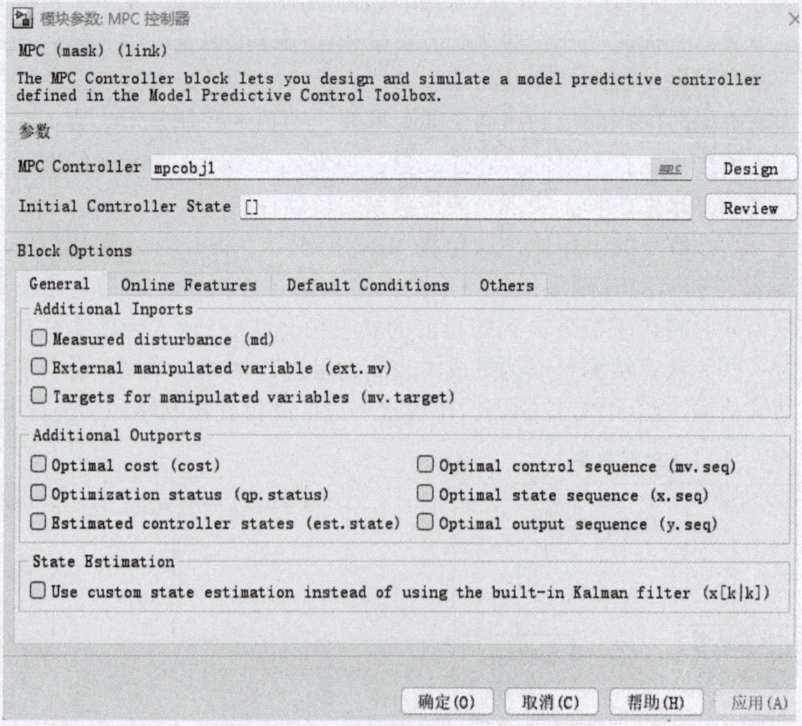

模块参数: MPC 控制器

MPC (mask) (link)

The MPC Controller block lets you design and simulate a model predictive controller defined in the Model Predictive Control Toolbox.

参数

MPC Controller mpcobj1 　Design

Initial Controller State [] 　Review

Block Options

General | Online Features | Default Conditions | Others

Additional Inports

☐ Measured disturbance (md)
☐ External manipulated variable (ext.mv)
☐ Targets for manipulated variables (mv.target)

Additional Outports

☐ Optimal cost (cost)
☐ Optimization status (qp.status)
☐ Estimated controller states (est.state)
☐ Optimal control sequence (mv.seq)
☐ Optimal state sequence (x.seq)
☐ Optimal output sequence (y.seq)

State Estimation

☐ Use custom state estimation instead of using the built-in Kalman filter (x[k|k])

确定(O)　取消(C)　帮助(H)　应用(A)

图 4.30　MPC 控制器的模块参数

在 MATLAB 命令窗口中输入以下程序。

```
clc
plant=tf(1,[1 0 0]);
%%设置 MPC 控制器
Ts=0.1;                                    %采样时间
p=10;                                      %预测范围
m=3;                                       %控制范围
%% MPC 控制器
mpcobj1=mpc(plant,Ts,p,m);                 %写入 MPC 控制器的名字
mpcobj1.MV=struct('Min',-1,'Max',1);       %限制控制器的输出
%%打开搭建好的 Simulink 模型
mdl='model';                               %mdl 文件的名字
open_system(mdl);
sim(mdl);
```

运行模型，经过一段调整时间，可以得到系统输出与预期基本一致的仿真曲线。MPC 仿真结果如图 4. 31 所示。

该仿真实验使用 MATLAB 自带的 MPC 模块，未涉及 MPC 控制器内部原理，只是简单实验，可使初级入门者对 MPC 控制器的使用有一个基本的认识，想要深入了解，还需要通过更复杂的实例深入学习，在第 8 章中有对 MPC 有更深入的解析。

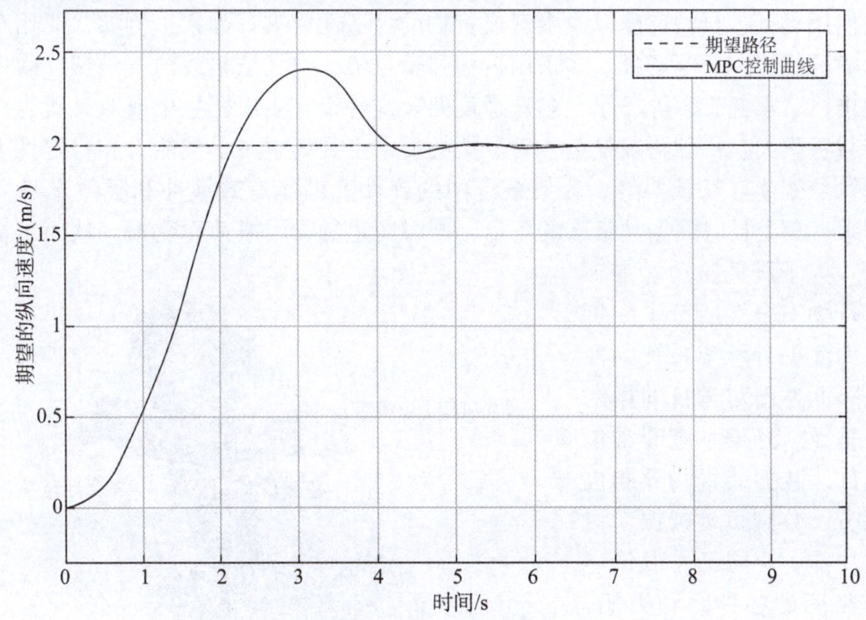

图 4. 31　MPC 仿真结果

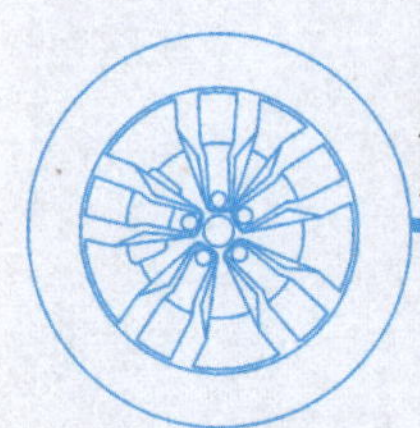

第 5 章 汽车悬架系统的控制技术

汽车的悬架系统是汽车底盘的核心组件之一，是指车身与车轮之间连接装置的总称，主要功能是连接车轮与车身并有效传递两者之间的相互作用力。车身与车轮之间的作用力与扭矩通过悬架系统传递给车身，以保证汽车处于正常状态。一个高效的悬架系统能显著提升汽车行驶平顺性、操纵稳定性和乘客的乘坐舒适性。

在不平路面上行驶时，汽车引起的振动主要由车轮与悬架系统共同吸收，其中悬架系统所吸收的振动可达到90%以上。不同用途的汽车对悬架系统的性能需求各异，主要取决于汽车的使用场景、行驶速度以及乘客或货物的舒适性要求等因素，例如，商用车通常用于长途运输、物流配送等场景，多采用钢板弹簧悬架、空气悬架或油气悬架；乘用车主要用于日常出行、家庭旅游等场景，多选择麦弗逊式悬架、多连杆悬架或双叉臂悬架；大型货车由于载重量大、行驶路况复杂，对悬架的要求主要集中在承载能力和稳定性上，多采用钢板弹簧悬架或空气悬架等。悬架系统中的弹性元件能有效缓冲和吸收车身受到的振动，保护乘客免受长时间振动带来的不适，同时防止货物因振动而受损，从而维持汽车的高效运行。为了避免振动对乘客舒适性及货物安全性所产生的负面影响，因此提升悬架系统的性能以减轻路面冲击对车身的振动显得尤为重要。悬架系统通常包含弹性元件、减振装置和导向机构3大部分，分别负责减振、缓冲和导向功能，协同工作以传递车轮与车架间的各种力和力矩，有效控制车身的振动。其结构如图5.1所示。

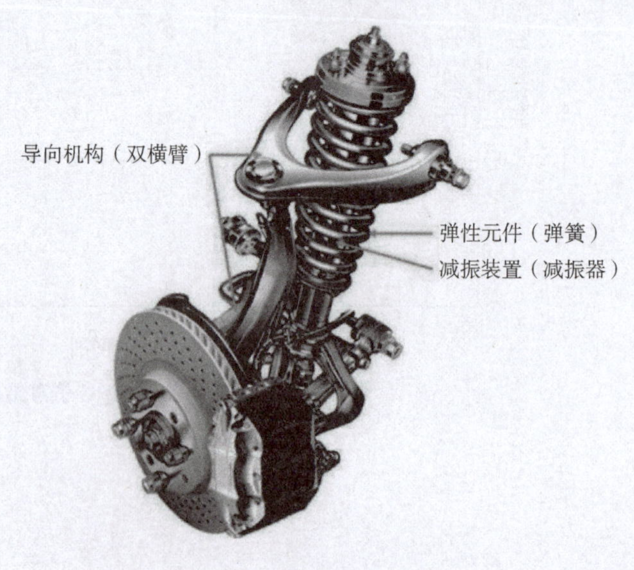

图 5.1 悬架系统结构

弹性元件将车架(或车身)与车轮弹性连接起来，并承受和传递载荷，缓和冲击。减振装置用于衰减振动，提高乘坐舒适性。导向机构用于保证车架(或车身)

与车轮相对位置的变化符合运动规律，并传递力和力矩。

5.1　悬架系统概述

5.1.1　悬架系统分类及其特点

随着汽车科技的持续进步，悬架系统的设计与种类正经历着不断的创新与丰富。跨学科的新技术被积极引入悬架研发领域，推动了该领域的蓬勃发展。这些新技术不仅丰富了悬架的形式，还为其性能优化提供了更多可能性。因此，悬架技术正以前所未有的速度向前发展，不断满足汽车行业对行驶平顺性、操纵稳定性和乘坐舒适性的更高要求。

悬架系统根据其控制方式的差异，可将其分为被动悬架系统、半主动悬架系统和主动悬架系统。

1. 被动悬架系统

被动悬架系统是一种传统且应用广泛的悬架系统，特点是采用固定的弹簧和阻尼结构，即系统的刚度和阻尼特性不会随外部状态(如路况、车速、驾驶模式等)而发生变化。被动悬架系统无需外部能源介入，通过机械结构就能吸收能量、减少冲击。其性能参数在汽车设计时就已确定。由以往的研究可知，汽车的行驶平顺性与操纵稳定性相互矛盾，被动悬架系统的参数仅能折中两者的性能，难以有所提高。被动悬架系统的优点是结构简单，缺点是难于满足不同路面上高速行驶汽车的操纵稳定性和行驶平顺性，减振效果较差。其结构如图 5.2 所示。

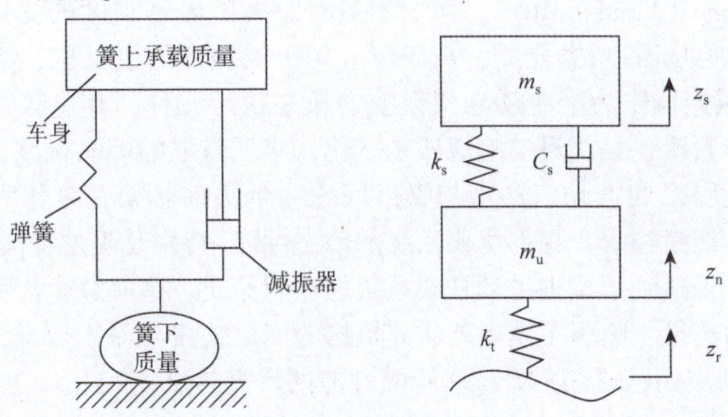

图 5.2　被动悬架系统结构

被动悬架系统的核心要素在于其弹性元件的刚度与减振器阻尼的参数设定。当这些参数具备可调性，或至少其中之一能依据实时需求进行动态调整时，该悬架系统即可被认为是智能悬架。

2. 半主动悬架系统

半主动悬架系统作为智能悬架领域的一个标志性成果，由 Crosby 和 Karnopp 等学者在 1973 年提出，并于 20 世纪 80 年代开始实际应用。半主动悬架系统以其卓越的性能优势，超越了传统的机械式悬架设计。其能够即时响应并控制车身的动态姿态，不仅显著提升了汽车的行驶平顺性与乘客的乘坐舒适度，还巧妙地平衡了汽车行驶平顺性与操控稳定性之间的传统矛盾。

半主动悬架系统的发展体现在对悬架刚度和阻尼特性的改变两个方面。因为改变减振器阻尼特性比改变弹簧刚度更容易，所以一般半主动悬架主要由不可变刚度的弹簧和阻尼可调减振器组成，如图 5.3(a)所示，原理是通过传感器实时监测汽车行驶工况变化以及车身振动响应指标，由电子控制单元根据这些信息发出指令和脉冲信号，控制悬架系统内部的阻尼可调减振器，实现阻尼的实时调节，如图 5.3(b)所示。

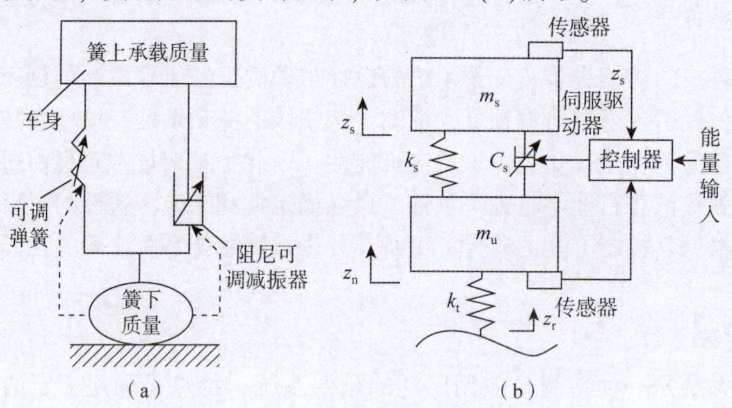

图 5.3　半主动悬架系统结构

阻尼可调减振器主要聚焦的技术路径是节流面积调控和减振介质黏性调控。节流面积调控是指通过调节减振器内节流阀的流通截面积来改变阻尼特性。这一技术常借助电磁阀或机械驱动阀实现，然而其响应速度受限，控制频率难以达到理想水平。相较之下，减振介质黏性调控则展现了更为灵活与高效的调节能力。其依赖新型功能材料，特别是磁流变液(Magneto Rhedogical Fluid，MRF)。该材料具有黏度随磁场强度的变化而连续可调的特性。MRF 作为一种创新的减振介质，被广泛应用于减振器的设计中，实现了阻尼的无级连续调节。MRF 减振器作为半主动悬架系统的核心执行元件，其优势在于其无需复杂驱动机构，结构简单紧凑，且能迅速响应磁场变化，实现阻尼的即时调整，有效规避了节流孔径调节方式可能引发的振动、冲击与噪声问题。半主动悬架系统作为一种无源控制系统，通过微量调节能量输入，局部优化系统的动态性能(特别是阻尼特性)，在保持结构简单、能耗低的同时，达到了接近主动悬架系统的控制品质。这一综合优势使半主动悬架系统成为高性价比的选择，吸引了国内外研究机构的广泛关注与深入探索，特别是在汽车领域，MRF 减振器的应用已成为提升汽车行驶性能的研究热点。

3. 主动悬架系统

主动悬架系统的特点是系统的刚度和阻尼特性能够根据汽车的行驶条件(如车速、路况、载荷变化等)进行自适应调节，使悬架系统处于最佳减振状态。根据动力源状态分为全主动悬架(有源主动悬架)和慢主动悬架系统(部分有源主动悬架)。全主动悬架系统除包含传统弹性元件、减振器和导向机构外，还附加了一个可控制作用力装置，能够主动产生力来改变悬架系统的刚度和阻尼特性。慢主动悬架系统结合主动悬架系统和被动悬架系统的特点，与全时、大功率运作的主动悬架系统不同，其所配备的动力源功率相对较小，或仅在特定工况下启动。通过这种设计，其能够在一定范围内，依据实际行驶需求，对悬架参数开展动态调节，并兼顾系统效能与能耗成本。在各种实际工况下，传感器系统精准地捕捉车身动态变化及悬架系统的振动特征信号，并将这些关键信息传递给电子控制单元。电子控制单元随后基于这些输入信号，通过复杂的算法计算，指令执行机构输出相应

且适宜的力，以实现对车身振动状态的有效调控。此外，该系统还融入了闭环反馈机制，通过实时监测并调整弹簧的刚度参数以及减振器的阻尼系数，实现动态优化。这一过程确保了主动悬架系统能够自动适应各种道路及驾驶工况，持续维持在最优工作状态，从而显著提升汽车的操纵稳定性、行驶平顺性，并对行车安全提供了一定程度的保障。主动悬架控制技术的研究不仅深化了对汽车动态控制的理解，也推动了汽车悬架系统向智能化、自适应化方向的发展。主动悬架系统结构如图 5.4 所示。

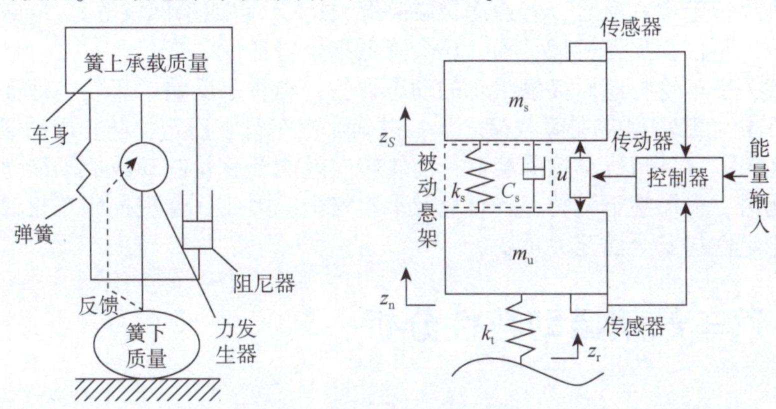

图 5.4　主动悬架系统结构

5.1.2　悬架系统性能评价指标

悬架系统直接影响着汽车的行驶平顺性、乘坐舒适性和操纵稳定性，优化其设计与配置对提升驾驶与乘坐的舒适度至关重要。评估悬架系统性能的 3 大评价指标为车身垂直加速度、悬架动挠度和车轮动载，分别从不同维度确保了汽车行驶的稳定性与安全性。首先，车身垂向加速度是衡量乘客乘坐体验的直接参数，反映了汽车在行驶过程中对路面不平的过滤能力，低加速度意味着乘坐舒适性更高。其次，悬架动挠度的稳定控制是防止机械结构受损的关键。确保悬架的动行程维持在预设的合理区间内，可以有效避免部件间的异常磨损和碰撞，从而延长悬架系统的使用寿命。最后，车轮动载则是防止汽车失控的重要措施。通过保持车轮动载荷低于其静载荷限制，能够确保车轮与地面之间的良好接触，防止发生“滑移”或“飞车”等危险情况，提升整车行驶的稳定性与安全性。悬架系统性能评价指标如图 5.5 所示。

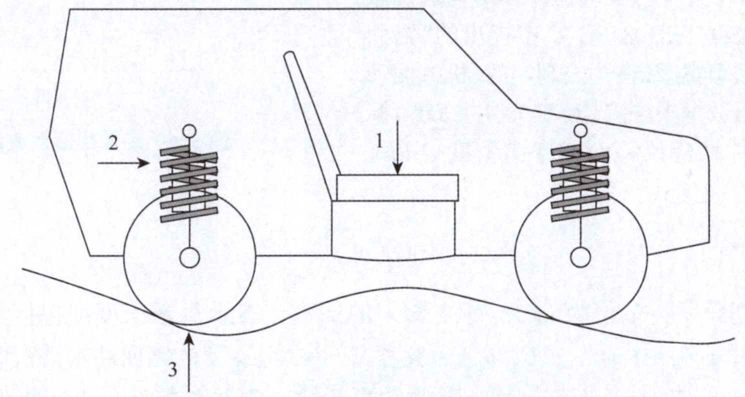

图 5.5　悬架系统性能评价指标

1—车身垂直加速度；2—悬架动挠度；3—车轮动载

车身垂直加速度是乘客乘坐舒适性的重要量化参数，可以直观理解为车身上下波动程度。其具体评价标准通常采用《汽车平顺性试验方法》(GB/T 4970—2009)中的频率加权均方根值来界定。该指标直接且明确地反映了乘客乘坐舒适性及货物保护效能。当车身垂直振动频率为8~12.5 Hz时，长期暴露于此类频率下可能会对乘客内脏健康构成显著威胁。

悬架动挠度是对悬架系统在静平衡状态下位移变化范围的量化描述。在复杂路况下，如汽车穿越颠簸路面时，若悬架的压缩与伸张均能保持在设计有效行程内，将有效提高乘坐舒适性及操纵稳定性。反之，若遭遇极端路况(如大凸包或深凹坑等)，导致悬架极限触碰上、下限位，不仅会损坏机械结构，还会降低乘坐舒适性。

车轮动载关乎车轮与地面接触状态的动态评估，本质上反映了车轮的地面附着能力或"抓地力"。车轮动载需保持在静载荷之下，以确保汽车行驶稳定，防止因动载荷过大导致的车轮离地现象。一旦超过车轮静载荷，前轮转向效能及后轮制动或驱动能力将受损，可能引发汽车侧滑、失控甚至翻转，严重危及乘坐安全。因此，合理控制车轮动载对于保障汽车行驶的稳定性与安全性至关重要。

5.2 汽车悬架振动特性分析

5.2.1 悬架系统建模

1. 随机路面输入模型

要建立汽车动态模型，必须考虑如何建立路面不平度的输入模型，主要方法包括三角级数合成法、滤波白噪声法、自回归模型法等。滤波白噪声法是将白噪声经过一阶或高阶滤波得到平稳随机过程。该方法物理意义清楚、计算方便，可以直接根据路面功率谱数值和行驶车速确定路面模型参数，在实际研究中得到了广泛应用。

路面不平度通常用来描述路面的起伏程度，即路面对于理想平面的偏离，是汽车行驶过程中的主要激励，影响汽车的行驶平顺性、乘坐舒适性和操纵稳定性等方面。通常将路面相对基准平面的高度 q，沿道路走向长度 I 的变化 $q(I)$，称为路面纵断面曲线或不平度函数，如图5.6所示。

作为汽车振动输入的路面不平度主要采用路面功率谱密度描述其统计特性。国际标准化组织在文件《测量和评估应用于机器、和结构的机械振动和冲击》(ISO/TC 108/SC 2)中提出的"路面不平度表示方法草案"和在国内制定的《机械振动道路路面谱测量数据报告》(GB/T 7031—2005)标准中，两个文件均建议路面功率谱密度 $G_q(n)$ 用下式作为拟合表达式，即

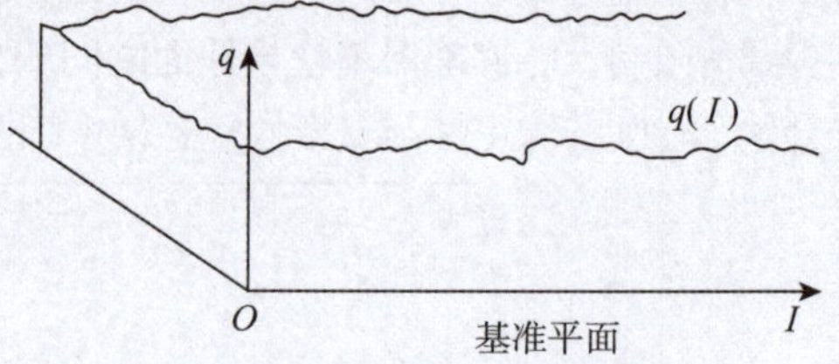

图5.6 路面纵断面曲线

$$G_q(n)=G_q(n_0)\left(\frac{n}{n_0}\right)^{-W} \tag{5.1}$$

式中，n 为空间频率，单位为 m^{-1}，是波长 λ 的倒数，表示每米长度中包括几个波长；n_0 为参考空间频率，$n_0=0.1m^{-1}$；$G_q(n_0)$ 为参考空间频率 n_0 下的路面功率谱密度值，称为路面不平度函数，单位为 $m^2/m^{-1}=m^3$；W 为频率指数，为双对数坐标上斜线的斜率，决定路面功率谱密度的频率结构。

为了得到路面输入激励的时域模型，需要将空间频率功率谱密度转化为时间频率功率

谱密度，当汽车以车速 u 驶过空间频率为 n 的路面时，等效的时间频率 $f=un$，因此结合式(5.1)，空间频率功率谱密度可通过下式转化为时间频率功率谱密度，即

$$G_q(f)=\frac{1}{u}G_q(n) \tag{5.2}$$

式中，$G_q(f)$ 为时间频率功率谱密度；$G_q(n)$ 为空间频率功率谱密度。

代入时间频率 $f=un$，可得时间频域功率谱密度为

$$G_q(f)=\frac{1}{u}G_q(n_0)\left(\frac{n}{n_0}\right)^{-2}=G_q(n_0)n_0^2\frac{u}{f^2} \tag{5.3}$$

当汽车以车速 u 匀速行驶并采用角频率 ω 来表示时，由于 $\omega=2\pi n$，所以式(5.3)可以转换为

$$G_q(f)=(2\pi)^2G_q(n_0)n_0^2\frac{u}{\omega^2} \tag{5.4}$$

当 $\omega=0$ 时，$G_q(\omega)\to\infty$。为了能更真实地反应路面谱在低频范围内的实际路面情况，引入路面空间下截止角频率 $\omega_0=2\pi n_c$。若路面空间下截止频率为 $n_c=0.01\ \mathrm{m}^{-1}$，则实用功率谱密度函数为

$$G_q(\omega)=2\pi G_q(n_0)n_0^2\frac{u}{\omega^2+\omega_0^2} \tag{5.5}$$

根据随机振动理论，得

$$G_q(\omega)=|H(\omega)|^2S_w \tag{5.6}$$

式中，$H(\omega)$ 为系统的频响函数；S_w 为白噪声的功率谱密度，一般为 1。

为了分析悬架对路面输入的动态响应，必须将空间频率响应函数换算为时间频率响应函数。设路面水平位移为 s，路面随机不平度为 $q(t)$，车速为 u。由式(5.5)、式(5.6)可得空间频率响应函数为

$$H(\omega)=\frac{2\pi n_0\sqrt{G_q(n_0)u}}{\omega_0+\mathrm{j}\omega} \tag{5.7}$$

由式(5.7)可推导出空间域内路面不平度的微分方程：

$$q(s)+\omega_0q(s)=2\pi n_0\sqrt{G_q(n_0)u}\,w(s) \tag{5.8}$$

而路面水平位移与车速的微分关系为

$$\mathrm{d}v=\mathrm{d}\dot{s}=\mathrm{d}\left(\frac{\mathrm{d}s}{\mathrm{d}t}\right) \tag{5.9}$$

则可得路面不平度位移时域为

$$q(t)=-2\pi f_0q(t)+2\pi\sqrt{G_q(n_0)u}\,w(t) \tag{5.10}$$

式中，$q(t)$ 为路面随机不平度位移；f_0 为下截止频率，$f_0=un_c$；$w(t)$ 是均值为 0 和功率谱密度为 1 的高斯白噪声。根据式(5.10)，在 Simulink 中建立左前轮随机路面输入仿真模型，如图 5.7 所示。

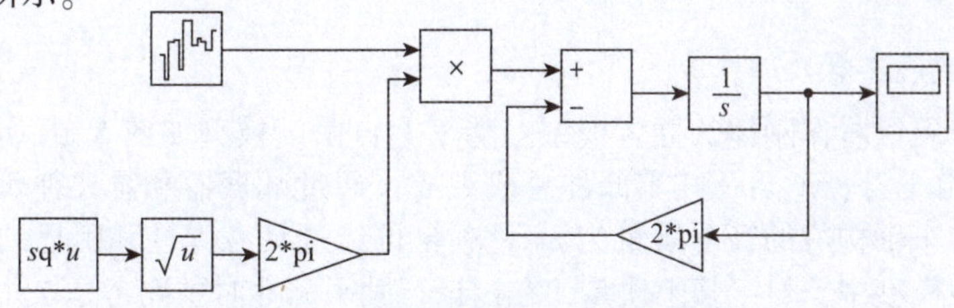

图 5.7　左前轮随机路面输入仿真模型

根据轮边驱动电动汽车行驶路况的大致情况，选取路面不平度 8 级分类中的 A、B、C 级路面作为参照，车速为 30 km/h。仿真可得 A、B 级路面输入谱，分别如图 5.8、图 5.9 所示。图中每个采样点的时间跨度为 0.01 s。

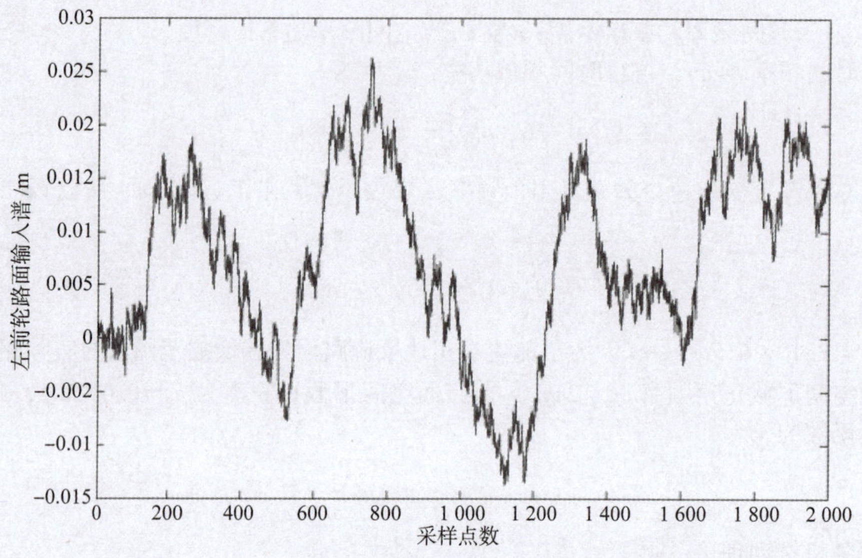

图 5.8　A 级路面输入谱

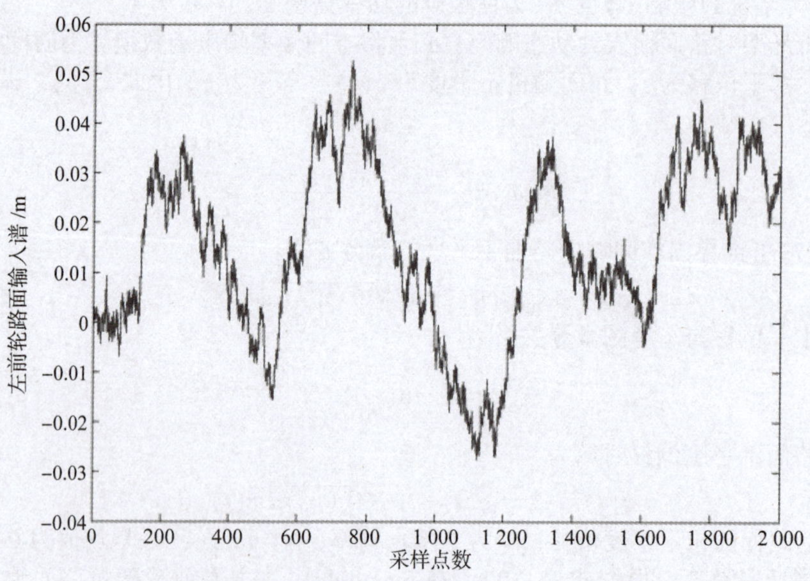

图 5.9　B 级路面输入谱

2. 二自由度汽车模型

将汽车车身质量看作刚体的立体模型，整车七自由度模型如图 5.10 所示。汽车的簧上质量为 m_2，由车身、车架及其零部件总成组成，通过减振器和悬架弹簧与车轴、车轮相连接。车轮和车轴构成的簧下质量为 m_1。车轮再经过具有弹性和阻尼的车轮支承在不平路面上。在该模型中，对于簧上质量，在讨论行驶平顺性时主要考虑 7 个自由度，即垂直、俯仰、侧倾 3 个自由度以及 4 个簧下质量的 4 个垂直自由度。

当汽车对称于其纵轴线时，只有汽车车身的垂直振动 z 和俯仰振动 φ 对行驶平顺性影响最大。此时，将汽车简化为图 5.11 所示的汽车振动系统四自由度模型。因车轮阻尼较小，所以在此予以忽略。在该模型中，簧上质量 $m_2=m_{2f}+m_{2r}+m_{2c}$ 主要考虑垂直和俯仰 2 个自由度，前、后车轴质量 m_{1f}、m_{1r}的 2 个垂直自由度。

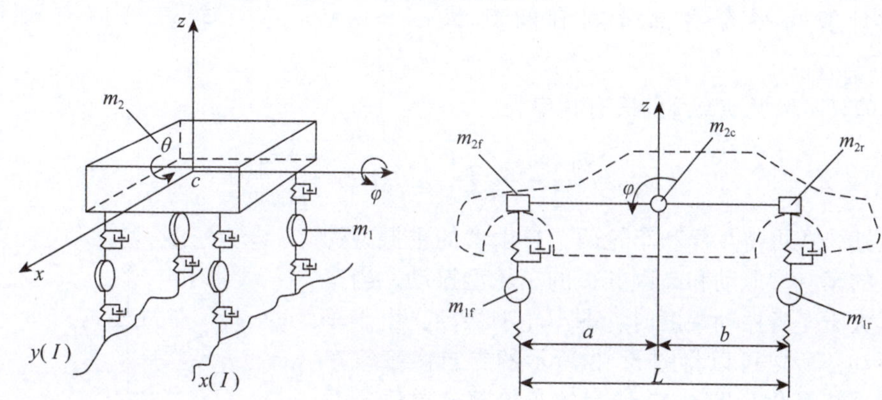

图 5.10　整车七自由度模型　　图 5.11　汽车振动系统四自由度模型

由于车轮阻尼太小，所以予以忽略，设簧上质量为 m_2，转动惯量为 I_y。将其按动力学等效的条件分解为前轴、后轴及质心 c 上的 3 个集中质量，分别为 m_{2f}、m_{2r}及 m_{2c}。这 3 个集中质量视为由无质量的刚性杆连接，大小由以下 3 个条件决定。

总质量保持不变：

$$m_{2f}+m_{2r}+m_{2c}=m_2 \tag{5.11}$$

质心位置保持不变：

$$m_{2f}a+m_{2r}b=0 \tag{5.12}$$

转动惯量 I_y 的值保持不变：

$$I_y=m_2\rho_y^2=m_{2f}a^2+m_{2r}b^2 \tag{5.13}$$

式中，ρ_y^2 为车身绕 y 轴的回转半径；a、b 分别为簧上质量部分的质心到前、后轴的距离。L 为轴距。通常，令 $\varepsilon=\dfrac{\rho_y^2}{ab}$，并将其称为悬挂质量分配系数。当 $\varepsilon=1$ 时，前、后轴上方车身部分的集中质量 m_{2f}、m_{2r}的垂向运动是相互独立的。

当汽车正面垂直通过减速带、拱桥等凸起路面时，左、右车辙的不平度函数为 $x(I)=y(I)$。因此，将双轴汽车振动系统简化为单轮振动系统，该系统除了具有车身部分的动态特性，还对行驶平顺性和车轮的接地性有很大影响，更接近汽车悬挂系统的实际情况。二自由度汽车模型振动系统如图 5.12 所示，m_2 为悬挂质量，m_1 为非悬挂质量，K 为弹簧刚度，C 为减振器阻尼系数，K_t 为车轮刚度。

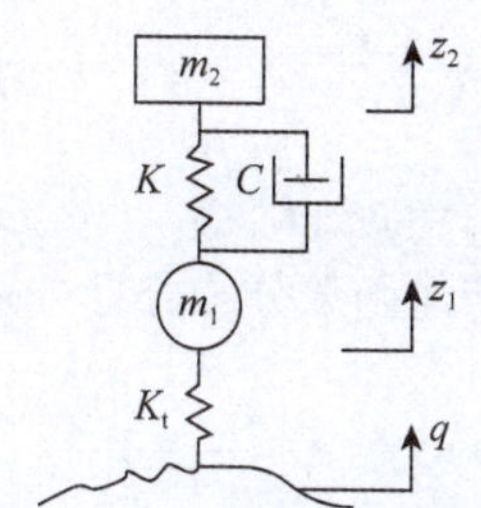

图 5.12　二自由度汽车模型振动系统

车轮、车身垂直位移坐标分别为 z_1、z_2，坐标原点选在各自的平衡位置，运动方程分别为

$$\begin{aligned} m_2\ddot{z}_2+C(\dot{z}_2-\dot{z}_1)+K(z_2-z_1)=0 \\ m_1\ddot{z}_1+C(\dot{z}_1-\dot{z}_2)+K(z_1-z_2)+K_t(z_1-q)=0 \end{aligned} \tag{5.14}$$

当系统无阻尼自由振动时，其运动方程为

$$\begin{aligned} m_2\ddot{z}_2+K(z_2-z_1)=0 \\ m_1\ddot{z}_1+C(z_1-z_2)+K_tz_1=0 \end{aligned} \tag{5.15}$$

经过计算可得车身部分固有圆频率 $\omega_0=\sqrt{K/m_2}$；车轮部分固有圆频率为 $\omega_t=\sqrt{(K+K_t)/m_1}$。

1/4 车双质量振动系统的固有频率为

$$\omega_{1、2}^2=\frac{\omega_t^2+\omega_0^2}{2}\mp\sqrt{\frac{1}{4}(\omega_t^2+\omega_0^2)^2-\frac{KK_t}{m_1m_2}} \tag{5.16}$$

由上述公式可得车身和车轮两个自由度的主振型为低频共振的车身型振动和高频共振的车轮型振动。当车轮振幅远大于车身振动幅度时，即车轮型振动，由于车身基本不动，所以可以将图 5.12 所示的二自由度汽车模型振动系统简化为图 5.13 所示的车轮部分单质量系统，以分析车轮部分在高频共振区的振动。

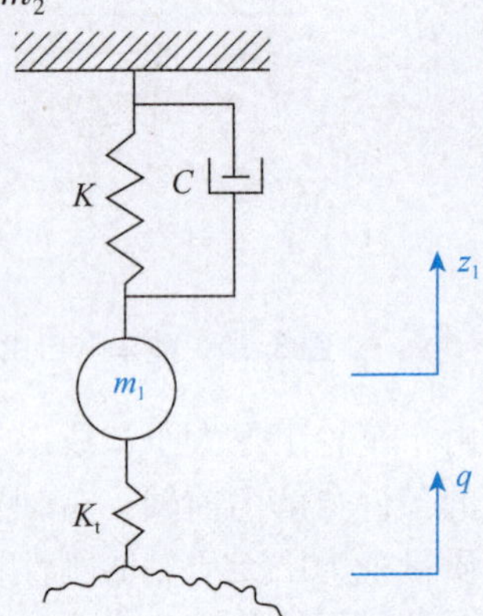

图 5.13　车轮部分单质量系统

运动方程可简化为

$$m_1\ddot{z}_1+C\dot{z}_1+(K+K_t)z_1=K_tq \tag{5.17}$$

将复振幅代入上式，可得幅频特性为

$$|z_1/q|=\frac{K_t/(K_t+K)}{\sqrt{[1-(\omega/\omega_t)^2]^2+(2\zeta\omega/\omega_t)^2}} \tag{5.18}$$

此外，还可以得到车轮部分阻尼比为

$$\zeta=C/2\sqrt{(K+K_t)m_1} \tag{5.19}$$

将有关各复振幅代入式(5.14)，处理可得系统各传递函数，即

$$H(\mathrm{j}\omega)_{z_2\sim z_1}=\frac{z_2}{z_1}=\frac{\mathrm{j}\omega C+K}{-\omega^2m_2+K+\mathrm{j}\omega C}=\frac{A_1}{A_2} \tag{5.20}$$

$$H(\mathrm{j}\omega)_{z_1\sim q}=\frac{z_1}{q}=\frac{A_2K_t}{A_3A_2-A_1^2}=\frac{A_2K_t}{N} \tag{5.21}$$

$$H(\mathrm{j}\omega)_{z_2\sim q}=\frac{z_2}{q}=\frac{z_1z_1}{z_2q}=\frac{A_1A_2K_t}{A_2N}=\frac{A_1K_t}{N} \tag{5.22}$$

式中，$A_1=\mathrm{j}\omega C+K$，$A_2=-\omega^2m_2+\mathrm{j}\omega C+K$，$A_3=-\omega^2m_1+\mathrm{j}\omega C+K+K_t$，$N=A_3A_2-A_1^2$。

对传递函数分子分母分别进行复数运算，然后求模，可得幅频特性，即

$$|H(\mathrm{j}\omega)_{z_2\sim q}|=\left|\frac{z_2}{q}\right|=\left|\frac{z_2}{z_1}\right|\left|\frac{z_1}{q}\right|=\gamma\left[\frac{1+4\zeta^2\lambda^2}{(1-\lambda^2)^2+4\zeta^2\lambda^2}\right]^{\frac{1}{2}}\left[\frac{(1-\lambda^2)^2+4\zeta^2\lambda^2}{\Delta}\right]=\gamma\left[\frac{1+4\zeta^2\lambda^2}{\Delta}\right]^{\frac{1}{2}} \tag{5.23}$$

式中，$\gamma=K_t/K$，为刚度比；$\Delta=\left[(1-(\omega/\omega_0)^2)\left(1+\gamma-\frac{1}{\mu}(\omega/\omega)^2-1\right)\right]^2+4\zeta^2(\omega/\omega_0)^2\left[\gamma-\left(\frac{1}{\mu}+1\right)(\omega/\omega_0)^2\right]^2$；$\mu=m_2/m_1$，为质量比。

汽车行驶平顺性的三个评价指标的幅频特性如下。

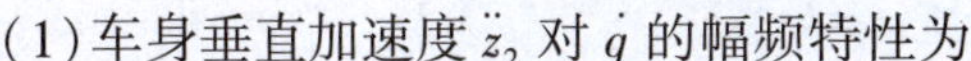

(1)车身垂直加速度 $\ddot{z}_2$ 对 $\dot{q}$ 的幅频特性为

$$|H(\mathrm{j}\omega)|_{\ddot{z}_2\sim\dot{q}}=\left|\frac{\ddot{z}_2}{\dot{q}}\right|=\omega\left|\frac{z_2}{q}\right|$$

代入式(5.22)，得

$$|H(\mathrm{j}\omega)|_{\ddot{z}_2\sim\dot{q}}=\left|\frac{\ddot{z}_2}{\dot{q}}\right|=\omega\gamma\left[\frac{1+4\zeta^2\lambda^2}{\Delta}\right]^{\frac{1}{2}} \tag{5.24}$$

(2)相对动载 F_d/G 对 $\dot{q}$ 的幅频特性。

车轮动载 $F_d=K_t(z_1-q)$，静载 $G=(m_1+m_2)g=m_1(\mu+1)g$。F_d/G 对 q 的频率响应函数为

$$|H(\mathrm{j}\omega)|_{F_d/G\sim\dot{q}}=\left|\frac{F_d}{G\dot{q}}\right|=\frac{\gamma\omega}{g}\left[\frac{\left(\frac{\lambda^2}{1+\mu}-1\right)^2+4\zeta^2\lambda^2}{\Delta}\right]^{\frac{1}{2}} \tag{5.25}$$

(3)悬架动挠度 f_d 对 $\dot{q}$ 的幅频特性为

$$|H(\mathrm{j}\omega)|_{f_d\sim\dot{q}}=\left|\frac{f_d}{\dot{q}}\right|=\frac{\gamma}{\omega}\lambda^2\left[\frac{1}{\Delta}\right]^{\frac{1}{2}} \tag{5.26}$$

5.2.2　悬架振动系统频域分析

频率域分析得到的频率特性虽然是一种稳态特性，但其不仅能反映振动系统的稳态性能，还可以用来研究振动系统的稳定性和瞬态性能。对轮边驱动系统电动车振动系统进行频域分析，主要分析振动系统参数和使用参数对振动系统的传递特性、幅频特性的影响，以及对振动响应均方根值的影响。

振动系统传递特性和幅频特性只与振动系统内部参数有关，因此需要分析轮边驱动电动车双质量系统车身部分质量比 μ、刚度比 γ、阻尼比 ζ 这 3 个参数对振动系统的传递特性 $|z_2/z_1|$、$|z_1/q|$、$|z_2/q|$ 和幅频特性 $|\ddot{z}_2/\dot{q}|$、$|F_d/G\dot{q}|$、$|f_d/\dot{q}|$ 的影响。仿真在 B 级路面、车速 $u=30$ m/s 的情况下进行。

在分析上述 3 个参数中的某个参数对振动系统的影响时，将其基准数值增大 100%(+6 dB)或减小 50%(−6 dB)，其余 2 个参数保持不变。分析时参数取值见表 5.1，本小节将对下列参数进行分析。

表 5.1　分析时参数取值

参数	质量比 μ	刚度比 γ	阻尼比 ζ
基准数值	10	9	0.23
+6 dB	20	18	0.46
−6 dB	5	4.5	0.12

(1)质量比 μ 对振动系统频率特性的影响。

在讨论质量比 μ 分别为 5、10、20 对振动系统频率特性的影响时，需要调整振动系统结构参数，只改变质量比。刚度比 γ、阻尼比 ζ、车身固有频率 ω_0 保持不变。质量比 $\mu=\frac{m_2}{m_1}$对非簧载质量 m_1、簧载质量 m_2 做出的调整，质量参数取值见表 5-2。

表 5-2 质量参数取值

质量比 μ	5	10	20
非簧载质量 m_1/kg	80	40	20
簧载质量 m_2/kg	400	400	400

分别应用以上参数进行仿真得到振动系统传递特性、振动系统幅频特性分别如图 5.14、图 5.15 所示。

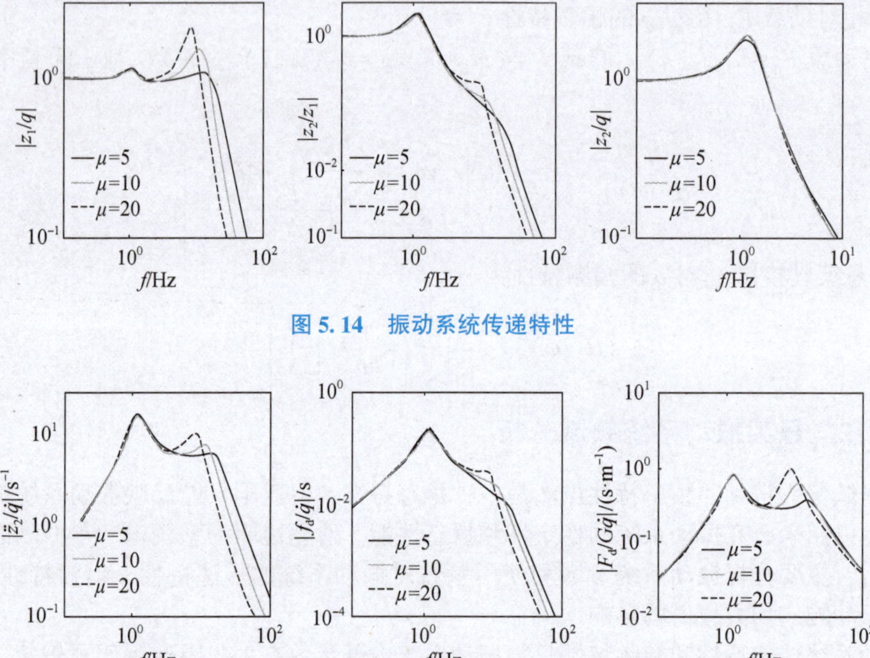

图 5.14 振动系统传递特性

图 5.15 振动系统幅频特性

由图可知，当簧载质量 m_2 一定时，质量比 μ 的改变相当于只改变非簧载质量 m_1，从而影响到车轮部分的参数：车轮部分固有频率 ω_t、车轮部分阻尼比 ζ_t。根据式(5.19)可见，车轮部分固有频率 ω_t 和车轮部分阻尼比 ζ_t 均增大。从图中可以看出，随着非簧载质量 m_1 增大(质量比 μ 减小)，低频共振峰值几乎重合，而在高频段，3 个响应量的幅频特性的高频共振峰向低频方向移动，峰值上升。此外，可以看出，随着质量比 μ 减小，即非簧载质量 m_1 相对增加，在高频段，$|z_1/q|$、$|z_2/q|$、$|\ddot{z}_2/\dot{q}|$、$|F_d/G\dot{q}|$幅值增加明显，车身及车轮相对路面位移输入跳动均比较大，车身垂直加速度、车轮动载增加明显，乘坐舒适性和车轮接地性降低，操控稳定性变差。

(2)刚度比 γ 对振动系统频率特性的影响。

令刚度比 γ 分别为 4.5、9、18，随着刚度比的增大，悬架和车轮的刚度将发生相应的改变，同时考虑到汽车结构，为了保证质量比 μ、阻尼比 ζ、车身部分固有频率 f_0 保持不变，非簧载质量 m_1 和簧载质量 m_2 也将随之调整。结构参数取值见表 5-3。

表 5-3 结构参数取值

刚度比 γ	4.5	9	18
悬架刚度 K/(N/m)	26 400	26 400	19 700

续表

刚度比 γ	4.5	9	18
车轮刚度 K_t/(N/m)	118 800	237 600	354 750
非簧载质量 m_1/kg	40	40	30
簧载质量 m_2/kg	400	400	300

依据以上参数进行仿真，刚度比 γ 的变化及传递特性、幅频特性分别如图 5.16、图 5.17 所示。

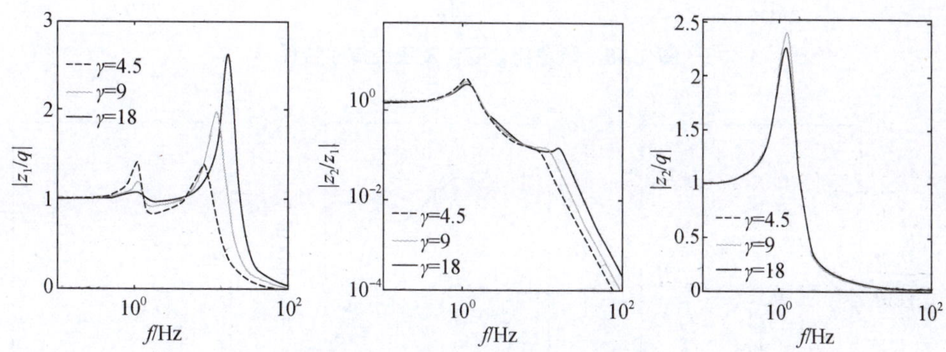

图 5.16　刚度比 γ 的变化及传递特性

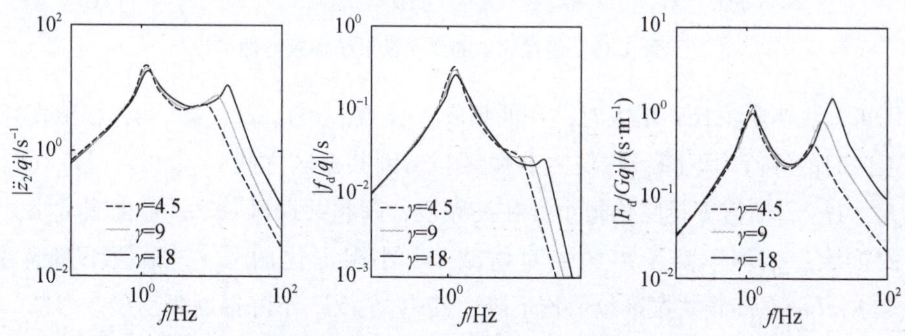

图 5.17　刚度比 γ 的变化及幅频特性

由图可知，当刚度比 γ 增大时，车轮刚度 K_t 也相应增大，车轮部分阻尼比 ζ_t 减小，车轮部分固有频率 ω_t 增大，高频共振峰值向右移动，共振峰值也随之增大，且 $|z_1/q|$、$|\ddot{z}_2/\dot{q}|$、$|F_d/G\dot{q}|$ 幅值增加显著。$|z_1/q|$ 和 $|F_d/G\dot{q}|$ 幅值的增加说明车轮部分跳动明显，行驶安全性降低。$|\ddot{z}_2/\dot{q}|$ 幅值的增加，说明行驶平顺性变差。由此可以得到，降低车轮刚度，即采用较软的车轮，不仅可以改善行驶平顺性，而且可以提高车轮与地面之间的附着性能，有利于操纵稳定性的提高。

(3)阻尼比 ζ 对振动系统频率特性的影响。

阻尼比 ζ 的改变引起悬架阻尼的变动，悬架阻尼参数取值见表 5.4，不同的阻尼比将影响振动系统传递特性和幅频特性，如图 5.18、图 5.19 所示。

表 5.4　悬架阻尼参数取值

阻尼比 ζ	0.115 4	0.230 7	0.461 4
悬架阻尼系数 C/(N·s/m)	750	1 500	3 000

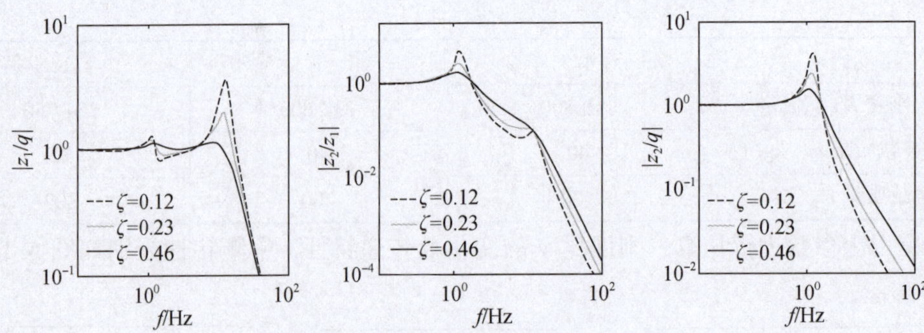

图 5.18　阻尼比 ζ 变化及系统传递特性

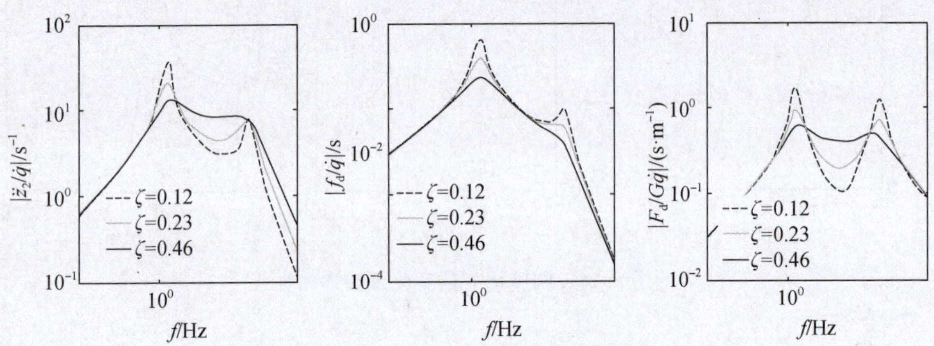

图 5.19　阻尼比 ζ 的变化及系统幅频特性

由图可知，当阻尼比 ζ 增大时，在低频段，$|\ddot{z}_2/\dot{q}|$、$|f_d/\dot{q}|$、$|F_d/G\dot{q}|$幅值在频率达到低频共振区时的峰值均下降；在低频共振区与高频共振区之间，$|\ddot{z}_2/\dot{q}|$、$|F_d/G\dot{q}|$二者幅值均增大，$|f_d/\dot{q}|$幅值复制变化很小；在高频段，高频共振区$|\ddot{z}_2/\dot{q}|$变化非常小。随着阻尼比 ζ 的增大，幅值下降斜率的绝对值减小，小阻尼比的$|\ddot{z}_2/\dot{q}|$幅值下降速度更快；$|f_d/\dot{q}|$、$|F_d/G\dot{q}|$在高频共振区幅值均下降，其中$|F_d/G\dot{q}|$下降幅度更明显。

通过降低低频和高频共振峰值，减少大幅振动和高频抖动，是提升平顺性的关键手段。但要避免阻尼比过大导致系统刚性过强，否则可能因高频振动传递效率上升而牺牲舒适性，实际应用中需结合系统固有特性，选择最优阻尼比以平衡减振效果乘坐质感。

5.3　主动悬架控制技术应用

主动悬架控制理论涉及控制理论的各个领域，包括 PID 控制、模糊控制、线性二次最优控制、滑模控制和 MPC 等。控制策略的选择对于主动悬架的性能有重大影响，只有选择合适的控制策略用于主动悬架控制，才能更好地改善悬架性能。

下面介绍几种控制策略在主动悬架上的应用实现。

5.3.1　基于 PID 控制技术的主动悬架控制器设计

以经典控制理论为基础的 PID 控制，不需要立即建立被控对象的数学模型，只需要根据经验对调节器参数进行在线调节，即可获得较满意的结果。PID 控制主要分为查表法变参数 PID 控制和模糊 PID 控制。PID 控制的不足之处是对被控对象的参数比较敏感，因此研究查表法变参数 PID 控制和模糊 PID 控制在主动悬架控制系统中的应用具有一定价值。

如果把整车作为研究对象，即使简单化后的汽车模型依然十分复杂。因此，假设汽车在行驶时，4 个车轮受力均匀，以其中 1 个轮子的受力情况作为研究对象。二自由度汽车主动悬架模型如图 5.20 所示。

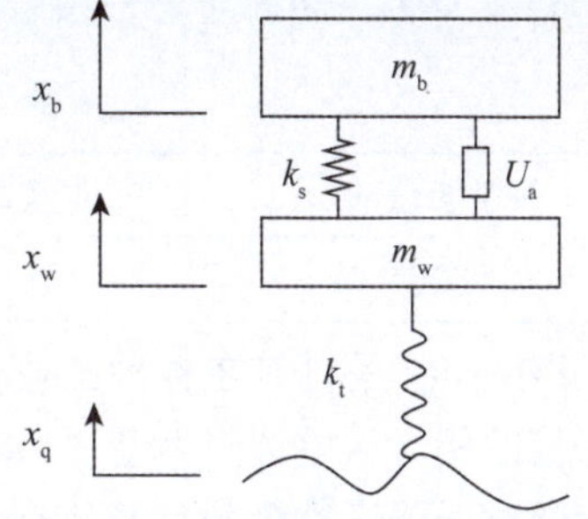

图 5.20　二自由度汽车主动悬架模型

由牛顿第二定律可建立汽车的微分方程，即

$$\begin{cases} m_b\ddot{x}_b = U_a - k_s(x_b - x_w) \\ m_w\ddot{x}_w = -U_a + k_s(x_b - x_w) - k_t(x_w - x_q) \end{cases} \tag{5.27}$$

式中，m_b 为簧载质量；m_w 为非簧载质量；k_s 为振动模型中悬架的弹簧刚度；k_t 为车轮等效刚度；x_b 为振动系统中簧载质量的质心垂直位移；x_w 为振动系统中非簧载质量车轮的垂直位移；$\dot{x}_b$ 为振动系统中簧载质量质心垂直速度；$\dot{x}_w$ 为振动系统中非簧载质量车轮垂直速度；$\ddot{x}_b$ 为振动系统中簧载质量质心垂向加速度；$\ddot{x}_w$ 为振动系统中非簧载质量车轮的垂向加速度；x_q 为振动系统中路面的垂直输入激励；U_a 为振动系统中的主动控制力。

选取的状态向量为

$$\boldsymbol{X} = [\dot{x}_b \quad \dot{x}_w \quad x_b \quad x_w \quad x_q]$$

汽车动力学模型状态空间系统方程为

$$\begin{cases} \dot{\boldsymbol{x}} = \boldsymbol{AX} + \boldsymbol{BU} + \boldsymbol{FW} \\ \boldsymbol{Y} = \boldsymbol{CX} + \boldsymbol{DU} \end{cases} \tag{5.28}$$

式中，$\boldsymbol{U} = [U_a]$；$\boldsymbol{W} = [w(t)]$，$w(t)$为均值为 0 且功率谱是 1 的白噪声；$\boldsymbol{D}$ 为 4×2 的全零矩阵；$\boldsymbol{B} = \begin{bmatrix} \frac{1}{m_b} & \frac{-1}{m_w} & 0 & 0 & 0 \end{bmatrix}^T$；$\boldsymbol{C} = \begin{bmatrix} 1 & 0 & 0 & 0 & 0 \\ 0 & 0 & 1 & 0 & 0 \\ 0 & 0 & 0 & 1 & 0 \\ 0 & 0 & 0 & 0 & 1 \end{bmatrix}$；

$$\boldsymbol{A} = \begin{bmatrix} 0 & 0 & -\frac{k_s}{m_b} & \frac{k_s}{m_b} & 0 \\ 0 & 0 & \frac{k_s}{m_w} & \frac{-k_t-k_s}{m_w} & \frac{k_t}{m_w} \\ 1 & 0 & 0 & 0 & 0 \\ 0 & 1 & 0 & 0 & 0 \\ 0 & 0 & 0 & 0 & -2\pi f_0 \end{bmatrix}；\boldsymbol{F} = \begin{bmatrix} 0 & 0 & 0 & 0 & 2\pi\sqrt{G_0 u} \end{bmatrix}^T。$$

据式(5.28)所列状态方程在 Simulink 中创建出主动悬架的仿真模型，如图 5.21 所示。

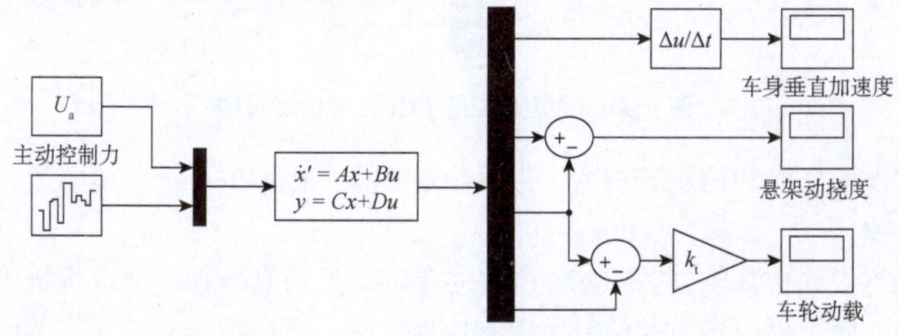

图 5.21　主动悬架的仿真模型

对建立的主动悬架汽车仿真模型进行参数设置，某轿车后悬架单轮模型参数见表 5.5。

表 5.5 某轿车后悬架单轮模型参数

簧载质量/kg	非簧载质量/kg	悬架刚度/(kN/m)	车轮刚度/(kN/m)
320	40	20	200

PID 控制是目前在各种工业控制领域中应用较为常见的闭环控制器。系统的参考值与实际值的相对误差通过测量、比较，然后输送到控制器中，经由比例、积分、微分 3 个控制参数对误差进行重新运算组合，从而产生对被控系统的主动控制力。PID 控制器的控制规律为

$$U_a(t)=K\left[e(t)+\frac{1}{T_i}\int_0^t e(t)\,dt+T_d\frac{de(t)}{dt}\right] \tag{5-29}$$

式中，$e(t)$为控制器的输入信号；K为比例调节系数；T_i为积分时间常数；T_d为微分时间常数。

PID 控制器在确定参数时，通常使用试凑法来确定其 3 个参数。试凑法的 3 个参数整定的具体步骤：首先整定比例增益；然后加入积分作用；最后加入微分作用，从而确定微分系数。

此次对主动悬架 PID 控制的研究中，PID 控制器的控制目标为车身系统的垂直加速度，将通过仿真得到的实际值和参考值之差输入到 PID 控制器中进行比例、积分、微分运算，由于参考值尽可能小，所以设置为 0，期望车体的质心垂向加速度无限接近于 0，将可调阻尼力作为 PID 控制的控制量。在 Simulink 中创建主动悬架的 PID 控制仿真模型，如图 5.22 所示。

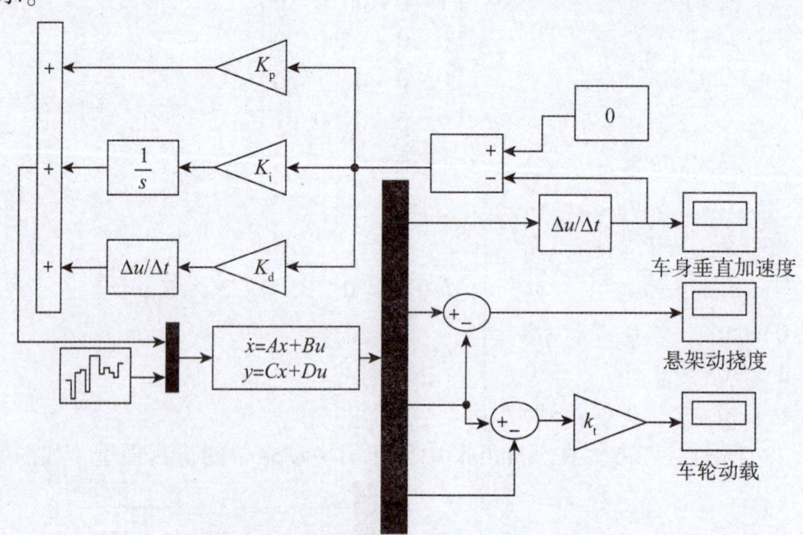

图 5.22 主动悬架的 PID 控制仿真模型

在通过多次的实验和仿真分析后，最后确定 PID 控制器的 3 个具体参数分别为 $K=25$，$T_i=2$，$T_d=0.03$。

此外，也可以在仿真软件 AMESim 中建立主动悬架仿真模型。选取机械库中的质量模块、弹簧模块、阻尼器模块以及信号库中的信号元件，然后根据表 5.5 中的模型参数及图 5.20 所示的二自由度汽车主动悬架模型，搭建图 5.23 所示的主动悬架的仿真模型。其中，

接口块通过 AMESim 的软件交互接口调出，并进行相应设置。

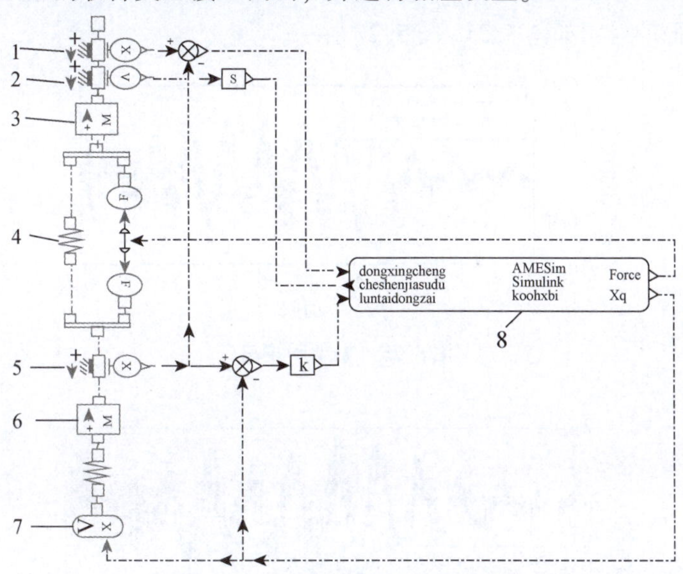

图 5.23　主动悬架的仿真模型

1—位移传感器；2—速度传感器；3—簧载质量；4—悬架弹簧；5—位移传感器；6—非簧载质量；7—线速度位移计算；8—接口块

根据图 5.23 中搭建的主动悬架的仿真模型，将此模型通过 Simulink 的 S-Function 函数导出，并加入 PID 控制，选取与前文相同的比例、积分、微分参数，联合仿真控制模型如图 5.24 所示。AMESim 中搭建的模型和 Simulink 中搭建的模型在仿真的过程中可以相互交换之前设定好的参数，前者将模型运行的实时参数输入到后者搭建的模型中，后者的控制模型则根据前者输入的实时参数得出理想控制力，然后将理想控制力输入到 AMESim 中，最后通过将作动器的实际控制力与理想控制力进行闭环控制，并输入到 AMESim 中，从而使汽车的行驶平顺性和操纵稳定性能够处于最佳运行状态。悬架的动行程即是悬架的动挠度。

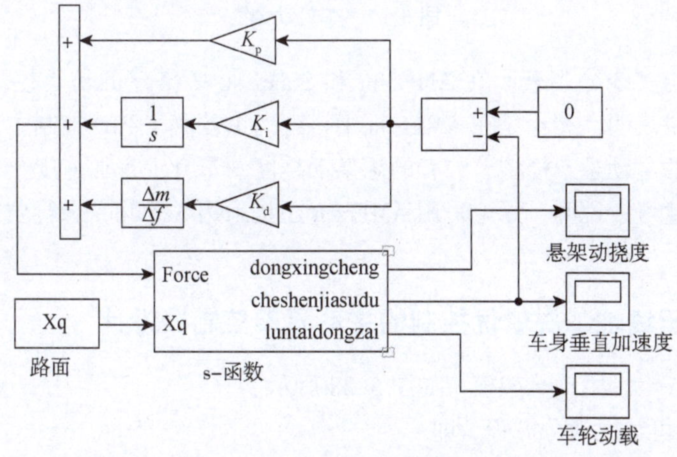

图 5.24　联合仿真控制模型

设置车速为 $u=20$ m/s，在 B 级路面工况下，仿真时间设置为 10 s。对于汽车悬架系统来说，其性能的优劣可用车身垂向加速度、车身动行程和车轮动载这 3 项指标来判断。

在 AMESim 与 Simulink 中搭建的1/4 汽车 PID 控制主动悬架在悬架动挠度、车身垂直加速度和车轮动载方面的对比如图 5.25~图 5.27 所示。

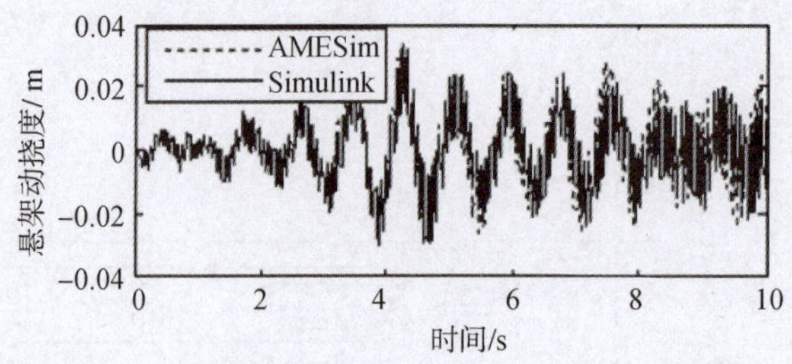

图 5.25　悬架动挠度

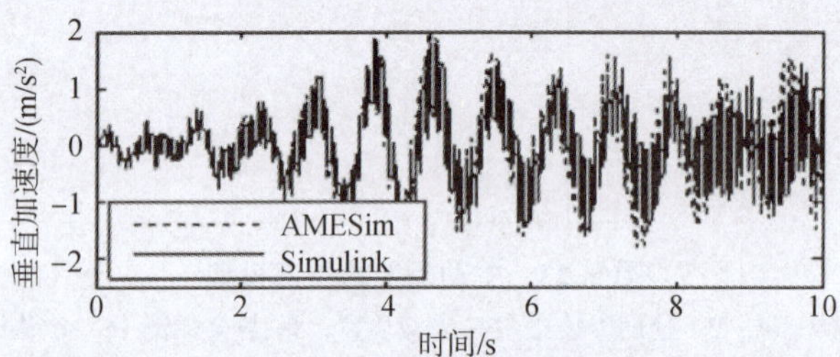

图 5.26　车身垂直加速度

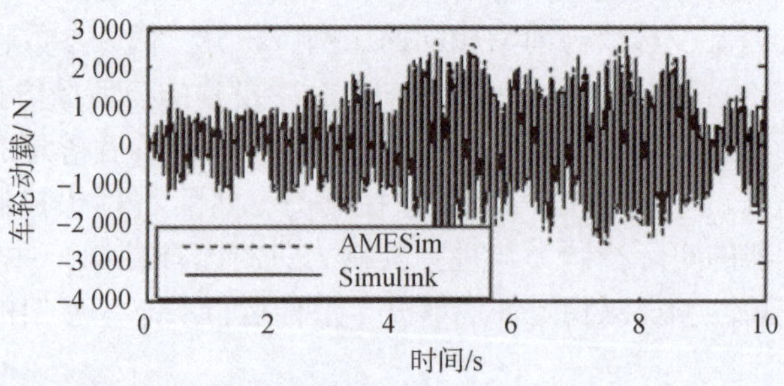

图 5.27　车轮动载

图中的虚线与实线分别表示在 AMESim 和 Simulink 中搭建的仿真模型得到的仿真曲线。仿真曲线结果表明，无论是在 AMESim 中搭建的1/4 汽车 PID 控制主动悬架模型还是在 Simulink 搭建的主动悬架模型，二者的悬架动挠度、车身垂直加速度及车轮动载曲线基本完全吻合。由此可以说明，无论采用 AMESim 还是采用 Simulink 进行仿真，最终的仿真结果是一样的。

5.3.2　基于线性二次最优控制的主动悬架控制器设计

二自由度1/4 汽车主动悬架模型如图 5.28 所示。

根据图 5.28 可建立微分方程，即

$$\begin{cases} m_s\ddot{z}_s = k_s(z_w - z_s) + c_s(\dot{z}_w - \dot{z}_s) + F_{uc} \\ m_w\ddot{z}_w = k_w(q - z_w) - k_s(z_w - z_s) - c_s(\dot{z}_w - \dot{z}_s) - F_{uc} \end{cases} \tag{5.30}$$

选取悬架动挠度、车身垂直速度、车轮动变形、车轮轴垂直速度为系统状态变量，

即 $X=\left[z_{sw} \quad \dot{z}_s \quad z_{qw} \quad \dot{z}_w\right]^T$，选取车身垂直加速度、悬架动挠度、车轮动载为系统输出，即$Y=\left[\ddot{z}_s \quad z_{sw} \quad k_w z_{qw}\right]^T$

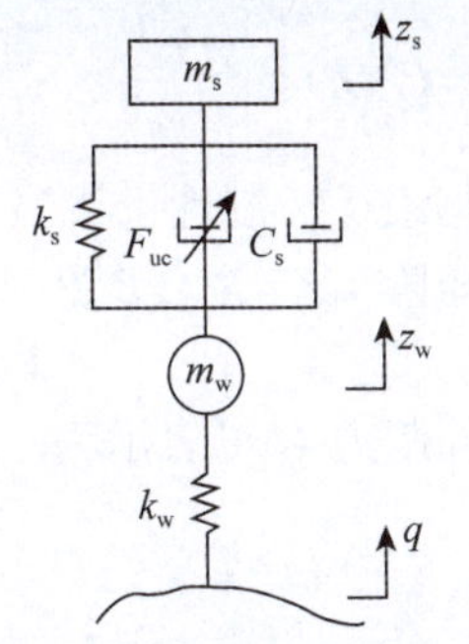

图 5.28　二自由度 1/4 汽车主动悬架模型

建立状态空间表达式：

$$\begin{cases}\dot{X}=AX+BU+EW\\ Y=CX+DU\end{cases} \tag{5.31}$$

式中，$A=\begin{bmatrix}0 & 1 & 0 & -1\\ -\frac{k_s}{m_s} & -\frac{c_s}{m_s} & 0 & \frac{c_s}{m_s}\\ 0 & 0 & 0 & -1\\ \frac{k_s}{m_w} & \frac{c_s}{m_w} & \frac{k_w}{m_w} & -\frac{c_s}{m_w}\end{bmatrix}$；$B=\begin{bmatrix}0\\ \frac{1}{m_s}\\ 0\\ -\frac{1}{m_w}\end{bmatrix}$；$C=$ $\begin{bmatrix}-\frac{k_s}{m_s} & -\frac{c_s}{m_s} & 0 & \frac{c_s}{m_s}\\ 1 & 0 & 0 & 0\\ 0 & 0 & k_w & 0\end{bmatrix}$；$D=\begin{bmatrix}\frac{1}{m_s} & 0 & 0\end{bmatrix}^T$；$U=[F_{uc}]$；$W=[\dot{q}]$；$E=[0 \quad 0 \quad 1 \quad 0]^T$。

主动悬架采用最优反馈控制的方法，即在系统参数和初始条件下，寻找最优控制力 U，使其性能指标达到最优。选取 4 个性能指标，即车身垂直加速度、悬架动挠度、车轮动载和最优控制力，则对性能指标构造代价函数可用积分表示为

$$J=\int_0^{\infty}\left[q_1\ddot{z}_s^2+q_2 z_{sw}^2+q_3(k_w z_{qw})^2+rU^2\right]\mathrm{d}t \tag{5.32}$$

式中，q_1、q_2、q_3、r 为各性能指标的权重系数。(式 5.32)也可表示为

$$J=\int_0^{\infty}(Y^TQY+U^TRU)\,\mathrm{d}t \tag{5.33}$$

式中，$Q=\begin{bmatrix}q_1 & 0 & 0\\ 0 & q_2 & 0\\ 0 & 0 & q_3\end{bmatrix}$；$R=[r]$。

将式(5.31)中的 $Y=CX+DU$ 代入式(5.33)，可得：

$$\begin{aligned}J&=\int_0^{\infty}\left[(CX+DU)^TQ(CX+DU)+U^TRU\right]\mathrm{d}t\\ &=\int_0^{\infty}(X^TQ_dX+U^TR_dU+2X^TN_dU)\,\mathrm{d}t\end{aligned} \tag{5.34}$$

式中，$Q_d=C^TQC=\begin{bmatrix}\frac{q_1k_s^2}{m_s^2}+q_2 & \frac{q_1k_sc_s}{m_s^2} & 0 & -\frac{q_1k_sc_s}{m_s^2}\\ \frac{q_1k_sc_s}{m_s^2} & \frac{q_1c_s^2}{m_s^2} & 0 & -\frac{q_1c_s^2}{m_s^2}\\ 0 & 0 & q_3k_s^2 & 0\\ -\frac{q_1k_sc_s}{m_s^2} & -\frac{q_1c_s^2}{m_s^2} & 0 & \frac{q_1c_s^2}{m_s^2}\end{bmatrix}$；$R_d=\frac{q_1}{m_s^2}+r$；

$$N_d = C^T QD = \left[-\frac{q_1 k_s}{m_s^2} \quad -\frac{q_1 c_s}{m_s^2} \quad 0 \quad \frac{q_1 c_s}{m_s^2} \right]^T。$$

根据最优控制理论，当 $\boldsymbol{U}=-\boldsymbol{KX}$ 时，由性能指标构成的代价函数 $\boldsymbol{J}$ 最小，$\boldsymbol{K}$ 为最优反馈增益矩阵，$\boldsymbol{K}=\boldsymbol{R}^{-1}(\boldsymbol{B}^T\boldsymbol{P}+\boldsymbol{N})$。其中，$\boldsymbol{P}$ 可通过解 Riccati 方程得到，即

$$\boldsymbol{PA}+\boldsymbol{A}^T\boldsymbol{P}-(\boldsymbol{PB}+\boldsymbol{N})\boldsymbol{R}^{-1}(\boldsymbol{B}^T\boldsymbol{P}+\boldsymbol{N}^T)+\boldsymbol{Q}=0$$

则控制力 $\boldsymbol{U}$ 可表示为

$$\boldsymbol{U}=-\boldsymbol{KX}=-[k_1 \quad k_2 \quad k_3 \quad k_4]\begin{bmatrix} x_{bw} \\ \dot{x}_b \\ x_{qw} \\ \dot{x}_w \end{bmatrix}=-(k_1 x_{bw}+k_2 \dot{x}_b+k_3 x_{qw}+k_4 \dot{x}_w) \tag{5.35}$$

带有反馈控制的半主动悬架系统状态空间方程为

$$\begin{aligned} \dot{\boldsymbol{X}} &= \boldsymbol{A}_1\boldsymbol{X}+\boldsymbol{EW} \\ \boldsymbol{Y} &= \boldsymbol{C}_1\boldsymbol{X} \end{aligned} \tag{5.36}$$

式中，$\boldsymbol{A}_1=\begin{bmatrix} 0 & 1 & 0 & -1 \\ -\frac{k_s+k_1}{m_s} & -\frac{c_s+k_2}{m_s} & -\frac{k_3}{m_s} & \frac{c_s-k_4}{m_s} \\ 0 & 0 & 0 & -1 \\ \frac{k_s+k_1}{m_w} & \frac{c_s+k_2}{m_w} & \frac{k_w+k_3}{m_w} & \frac{k_4-c_s}{m_w} \end{bmatrix}$；$\boldsymbol{C}_1=\begin{bmatrix} -\frac{k_s+k_1}{m_s} & -\frac{c_s+k_2}{m_s} & -\frac{k_3}{m_s} & \frac{c_s-k_4}{m_s} \\ 1 & 0 & 0 & 0 \\ 0 & 0 & k_w & 0 \end{bmatrix}$。

路面输入的数学模型如式(5-10)。在 MATLAB 中编写程序求 k 值，仿真参数见表 5.6。

表 5.6 仿真参数

悬挂质量/kg	非悬挂质量/kg	悬架刚度/(N/m)	悬架不变阻尼系数/(N·s/m)
280	50	19 000	1 400
车轮刚度/(N/m)	下截止频率/Hz	路面不平度系数	仿真时间/s
180 000	0.07	5×10^{-6}	10

在 MATLAB 命令窗口中输入以下程序。

```
ms=280;mw=50;ks=19000;Cs=1400;kw=180000;                %汽车参数赋值
q1=30000000;q2=4000000;q3=200;q4=1;                     %设置权重系数
A=[0 1 0 -1;-ks/ms -Cs/ms 0 Cs/ms;0 0 0 -1;ks/mw        %计算A矩阵
Cs/mw kw/mw -Cs/mw];
B=[0 1/ms 0 -1/mw]';                                    %计算B矩阵并转置
E=[0 0 1 0]'                                            %计算E矩阵并转置
C=[-ks/ms -Cs/ms 0 Cs/ms;1 0 0 0;0 0 kw 0];             %计算C矩阵
D=[1/ms 0 0];
Qd=[q1*ks^2/(ms^2)+q2 q1*ks*Cs/(ms^2) 0                 %计算Qd
-q1*ks*Cs/(ms^2)
q1*ks*Cs/(ms^2) q1*Cs^2/(ms^2) 0 -q1*Cs^2/(ms^2)
0 0 q3*ks^2 0
-q1*ks*Cs/(ms^2) -q1*Cs^2/(ms^2) 0 q1*Cs^2/(ms^2)];
Rd=q4+q1/(ms^2);                                        %计算Rd
```

```
Nd=[-q1*ks/(ms^2)-q1*Cs/(ms^2)0 -q1*Cs/(ms^2)]' ; %计算 Nd
[K,S,E]=lqr(A,B,Qd,Rd,Nd)                          %解黎卡提方程
```

输入程序，单击运行按钮，就会得到汽车主动悬架最优控制参数，即 $k_1=-18\,024.61$，$k_2=-675.99$，$k_3=196.44$，$k_4=1\,160.70$。

```
k1=-18024.61;k2=-675.99;k3=196.44;k4=1160.70;        %设置最优控制参数
A1=[0 1 0 -1;-(ks+k1)/ms-(Cs+k2)/ms-k3/ms            %计算 A1 矩阵
(Cs-k4)/ms;0 0 0 -1;(ks+k1)/mw (Cs+k2)/mw
(kw+k3)/mw (-Cs+k4)/mw];
C1=[-(ks+k1)/ms-(Cs+k2/ms 0 Cs/ms;1 0 0 0;0 0 kw 0]; %计算 C1 矩阵并转置
u=16.67;                                             %设置车速
f0=0.07;
sq=0.000005;
```

在 Simulink 中建立主、被动悬架模型，如图 5.29 所示。被动悬架与主动悬架对比如图 5.30～图 5.32 所示。

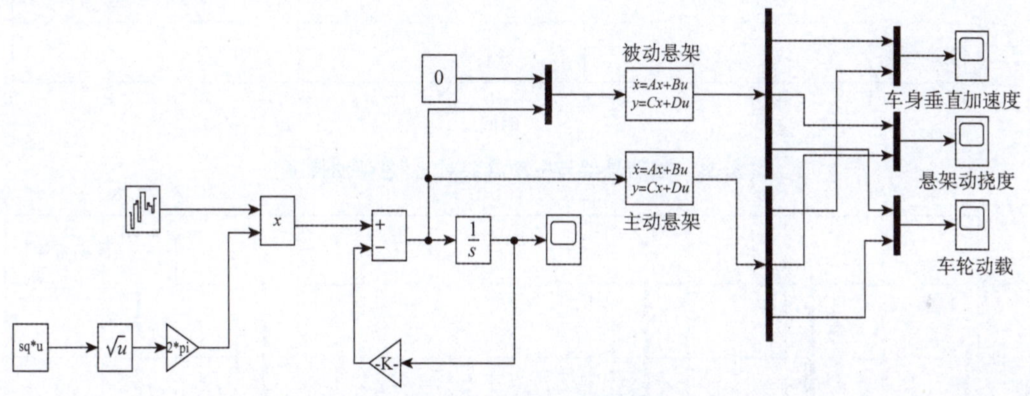

图 5.29　主、被动悬架模型

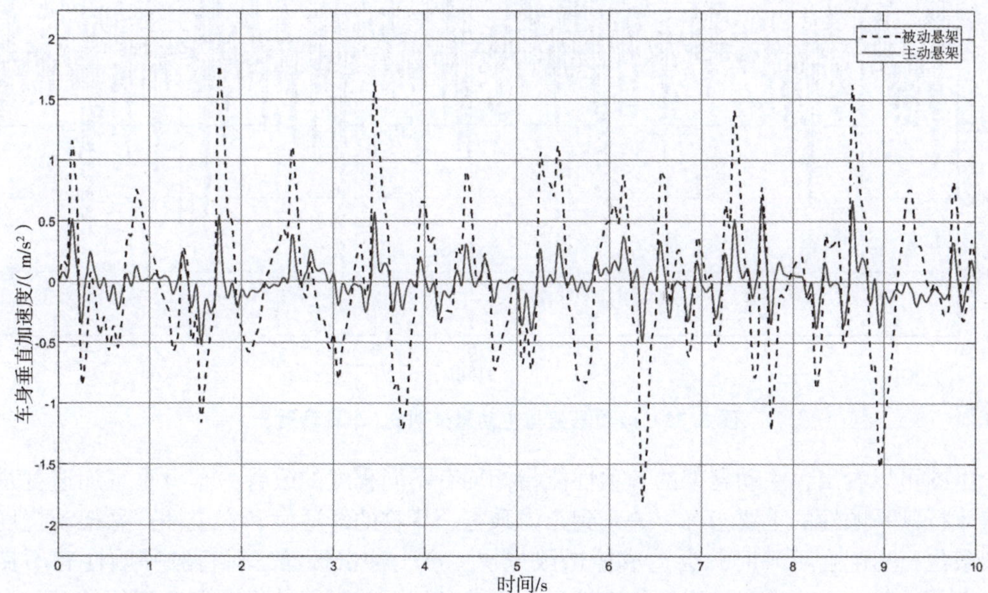

图 5.30　被动悬架与主动悬架对比(车身垂直加速度)

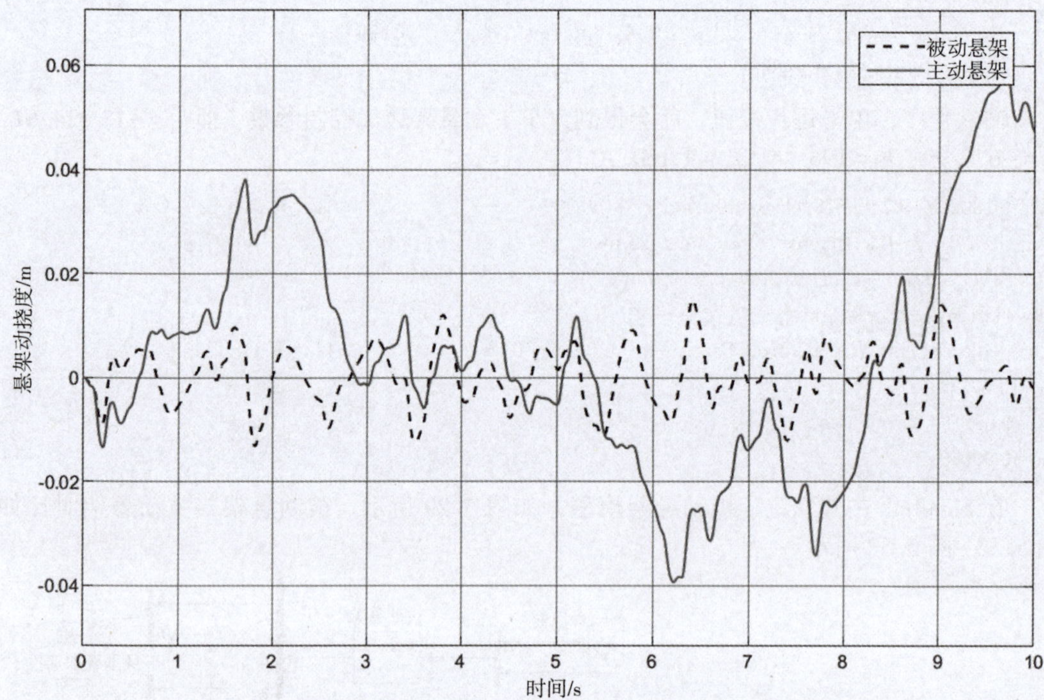

图 5.31　被动悬架与主动悬架对比（悬架动挠度）

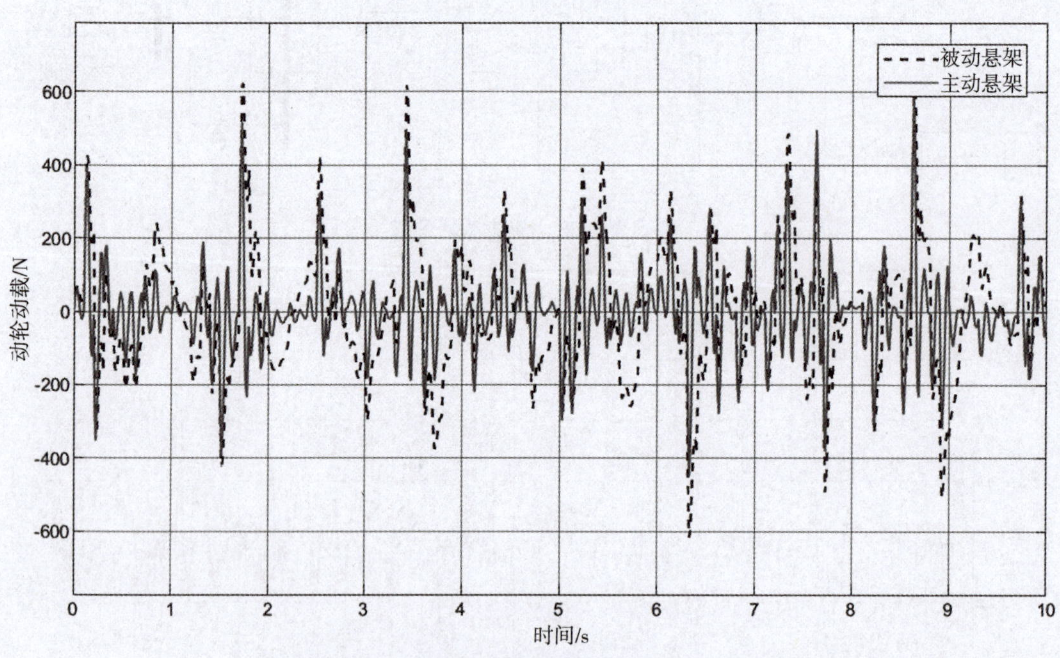

图 5.32　被动悬架与主动悬架对比（车轮动载）

由图可以看出，主动悬架的各项性能指标均有不同程度的改善；车身垂直加速度是评价汽车行驶平顺性的重要指标，关系到车内乘客、货物的舒适性和安全性；悬架动挠度与悬架限位行程配合不好时，会造成撞击限位块，产生冲击振动，对行驶平顺性有不良影响；车轮动载关系到汽车的操纵稳定性，与车轮和地面的附着效果有着密切的关系。在本次主动悬架最优控制优化中，在保证舒适性的条件下，优先保证良好的操纵稳定性，因此可在图 5.32 中看出主动悬架相比被动悬架在车轮动载这一性能指标上有明显的改善。车身垂直加速度、悬架动挠度和车轮动载这 3 项性能指标是相互矛盾的，因此需要选择合适的权重系数矩阵 $\boldsymbol{Q}$ 和 $\boldsymbol{R}$，使这 3 项性能指标达到较好的折中效果。

5.3.3　基于模糊控制和滑模控制的主动悬架控制器设计

滑模控制设计较为简易，反应迅速，具有较强的自适应性。模糊控制可以减小滑模控制引起的抖振问题，使控制系统更加稳定。两种控制算法互相补充和优化，使主动悬架控制器可以得到较好的控制效果。

1. 滑模控制器设计

选择等速趋近律作为设计的滑模控制律，表达式为

$$\dot{s}=-\varepsilon \operatorname{sgn}(s) \tag{5.37}$$

式中，ε 表示到达切换面的速度，ε 的大小对滑模控制的稳定有直接的影响，若 ε 取值较小，则趋近切换面的速度较慢；若 ε 取值较大，则到达切换面的速度较快，速度较快时就容易产生抖振问题，影响稳定性。

假定滑模控制可以通过理想的开关特性来实现转换，同时设定控制系统的运动轨迹被限制在某一 Δ 的滑动模式范围之内，可彻底解决或消减抖振的问题。实际操作步骤是采用饱和函数 sat(s)取代符号函数 sgn(s)，即

$$\operatorname{sat}(s)=\begin{cases}1 & s>\Delta \\ s/\Delta & |s|\leqslant\Delta \\ -1 & s<-\Delta\end{cases} \tag{5.38}$$

式中，Δ 为边界层，取 Δ 的值为 0.02。

当控制信号唯一输入时，滑模切换函数为

$$s(x)=\boldsymbol{C}^{\mathrm{T}}\boldsymbol{X}=\begin{bmatrix}c_1 & c_2 & \cdots & c_n\end{bmatrix}\begin{bmatrix}x_1\\x_2\\\vdots\\x_n\end{bmatrix}=\sum_{i=1}^{n}c_i x_i \tag{5.39}$$

式中，$\boldsymbol{X}$ 为状态向量；c_1，c_2，…，c_{n-1} 满足多项式 $p^{n-1}+c_{n-1}p^{n-2}+\cdots+c_2p+c_1$，$p$ 为拉普拉斯算子。

多个输入的控制系统的滑模面切换函数为

$$\boldsymbol{s}(x)=\boldsymbol{CX} \tag{5.40}$$

式中，$\boldsymbol{s}$ 为 m 维向量，$\boldsymbol{C}$ 为 $m\times n$ 的矩阵。

综合模式下，选取悬架动挠度为控制对象。

选取控制切换函数为

$$s=ce+\dot{e} \tag{5.41}$$

且

$$e=y-y_{\mathrm{d}} \tag{5.42}$$

$$y=x_{\mathrm{s}}-x_{\mathrm{t}} \tag{5.43}$$

式中，s 为滑模面切换函数；y 为悬架动挠度实际输出值；e 为悬架动挠度实际输出值与理想值的差值；y_{d} 为理想悬架动挠度。将式(5.42)求导得：

$$\dot{e}=\dot{x}_s-\dot{x}_t-\dot{y}_d \tag{5.44}$$

由式(5.41)求导得：

$$\dot{s}=c\dot{e}+\ddot{e} \tag{5.45}$$

式中

$$\ddot{e}=\ddot{x}_s-\ddot{x}_t-\ddot{y}_d \tag{5.46}$$

由式(5.44)、式(5.45)和式(5.46)得：

$$\begin{aligned}\dot{s}&=c(\dot{x}_s-\dot{x}_t-\dot{y}_d)+\ddot{x}_s-\ddot{x}_t-\ddot{y}_d\\&=c(\dot{x}_s-\dot{x}_t-\dot{y}_d)+\left[-\frac{c_s}{m_s}(\dot{x}_s-\dot{x}_t)-\frac{k_s}{m_s}(x_s-x_t)-\frac{U}{m_s}\right]-\\&\quad\left[\frac{c_s}{m_t}(\dot{x}_s-\dot{x}_t)+\frac{k_s}{m_t}(x_s-x_t)-\frac{k_t}{m_t}(x_t-x_r)+\frac{U}{m_t}\right]-\ddot{y}_d\end{aligned} \tag{5.47}$$

将式(5.37)、式(5.38)代入式(5.47)中可得到输出的阻尼力 u 为

$$\begin{aligned}u=\frac{m_s m_t}{m_t+m_s}\Bigg[&c(\dot{x}_s-\dot{x}_t)+\varepsilon sat(s)-\left(\frac{c_s}{m_s}+\frac{c_s}{m_t}\right)(\dot{x}_s-\dot{x}_t)-\\&\left(\frac{k_s}{m_s}+\frac{k_s}{m_t}\right)(x_s-x_t)+\frac{k_t}{m_t}(x_t-x_r)\Bigg]\end{aligned} \tag{5.48}$$

2. 滑模控制参数的模糊设计

为了避免因滑模控制而产生的不稳定、抖振等问题影响到整个系统控制过程中的平稳度与稳态性能，本节选择使用模糊控制策略来降低滑模控制对系统产生的抖振。使用模糊滑模控制器，由于开关切换控制增益 ε 的取值会影响悬架系统的稳定性，因此以滑模控制的滑模函数 s 和 $\dot{s}$ 作为输入，构建一个模糊滑模控制器的系统误差 e。通过对系统误差 e 的优化而调节参数 ε。这一优化方法旨在通过模糊控制来改善滑模控制的性能，从而提高主动悬架系统的稳定性。

模糊滑模控制器的结构如图 5.33 所示。

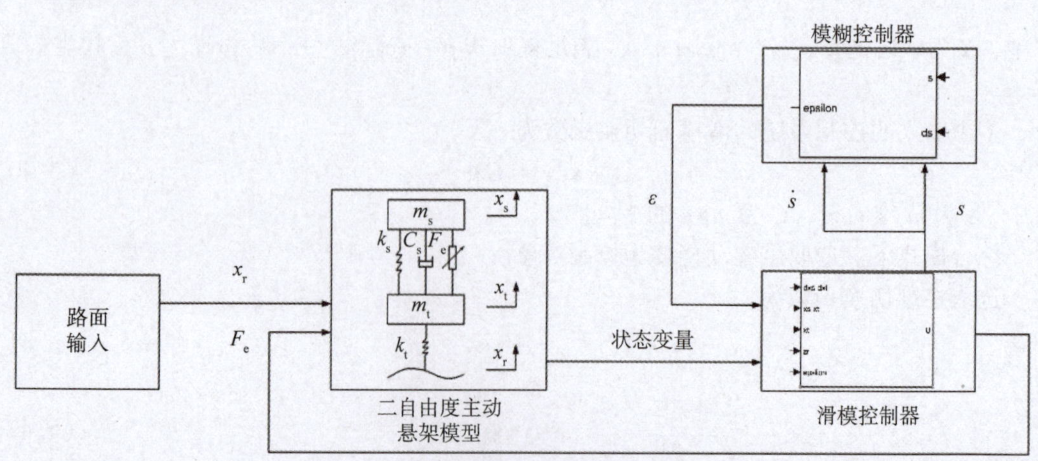

图 5.33　模糊滑模控制器的结构

以滑模函数 s 和 $\dot{s}$ 代替系统误差 e 和误差变化率 ec 作为输入量，开关切换控制增益 ε

代替输出量 u。将输入量 s、$\dot{s}$ 和输出量 ε 划分为负 PB、PM、PS、Z、NB、NM、NS 7 个不同的变量值。假设基本论域分别为$[-x_e, x_e]$、$[-x_{ec}, x_{ec}]$和$[-y_u, y_u]$，模糊子集论域为$\{e\}=\{ec\}=\{u\}=\{-3, -2, -1, 0, 1, 2, 3\}$。各模糊变量的三角形隶属函数如图 5.34 所示。

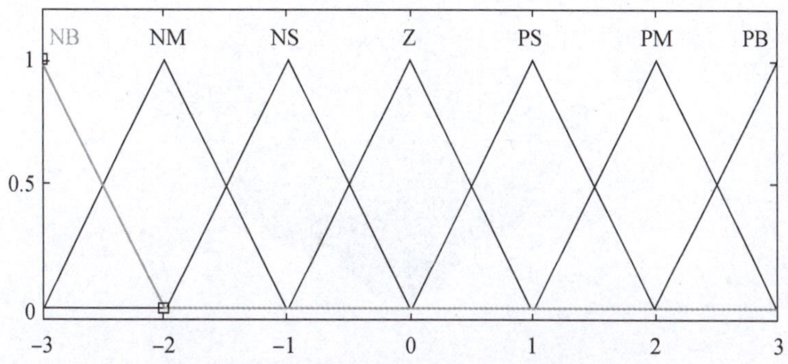

图 5.34 各模糊变量的三角形隶属函数

在模糊化和解模糊化处理时，利用量化因子和比例因子进行转化。量化因子 K_e、K_{ec} 和比例因子 K_u 为

$$K_e = 3/x_e \tag{5.49}$$

$$K_{ec} = 3/x_{ec} \tag{5.50}$$

$$K_u = y_u/3 \tag{5.51}$$

制定模糊规则时应符合以下标准：当输入的系统误差过大，应适度增加控制量，以便让系统更快地降低误差；若输入的系统误差较小，应选择适当的控制量，避免系统产生超调现象，并尽可能维持其稳定的运行状态。根据上述标准制定了模糊控制规则，见表 5.7。

表 5.7 模糊控制规则

输出量 u		误差变化率 ec						
		NB	NM	NS	Z	PS	PM	PB
系统误差 e	NB	NB	NB	NM	NM	NS	NS	Z
	NM	NB	NB	NM	NS	NS	NS	Z
	NS	NM	NM	NS	Z	Z	Z	Z
	Z	NM	NM	NS	Z	Z	PS	PS
	PS	NS	NS	Z	Z	PS	PS	PM
	PM	Z	PS	PS	PS	PS	PM	PB
	PB	PS	PS	PS	PM	PB	PB	PB

通过模糊推理得出的模糊量无法立即输出用于控制系统，必须先进行消除模糊化的操作以实现准确的结果。使用重心法来消除模糊性，数学表达式为

$$y = \frac{\int_a^b x m(x)\,\mathrm{d}x}{\int_a^b m(x)\,\mathrm{d}x} \tag{5.52}$$

式中，论域为 $x \in [a, b]$，隶属函数为 $m(x)$，去模糊化结果为 y。

根据模糊规则控制表和解模糊化方法，可以通过 3D 示意图来表达模糊规则，如图 5.35 所示。

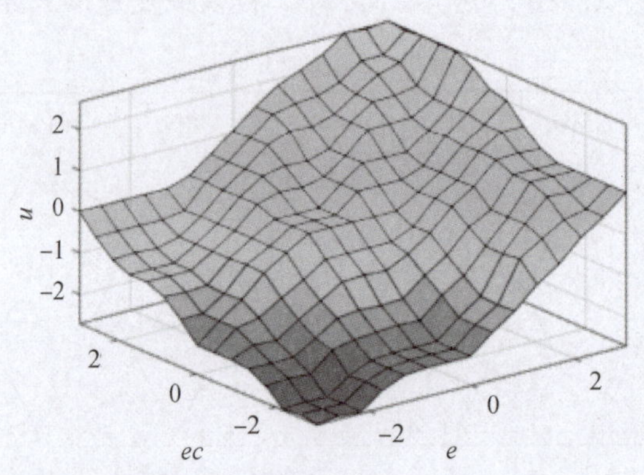

图 5.35　模糊规则(3D 示意图)

在 Simulink 环境中搭建的模糊控制仿真模型，如图 5.36 所示。

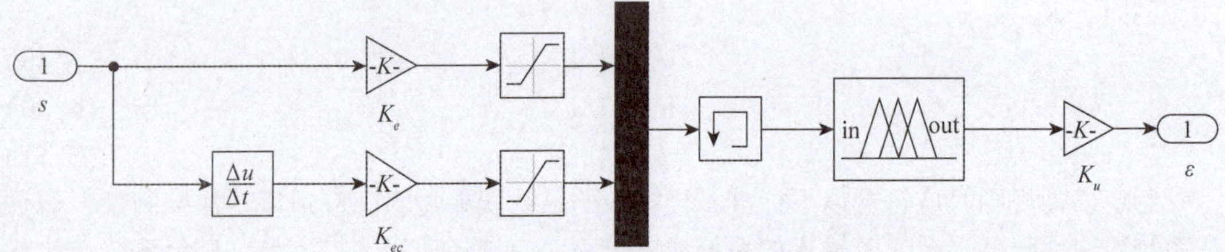

图 5.36　模糊控制仿真模型

为了验证主动悬架控制器的效果，在 Simulink 环境中搭建 1/4 主动悬架仿真模型。仿真时间设为 10 s，仿真步长设为 0.001 s，仿真车速设为 60 km/h，选择 C 级的路面，对所建立的模糊滑模控制算法进行仿真，通过悬架性能评价指标，评估悬架系统的控制效果。悬架动挠度对比、车轮动载对比和车身垂直加速度对比分别如图 5.37、图 5.38 和图 5.39 所示。

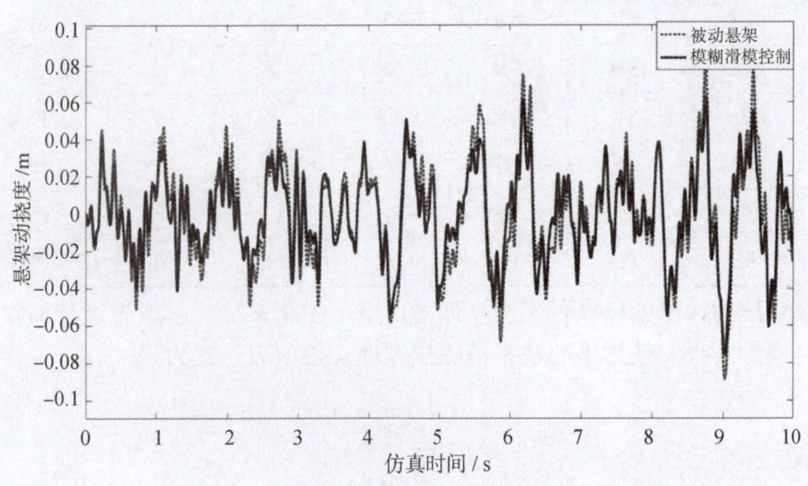

图 5.37　悬架动挠度对比

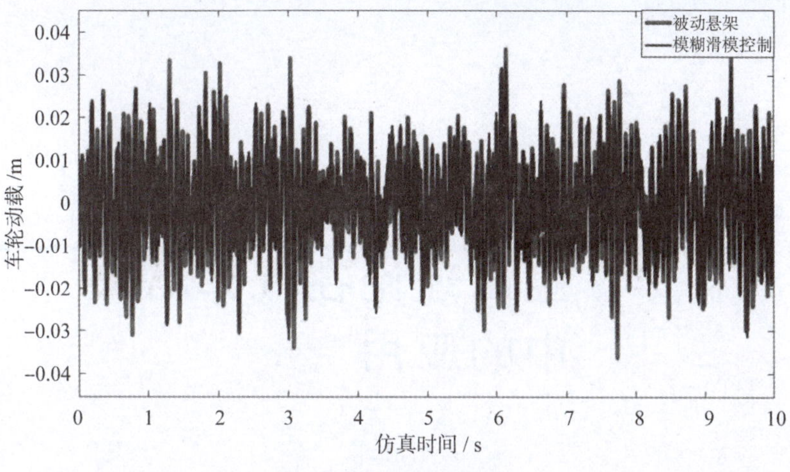

图 5.38　车轮动载对比

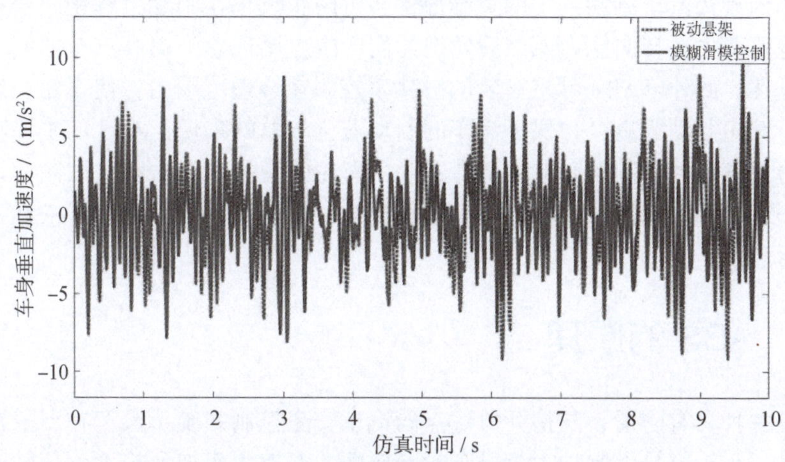

图 5.39　车身垂直加速度对比

通过以上仿真曲线数据结果，可以看到采用模糊滑模控制算法的主动悬架与被动悬架相比，所设计的主动悬架模糊滑模控制不仅能增强悬架动挠度、车轮动载，还能增强车身垂直加速度方面的性能。为了更详细地描述模糊滑模控制的效果，使用悬架评价指标的均方根值作为其性能的表达，见表 5.8。

表 5.8　悬架评价指标的均方根值对比

性能评价指标	被动悬架	模糊滑模控制
悬架动挠度/m	0.024 0	0.017 7
车轮动载/m	0.011 0	0.009 3
车身垂直加速度/(m/s^2)	3.218 7	2.823 5

由表 5.8 可知，所设计的主动悬架控制与被动悬架相比，其性能表现有显著的提升。在表中对应的性能评价指标，分别降低了 26.25%、15.45% 和 12.28%。进一步证实了该模糊滑模控制算法能有效地提高汽车的行驶平顺性和操纵稳定性。

第 6 章 控制理论在汽车 ABS 中的应用

ABS 作为现代汽车制动系统的关键部件，可防止汽车在制动过程中完全抱死，避免汽车因前轮抱死而失去转向能力或因后轮抱死而产生甩尾现象，提高汽车的制动方向稳定性和转向操纵性。此外，ABS 可将车轮的滑移率控制在合理范围内，使车轮与地面的附着系数充分大，缩短制动距离，并保证汽车的制动安全。总的来说，ABS 的主要功能为缩短制动距离；防止汽车转向制动时造成侧滑；改善车轮的磨损状态；防止因制动油管漏油造成制动完全失效的隔断功能；减轻制动踏板踩踏力，提升制动效果。本章主要对 ABS 的原理及应用进行介绍。

6.1 ABS 的原理

ABS 是一种具有防滑、防抱死等优点的汽车安全控制系统。汽车在湿滑路面上制动或紧急制动时，车轮容易因制动力超过车轮与地面的摩擦力而抱死拖滑，使转向轮无法提供更多的力，从而失去转向能力。如果在前轮未抱死的情况下发生后轮抱死拖滑，则会使汽车出现甩尾等不受驾驶员控制的危险现象。ABS 的出现解决了汽车在制动过程中的这些问题。

ABS 的基本原理是通过传感器检测汽车在制动过程中的制动状态，通过电子控制单元对汽车的轮速、参考车速、加速度以及滑移率等重要参数进行检测、计算、分析、比较，再根据得到的制动压力发出制动器保压、制动器增压和制动器减压的控制指令，通过控制制动压力达到控制汽车制动状态的目的，从而使汽车在制动的过程中保持最佳的制动状态，获得最佳的制动效果。

汽车制动时，最重要的就是制动距离，制动距离的长短取决于制动的减速度，制动减速度的大小由车轮与地面之间的附着力决定，而车轮与地面之间的附着力由车轮与地面之间的附着系数决定。车轮在汽车制动过程中产生的滑移率是对车轮与地面之间附着系数影响最大的因素。因此，理论上，以控制滑移率为控制目标的 ABS 控制方式是一种理想的方法。滑移率的表达式为

$$s=\frac{v-\omega R}{v}\times 100\% \tag{6.1}$$

式中，s 为滑移率(slip)；ω 为车轮转速，单位为 rad/s；v 为车速，单位为 m/s；R 为车轮

半径，单位为 m。

滑移率-附着系数关系曲线如图 6.1 所示。其中，最佳滑移率 s_0 大约为 20%。

当 $0<s<s_0$ 时，汽车处于稳定的制动状态，但此时汽车的制动效率不高，并没有充分利用车轮和地面的附着情况，因此在这个阶段需要进一步增大制动力矩，使车轮轮速更快地减小，以增大滑移率，使其趋于 s_0。

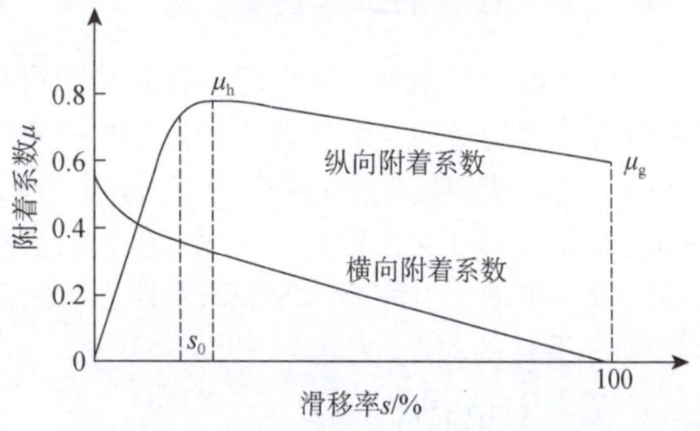

图 6.1　滑移率-附着系数关系曲线

当 $s_0<s<100\%$ 时，汽车处于不稳定的制动状态，说明制动过猛，需要减小制动力矩，使车轮轮速得以恢复，将滑移率回调到 s_0。

由图 6.1 可知，在最佳滑移率附近能同时保证较大的纵向附着系数和较大的横向附着系数，使汽车同时具有足够的纵向制动力和横向制动力，能够最有效地利用地面附着力，获得最大的制动效率，以最短时间或距离停车，并且能够更快地适应各种路面状况的变化，同时也保证被控制的制动力矩的变化幅度小，有效防止汽车制动时传动装置产生的振动，从而使汽车的行驶更加平稳。

以滑移率为控制目标的汽车 ABS 是通过连续控制的方式，使滑移率保持为 15%~20%，充分利用车轮与路面之间的附着能力，提高制动性能，缩短制动距离，同时又保持了较大的横向附着系数，提高了汽车的抗侧滑能力和转向能力，防止制动过程中出现侧滑、跑偏和甩尾的现象，保证制动时的安全性。

6.1.1　ABS 的结构

ABS 会因车型的不同而不同，因此其类型较多，但基本都包括轮速传感器、电子控制单元、液压调节器等部件，ABS 基本组成如图 6.2 所示。

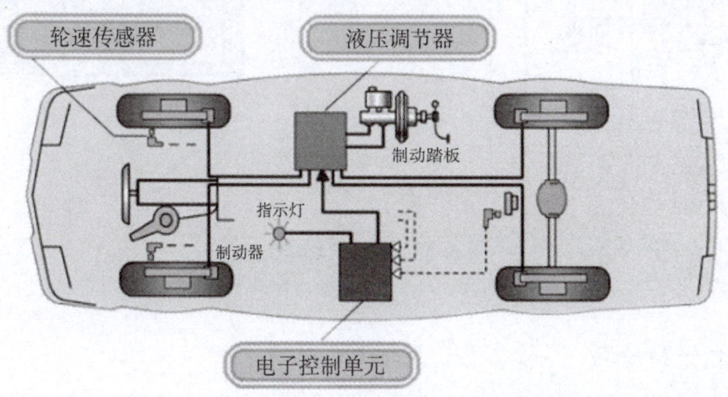

图 6.2　ABS 基本组成

轮速传感器将车轮转速、角加速度等信息转变为电信号，输送给电子控制单元，电子控制单元经过反运算，得出轮速、滑移率及角加速度等信息，并加以分析运算，将指令传送给液压调节器。然后液压调节器发出制动压力控制指令，对各个制动轮缸的制动压力进行调节，使其与地面的附着情况相适应，防止制动轮被抱死。此外，电子控制单元还设有监控单元可对各个部件的功能进行监测，一旦这些部件发生异常，报警装置将对驾驶员报警，并停止 ABS 整个的工作，此时汽车的制动系统将完全变成常规制动。

6.1.2　ABS 的工作过程

ABS 的电子控制单元根据轮速传感器的滑移率信号，调节制动器的制动压力，达到控制车轮滑移率的目的。液压调节器是 ABS 的执行机构，主要作用是接受来自电子控制单元的指令，直接或间接地控制制动压力的增、减，主要由电磁阀、液压泵和电动机等组成，可分为循环式和可变容积式。因此，典型的工程过程一般都包括常规制动阶段、制动压力保持阶段、制动压力减小阶段和制动压力增大阶段 4 个部分。因此，制动器制动压力的调节是 ABS 设计的重点。

1. 常规制动阶段

在常规制动阶段，电磁阀不工作。主缸与制动分泵直接相通。常规制动的过程如图 6.3 所示。ABS 不会介入汽车制动系统，ABS 调压电磁阀总成中的各个进液阀均因不通电而处于开启状态，同时各个出液阀均因不通电而处于关闭状态，液压调节装置也因不通电而处于关闭状态，制动主缸到各个制动轮缸之间的管路都处于畅通状态，而制动轮缸到出液罐之间的管路却全部处于关闭状态，因此制动轮缸的压力将会随制动主缸的输出压力的变化而变化。虽然是常规制动阶段，但是 ABS 的监控模块仍会持续监测轮速传感器输入的信号，以此为依据来判断是否有必要介入汽车制动系统。此外，如果 ABS 因监测到系统内部存在故障而被切断，则汽车也会进行常规制动。

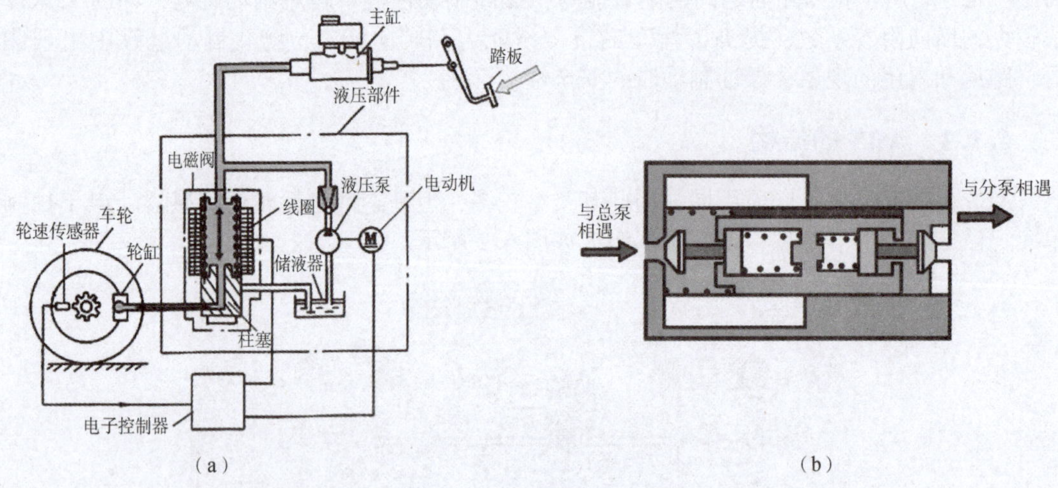

图 6.3　常规制动的过程

(a) 常规制动的过程；(b) 电磁阀常规制动及压力增大的位置

2. 制动压力保持阶段

当电子控制单元根据安装在车轮上的轮速传感器输入的信号计算分析后，判定车轮趋于抱死时，ABS 就会立即进入防抱死制动压力调节的状态。当制动踏板输入的力过大时，制动器输出的制动力矩将会大于车轮与地面之间的附着力，造成车轮趋于抱死，此时当 ABS 的电子控制单元根据轮速传感器输入的信号判定车轮趋于抱死时，则会输出指令，使电磁阀中的所有阀处于关闭状态，制动轮缸与制动主缸之间被隔断，制动液无法进入制动轮缸，防止制动轮缸压力继续增大。此时，制动轮缸的压力就会保持不变。制动压力保持的过程如图 6.4 所示。

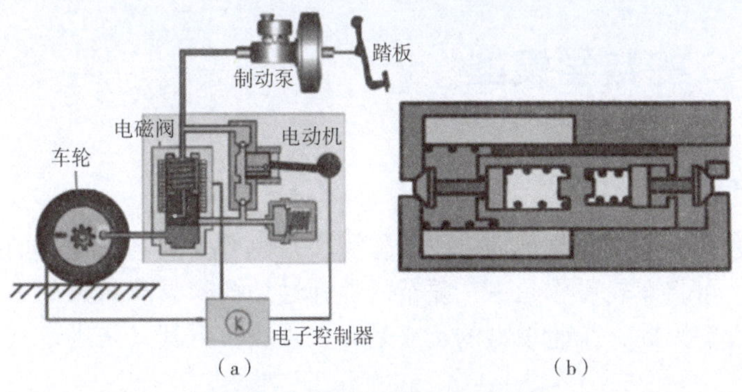

图 6.4　制动压力保持的过程

(a) 制动压力保持的过程；(b) 电磁阀压力保持的位置

3. 制动压力减小阶段

当制动轮缸内的制动压力处于保持阶段时，电子控制单元根据轮速传感器输入的信号计算分析，若判定该车轮仍然处于趋于抱死状态时，则会发出指令，使调压电磁阀总成中的出液阀通电开启，制动轮缸中的部分制动液经出液阀流回储液罐，此时制动轮缸的制动压力迅速减小。当电子控制单元对轮速传感器输入信号进行计算分析后，判定该车轮趋于抱死的状态消除时，就会发出指令，使出液阀断电关闭，制动压力减小阶段结束。制动压力减小的过程如图 6.5 所示。

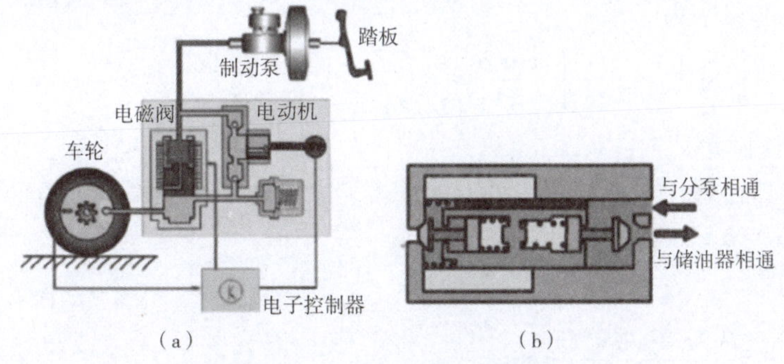

图 6.5　制动压力减小的过程

(a) 制动压力减小的过程；(b) 电磁阀压力减小的位置

4. 制动压力增大阶段

制动压力减小阶段末期，电子控制单元根据轮速传感器输入的信号，分析得出该车轮趋于抱死的状态已经完全消除，并在汽车惯性力作用下开始加速，为了取得最好的制动效果，此时 ABS 的电子控制单元就会发出指令，使调压电磁阀总成中的进液阀通电开启，制动液经进液阀进入制动轮缸，制动压力增大，使车轮减速。制动压力增大的过程如图 6.6 所示。

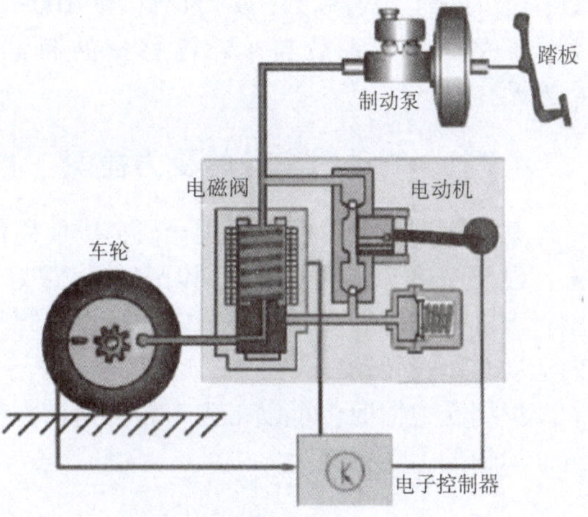

图 6.6　制动压力增大的过程

6.2 ABS 的数学模型

6.2.1 车轮模型

汽车在运动过程中，车轮与地面之间的作用力是汽车受到的最主要的外力，其决定了汽车的运动状态。可将车轮看作是一个复杂的黏弹性结构，具有特殊的力学特性，运动时具有高度的非线性。因此，车轮模型的建立是一大难点，但其又是进行汽车动力学研究的关键。

车轮的结构参数与力学特性对汽车的驱动性、制动性及操纵稳定性等都有重要作用。理论模型考虑了纵向滑移和横向滑移的情况。横向力和纵向力分别有驱动工况和制动工况。

车轮的纵向滑移率为

$$s_s=\begin{cases}\dfrac{v_x-v_c}{v_x}>0 & \text{制动工况}\\ \dfrac{v_x-v_c}{v_c}<0 & \text{驱动工况}\end{cases} \tag{6.2}$$

式中，v_x 为汽车的纵向速度，单位为 m/s；v_c 为车轮的瞬时圆周速度，单位为 m/s。

车轮的横向滑移率为

$$s_a=\begin{cases}|\tan\alpha| & \text{制动工况}\\ (1-|s_s|)\,|\tan\alpha| & \text{驱动工况}\end{cases} \tag{6.3}$$

式中，α 为车轮侧倾角。

为了简化仿真计算，本章使用一种双线性模型来简化车轮模型，则车轮模型可表示为

$$\begin{cases}\mu=\dfrac{\mu_h}{s_0}s & s\leqslant s_0\\ \mu=\dfrac{\mu_g s_T}{1-s_0}-\dfrac{\mu_h-\mu_g}{1-s_0}s & s>s_0\end{cases} \tag{6.4}$$

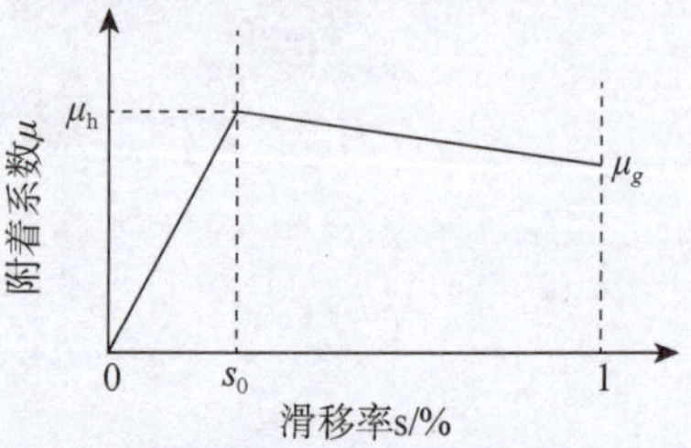

图 6.7 路面附着系数与车轮滑移率的简化曲线

式中，s_0 为最佳滑移率；s 为车轮滑移率；μ 为附着系数；μ_h 为峰值附着系数；μ_g 为滑移率 100% 时的附着系数。路面附着系数与车轮滑移率的简化曲线如图 6.7 所示。

6.2.2 制动时车轮的受力模型

整车模型和单轮模型是理论研究中使用最多的两种建模方式。单轮模型只考虑关键因素，建模简单、方便分析，同时又能够很好地满足 ABS 研究。图 6.8 所示为单轮受力模型。该模型忽略制动时的载荷转移、空气阻力、车轮滚动阻力及加速阻力，只考虑车体纵向运动和车轮转动。

根据受力情况，可以得到车轮的运动方程、力矩平衡方程和汽车纵向摩擦力方程。

车轮的运动方程为

$$m\dot{v}=-F \tag{6.5}$$

力矩平衡方程为

$$I\dot{\omega}=FR-T_b=T_g-T_b \quad (6.6)$$

汽车纵向摩擦力方程为

$$F=N\mu \quad (6.7)$$

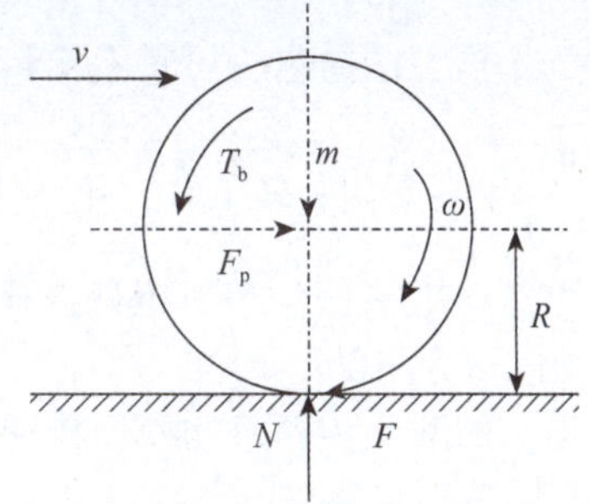

图 6.8　单轮受力模型

式中，m 为汽车的质量，单位为 kg；F 为车轮摩擦力，单位为 N；T_b 为制动力矩，单位为 N · m；μ 为附着系数；I 为车轮转动惯量，单位为 kg · m^2；T_g 为车轮和地面间的制动力矩，单位为 N · m；N 为地面对车轮的法向反力，单位为 N。R 为汽车转动半径，单位为 m；v 为汽车速度，单位为 m/s；ω 为车轮角速度，单位为 rad/s。

6.2.3　汽车制动系统模型

ABS 应具有快速的响应特性，ABS 对路面的动态反应特性对汽车制动效果起着至关重要的作用，是实现高性能控制的决定性因素。汽车制动系统主要由传动机构和制动器两部分组成。

1. 传动机构模型

汽车制动系统的传动机构可分为气压传动机构和液压传动机构。目前大多数 ABS 产品采用的是液压传动机构，因为其对制动管路的气密性要求和响应的灵敏性都比气压传动机构更优越。

液压传动机构的性能直接关系到汽车的行驶与安全，而液压设计中的一系列问题直接关系到制动响应的快慢、制动踏板力与制动力矩作用是否同步、制动反馈冲击压力等。其涉及的参数包括管路容积变化率、制动分泵压力、柱塞泵流量、制动主缸压力等。

节流孔、控制阀口流量为

$$Q=\alpha A\sqrt{\frac{2|p_2-p_1|}{\rho}} \quad (6.8)$$

式中，Q 为增/减压阀处液体流量，单位为 m^3/s；α 为增/减压阀流量系数；A 为增/减压阀口张开面积，单位为 m^2；ρ 为制动液密度，单位为 kg/m^3；P_2 为阀出口压力，单位为 MPa；P_1 为阀进口压力，单位为 MPa。

柱塞泵流量为

$$Q_p=M_pP_p+B_p \quad (6.9)$$

式中，Q_p 为泵的排量，单位为 m^3/s；M_p 为泵压力与流量曲线的斜率；P_p 为出口压力，单位为 m^3/s；B_p 为泵压力与流量曲线在压力为零时的流量，单位为 m^3/s。

采用脉宽调制(Pulse-Width Modulation，PWM)开关比例控制阀，用 PWM 信号建立阀口通流面积，即

$$A=A_0\cdot I_{PWM} \quad (6.10)$$

式中，A_0 为阀口的最大开口面积，单位为 m^2；I_{PWM}为 PWM 信号的修正系数，$I_{PWM}=0\sim1$。

制动分泵中的压力拟合求得：

$$p_i=\alpha_1V_{p_i}+\alpha_2V_{p_i}^2+\alpha_3V_{p_i}^3 \quad (6.11)$$

式中，p_i 为制动分泵中的压力，单位为 N；α_1、α_2、α_3为拟合系数；V_{p_i}为制动分泵中液体容积，单位为 m^2。

为了模型的简化，可将液压传动机构简化为一个电磁阀环节$\frac{1}{T_k s+1}$、一个弹簧阻尼系统$\frac{1}{T_b s+1}$和一个积分环节$\frac{1}{s}$，由于电磁阀的时间常数 T_k 远小于弹簧阻尼系统时间常数 T_b，因此可忽略电磁阀环节。电磁阀响应时间一般不大于 10 ms，故其仿真时惯性环节参数 T 为 0.01，K 为 100。

简化的液压传动机构模型传递函数为

$$G(s)=\frac{100}{s(0.1s+1)} \tag{6.12}$$

2. 制动系统模型

考虑制动系统为一个带迟滞的二阶系统，传递函数为

$$G=\frac{K\mathrm{e}^{\tau s}}{(T_1 s+1)(T_2 s+1)} \tag{6.13}$$

式中，G 为系统的传递函数；τ 为系统的迟滞时间常数；K 为系统增益；T_1、T_2 为系统的时间常数。

在实际建模分析时对制动系统进行简化处理，忽略迟滞带来的影响，制动液的流量与制动压力的关系可表示为

$$G(s)=\frac{1}{T_b s+1} \tag{6.14}$$

通过试验可以得到制动器制动压力与车轮制动力矩的比例系数 k_f，故作用在车轮分泵活塞上的制动压力和车轮上的制动力矩的关系为

$$T_b=k_f(P-P_0) \tag{6.15}$$

式中，T_b 为车轮的制动力矩，单位为 kN · m；P 为制动分泵的腔内压力，单位为 Pa；P_0 为门槛压力，单位为 Pa。

6.3 控制理论在 ABS 中的应用

6.3.1 逻辑门限值控制在 ABS 中的应用

目前，在所有的控制策略中，因逻辑门限值控制策略的制动控制参数较少、系统结构简单、成本低廉的优点，已成为 ABS 控制中最常使用的控制策略之一。所谓逻辑门限值控制，就是将汽车的制动参数设置一个门限值，电子控制单元跟踪汽车车轮的瞬态制动参数，并与所设置的门限值进行对比，判定是否执行防抱死动作，主要分为以下 3 种类型，即单独将滑移率作为逻辑门限值的方法、单独将车轮角加速度作为逻辑门限值的方法、将滑移率与车轮角加速度共同作为逻辑门限值的方法。由于单独将滑移率或车轮角加速度作为制动控制参数都有很大局限性，不能准确判定汽车的制动状态，所以一般都选定车轮角加速度为主要制动控制参数，将滑移率作为参考制动控制参数，结合两个逻辑门限值就可以准确地描述汽车的制动状态。

逻辑门限值控制方式的控制原理是先设定好期望的输出门槛值，然后在控制过程中通过控制输出机构使控制量的误差向减小的方向运动，逼近门槛值。

本节所采用的逻辑门限值控制模型是将理想的滑移率作为逻辑门限值控制的门槛值，

并将实时反馈的滑移率与其进行对比，使二者的差值逐渐减小控制在理想范围之内。

采用的逻辑门限值控制模型是将理想的滑移率 0.2 作为逻辑门限值控制的门槛值，具体实现方式：当滑移率大于 0.2，应控制液压制动系统减压，释放压力，门限值控制后输出 0；当滑移率小于 0.2，应控制液压制动系统建立压力，门限值控制后输出 1。其模型如图 6.9 所示。

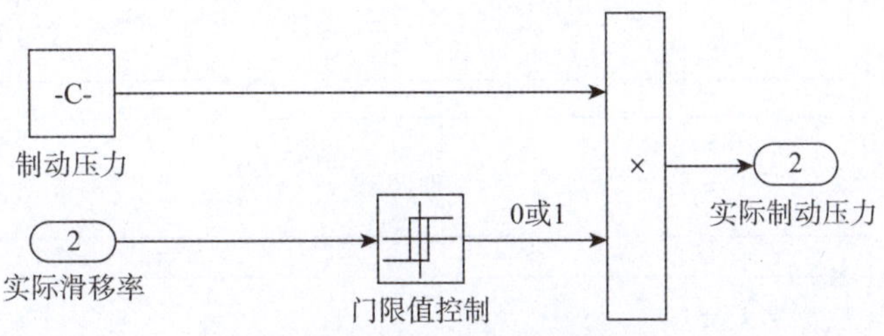

图 6.9　逻辑门限值控制模型

根据所建立的模型在 MATLAB 中建立汽车 ABS 仿真模块，如图 6.10 所示。

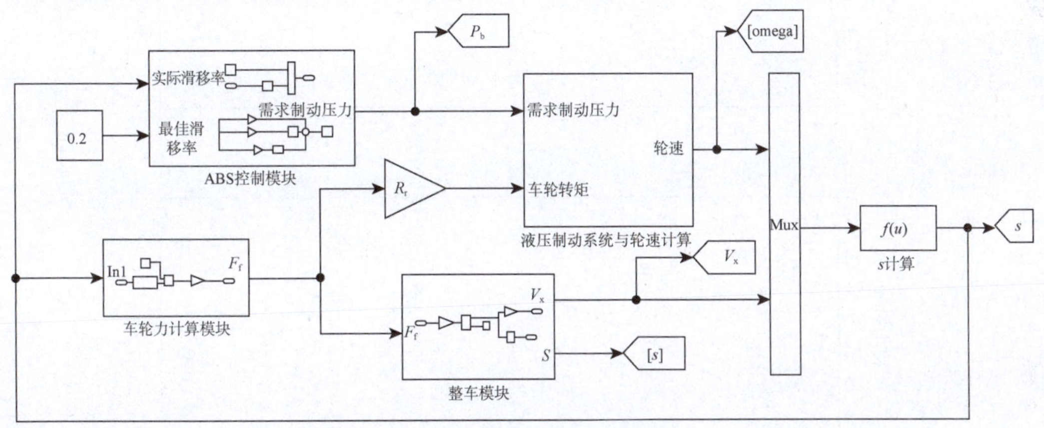

图 6.10　汽车 ABS 仿真模块

当仿真模型中不接入 ABS 控制模块而直接输入制动压力数值时，表示 ABS 不起作用；当仿真模型中接入 ABS 控制模块时，表示采用逻辑门限值控制 ABS。在输入相应的汽车参数后即可进行仿真分析，仿真中所用到的单轮模型参数见表 6.1。

表 6.1　单轮模型参数

名称	符号	单位	值	名称	符号	单位	值
整车质量	m	kg	1 000	初始车速	v_0	m/s	20
重力加速度	g	m/s^2	9.8	液压制动常数	T_b	N·m	0.01
车轮转动惯量	I	$kg \cdot m^2$	5	车轮半径	R	m	0.3
制动力矩/压力比例系数	k	—	100	—	—	—	—

当直接给定制动压力数值，运行得到图 6.11 所示为无 ABS 控制的仿真曲线。当采用逻辑门限值控制方式进行滑移率控制时，运行得到图 6.12 所示的采用逻辑门限值控制 ABS 的仿真曲线。

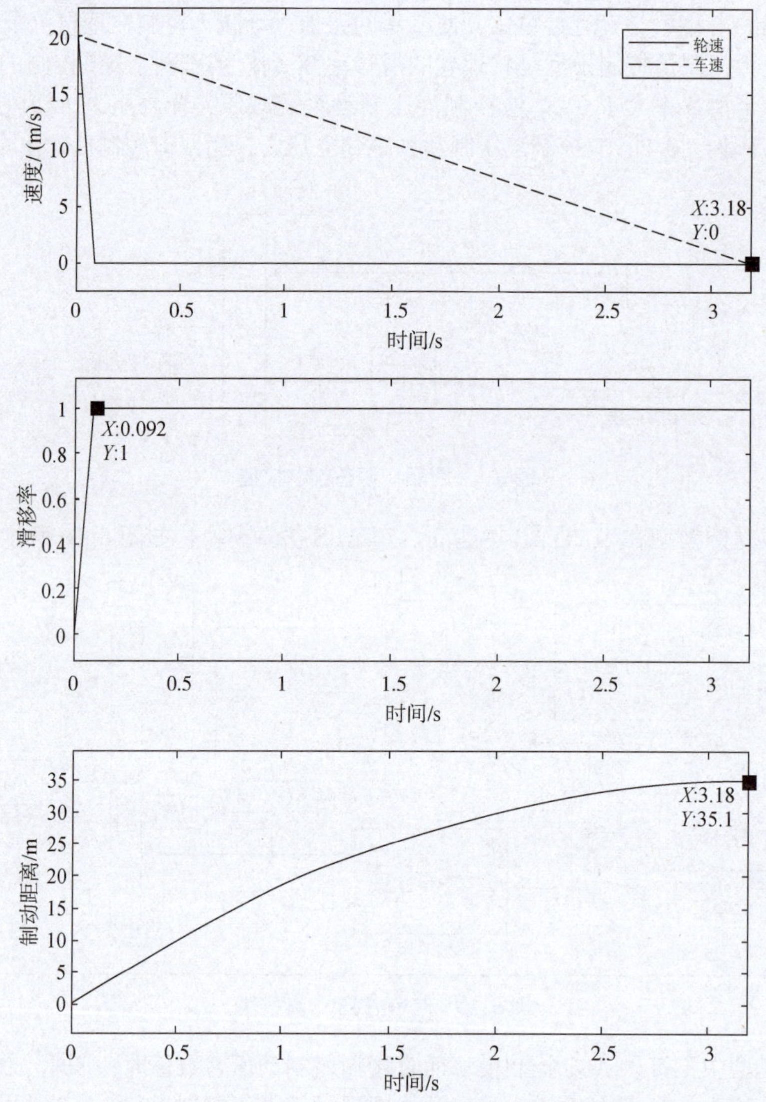

图 6.11　无 ABS 控制的仿真曲线

从图 6.11 可以看出无 ABS 控制的汽车轮速在 0.092 s 时降为 0，同时滑移率也在该时刻升为 1，而此时车速还在不断减小，并未达到 0，这说明车轮在该时刻就已完全抱死。直到 3.18 s 时车速达到 0，汽车完全停下，制动距离为 35.01 m。

从图 6.12 可以看出采用逻辑门限值控制 ABS 的汽车轮速在 0.037 s 前迅速下降，在 0.037 s 后呈波动状逐步下降，与车速同时到 0。此外，滑移率曲线也以该时刻为分界点，在此时刻前快速上升至 0.2 附近，在此时刻之后不断调节使滑移率一直维持在 0.2 附近，曲线呈不断波动状，说明 ABS 控制在该时刻后开始发挥作用，车轮始终处于滚动状态，仅在车速趋于 0 时发生较大波动，最大值在 0.3 附近，直到 2.27 s 时车速达到 0，汽车完全停下，制动距离为 25.15 m。

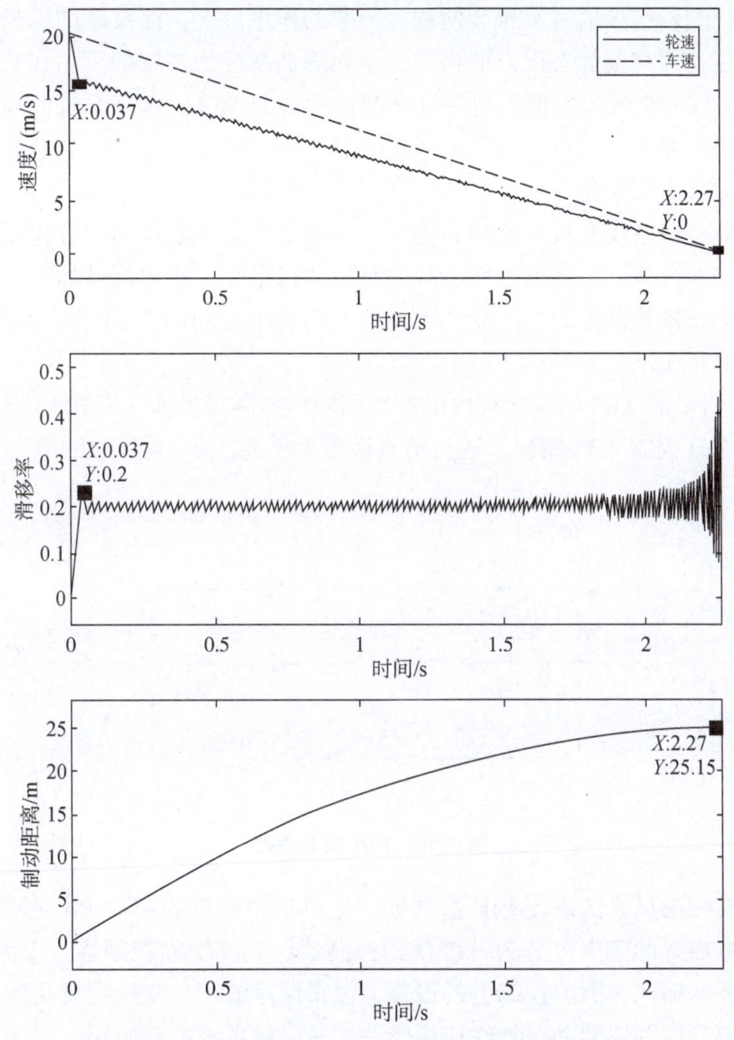

图 6.12　采用逻辑门限值控制 ABS 的仿真曲线

6.3.2　PID 控制在 ABS 中的应用

用 PID 控制器实现汽车防抱死时的控制量(即目标的最佳滑移率和实际滑移率的差)，根据 PID 逻辑计算制动压力的信号，从而对不同行驶状态下的车轮运动进行调节，实现滑移率的有效控制。同时，整车模块在其调节下更改了汽车移动状态，并实时向 PID 控制器报告更改信息，从而创建了对滑移率的闭环控制。综上所述，基于 PID 控制设置的 ABS 控制方法通过输入合理的 PID 参数值实现最佳滑移率的调节与跟踪。

1) 比例环节的参数确定

比例环节能够加快系统响应速度。增大K_p能大幅度提升系统的响应速度；但该值过大会使系统产生较大的超调量，并且产生振荡。在采用试凑法调节K_p值时，应由小向大地调节，直到系统具有快速的响应速度且超调量小。

2) 积分环节的参数确定

积分环节能够减小甚至消除静态误差。适当地减小K_i，能够让积分环节的作用更显著，从而减小误差；但该值过小也会使积分环节的作用过大，使系统产生过大的超调量并产生振荡，不能达到抑制静态误差的目的，从而降低系统的控制精度。在采用试凑法调节K_i值时，先要设置一个较大的值，再逐渐向减小的方向调节，直到系统的静态误差彻底消除或已经满足设计要求。

3）微分环节的参数确定

微分环节能够使系统有较好的动态特性。适当增大K_d能够让其微分作用更加显著，从而提高系统的动态性能；但该值过大会降低系统的稳定性，使超调量加大。在采用试凑法调节K_i时，通常先将其设置为0，再向增大的方向调节，同时微调比例和积分环节的值，直到动态特性满足要求。

将图6.10所示的ABS仿真模块内的逻辑门限值控制模型换成图6.13所示的PID控制模型即可实现PID控制ABS模型。运行仿真模型后得到图6.14所示的采用PID控制ABS的仿真曲线。

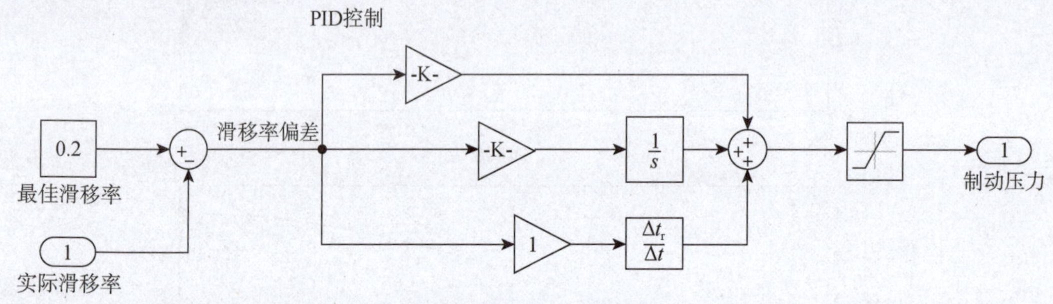

图6.13 PID控制模型

除采用最常用的试凑法确定PID参数外，也可采用模糊控制对PID参数实现自整定，模糊控制器根据输入的多少可分为一维模糊控制器、二维模糊控制器、三维模糊控制器。一维模糊控制器的输入一般为控制量的偏差，但仅偏差值一个变量很难反应系统的动态特性，因此一维模糊控制器的动态特性往往较差，在一阶系统中有应用；二维模糊控制器的输入一般为偏差、偏差率，能较好地反映出系统的动态特性，还可以有较为精确的控制精度，因此应用较为广泛；三维模糊控制器的输入一般为偏差、偏差率及偏差率的变化率，控制效果、动态特性更好，但其系统结构更为复杂，运算量更大，往往应用于要求较高的系统。本章选用的是二维模糊控制器，以滑移率的偏差和偏差率为输入，以PID的3个控制参数的增量(ΔK_p、ΔK_i、ΔK_d)为输出进行参数的自调节。图6.15所示为模糊PID控制器结构。

用于PID参数整定的模糊控制器的设计一般采用MATLAB中自带的图像化模糊控制工具箱实现，以下为具体设置方式。

(1)先在命令行窗口中输入“fuzzy”打开工具箱，确定输入、输出语言变量。本章以最优滑移率与实际滑移率的偏差e和偏差率ec作为输入，以PID的3个参数的增量(ΔK_p、ΔK_i、ΔK_d)为输出。滑移率偏差的语言变量为e，滑移率偏差率的语言变量为ec，图6.16所示为输入、输出变量修改前、后对比。

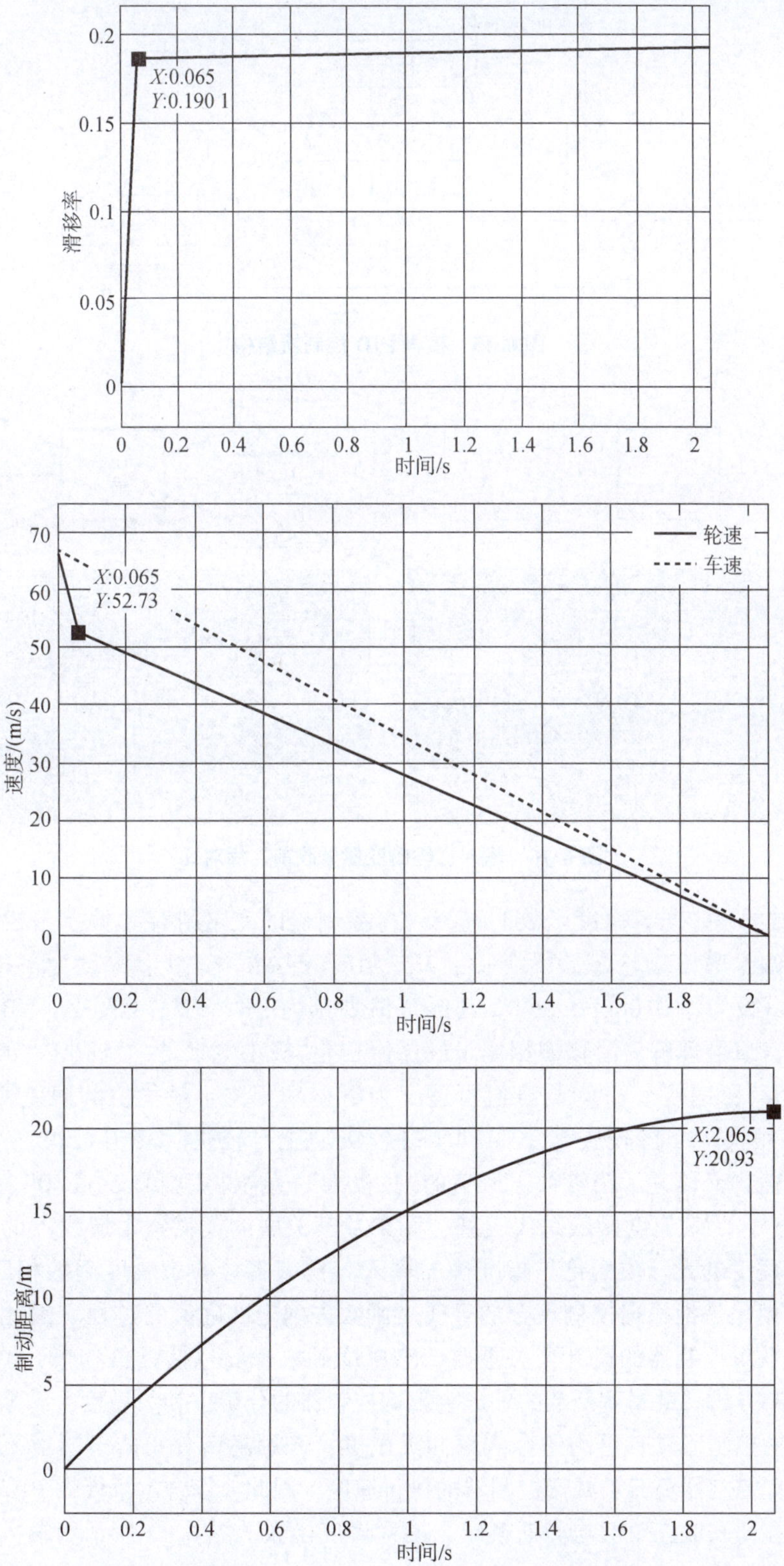

图 6.14　采用 PID 控制 ABS 的仿真曲线

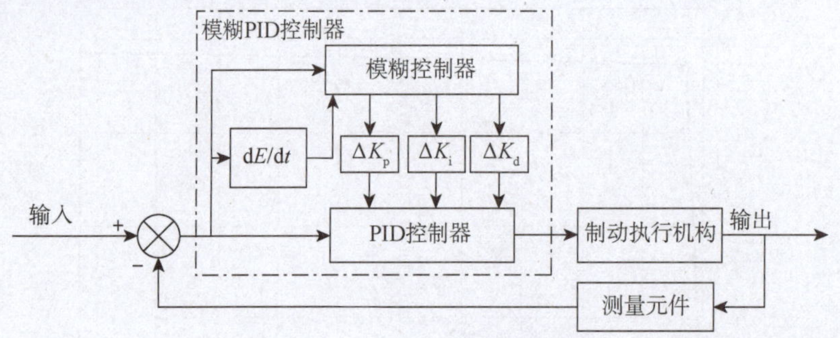

图 6.15　模糊 PID 控制器结构

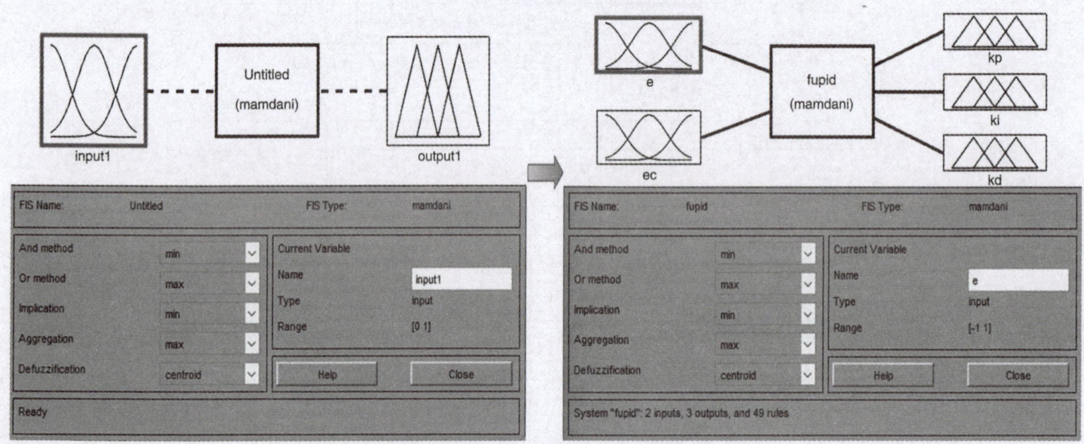

图 6.16　输入、输出变量修改前、后对比

(2)论域的确定与隶属度函数的选择。将控制器的变量滑移率偏差量模糊论域设为[−6, 6]、偏差率模糊论域设为[−3, 3]，ΔK_p 和 ΔK_d 模糊论域设为[−0.3, 0.3]、ΔK_i 模糊论域设为[−0.06, 0.06]。其语言值划分为 PB、PM、PS、Z、NB、NM、NS。偏差 e 的语言值可理解为滑移率相比于最优值相差“极小”“很小”“较小”“正好”“较大”“很大”“极大”；偏差率 ec 的语言值可理解为滑移率相比于最优值的偏差变化率“下降极快”“下降很快”“下降较快”“不变”“上升较快”“上升很快”“上升极快”；PID 参数的增量的语言值含义可理解为参数需调节的“负极大”“负很小”“负较小”“0”“正较大”“正很大”“正极大”。隶属度函数是代表某一元素及其关联的模糊集隶属程度的函数，数值越大则隶属程度越大。模糊化是指准确的输入与模糊集合的隶属度函数相匹配的过程。反之，解模糊化是指根据模糊集合的隶属度函数去确定准确值的过程。因此，适当地选取隶属度函数对控制器的设计至关重要，隶属度函数一般包括三角分布、梯形分布、高斯分布等分布方式。隶属度函数的外形会影响控制器的分辨率和灵敏度，采取三角分布的隶属度函数的控制器具有更高的分辨率和灵敏度；采用高斯分布的隶属度函数稳定性更高，但会加大控制器负荷、减慢控制器的执行速度，因此，综合本章模糊 PID 控制的控制器的特征，在此采取三角形与高斯型结合的隶属度函数，图 6.17 所示为输入、输出变量的隶属度函数关系。

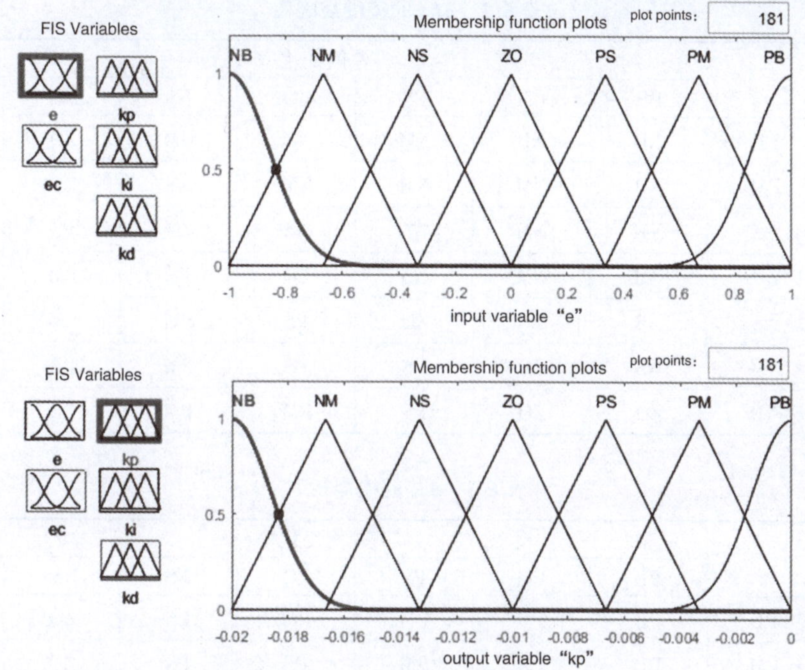

图 6.17　输入、输出变量的隶属函数关系

(3)制定模糊规则。本章的模糊 PID 控制器可以理解为一个根据测试单元的实时反馈输入通过规则计算寻找出最优输出的过程，以保证系统的平稳运行。在拟定模糊规则时，不仅要注重规则的正确性，还要重视规则的完整性、一致性和连续性。完整性是指对任一输入点要有一条及以上的模糊规则与其对应。一致性是指各条规则不能自相矛盾，即不能相同的条件对应不同的规则。连续性是指相邻规则之间的结论集要有交集，不能为空，也可以理解为输入、输出间的过渡要平滑。

规则设计时还要考虑输入、输出变化的特性及其变化对系统的影响，以下为综合考虑系统的响应、超调、稳态误差等的分析。

①比例系数。

比例系数影响响应速度。增大 K_p 能提升响应速度，因此当系统的误差较大，应取较大的 ΔK_p，加快系统响应速度以减小误差；当系统的误差较小时，应取一个较小的 ΔK_p，防止系统振荡。

②积分系数。

积分系数影响静态误差。减小 K_i 能加强积分环节对系统的作用，因此当系统的误差较大时，应取一个较小的 ΔK_i，防止系统超调失稳；当系统的误差较小时，应取一个较大的 ΔK_i，减小系统的静态误差。

③微分系数。

微分系数影响动态特性。增大 K_d 能加强微分环节对系统的作用，改善动态性能，因此当系统的误差较大时，应取一个较小的 ΔK_d，加快系统响应速度；当系统的误差较小时，应取一个较大的 ΔK_d，增强系统的稳定性。

综合上述，分析并结合相关专业人士将模糊控制用于 PID 参数调节的经验，总结表 6.2、表 6.3、表 6.4 所示的ΔK_p、ΔK_i、ΔK_d的模糊规则。

表 6.2　Δk_p 的模糊规则表

ΔK_p		差值变化率(ec)						
		PB	PM	PS	ZO	NS	NM	NB
差量(e)	PB	NB	NB	NM	NM	NM	ZO	ZO
	PM	NB	NM	NM	NM	NS	ZO	PS
	PS	NM	NM	NS	NS	ZO	PS	PS
	ZO	NM	NM	NS	ZO	PS	PM	PM
	NS	NS	NS	ZO	PS	PM	PM	PM
	NM	NS	ZO	PS	PS	PM	PB	PB
	NB	ZO	ZO	PS	PM	PM	PB	PB

表 6.3　ΔK_i 的模糊规则

ΔK_i		差值变化率(ec)						
		PB	PM	PS	ZO	NS	NM	NB
差量(e)	PB	PB	PB	PM	PM	PS	ZO	ZO
	PM	PB	PB	PM	PS	PS	ZO	ZO
	PS	PB	PB	PS	PS	ZO	NS	NM
	ZO	PM	PM	PS	ZO	NS	NM	NM
	NS	PS	PS	ZO	NS	NS	NM	NB
	NM	ZO	ZO	NS	NS	NM	NB	NB
	NB	ZO	ZO	NS	NM	NM	NB	NB

表 6.4　ΔK_d 的模糊规则

ΔK_d		差值变化率(ec)						
		PB	PM	PS	ZO	NS	NM	NB
差量(e)	PB	PB	PS	PS	PM	PM	PM	PB
	PM	PB	PS	PS	PS	PS	NS	PB
	PS	ZO	ZO	ZO	ZO	ZO	ZO	ZO
	ZO	ZO	NS	NS	NS	NS	NS	ZO
	NS	ZO	NS	NS	NM	NM	NS	ZO
	NM	ZO	NS	NM	NM	NB	NS	PS
	NB	PS	NM	NB	NB	NB	NS	PS

在确定模糊规则后双击图 6.16 中的 fupid(mam dani)，将 49 条模糊规则写入控制器中，同时可通过“View→Surface”进行模糊规则的观测，可以在不同输入情况下触发模糊规则。模糊规则结果观测如图 6.18 所示。

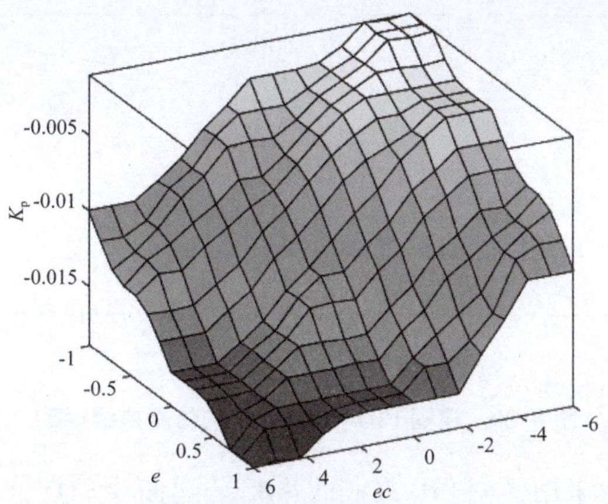

图 6.18　模糊规则结果观测

完成上述操作后，在 Simulink 打开模糊逻辑工具箱，调用模糊逻辑控制器，双击选择打开保存在工作区的模糊逻辑控制器，并连接输入、输出，建立图 6.19 所示的模糊自整定子模型。模糊 PID 控制 ABS 的仿真曲线如图 6.20 所示。

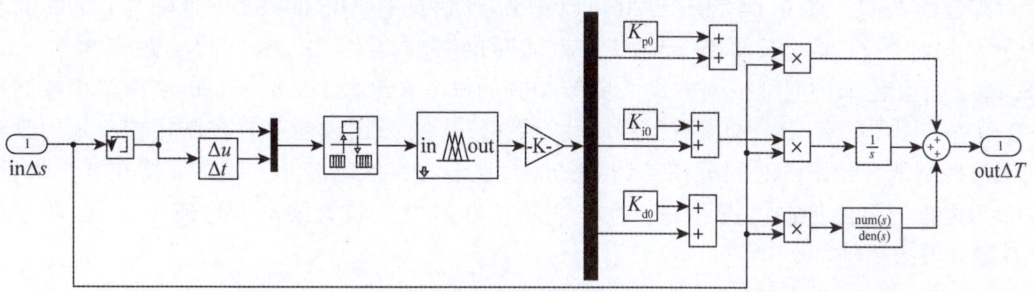

图 6.19　模糊自整定子模型

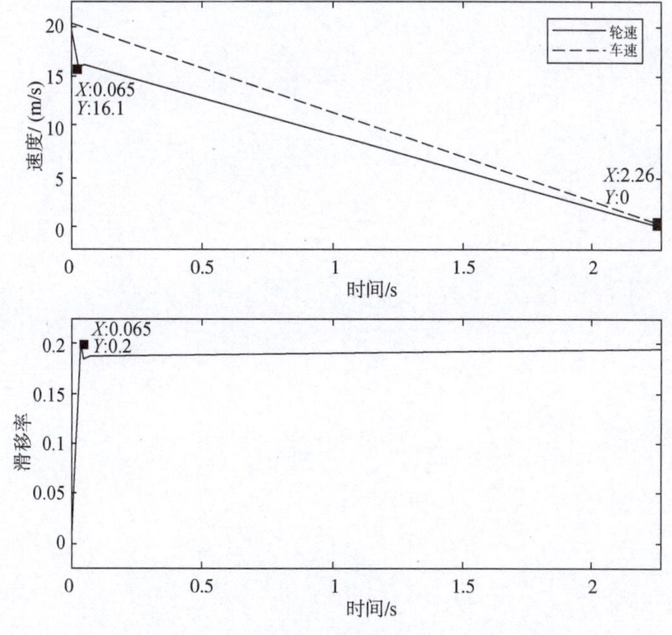

图 6.20　模糊 PID 控制 ABS 的仿真曲线

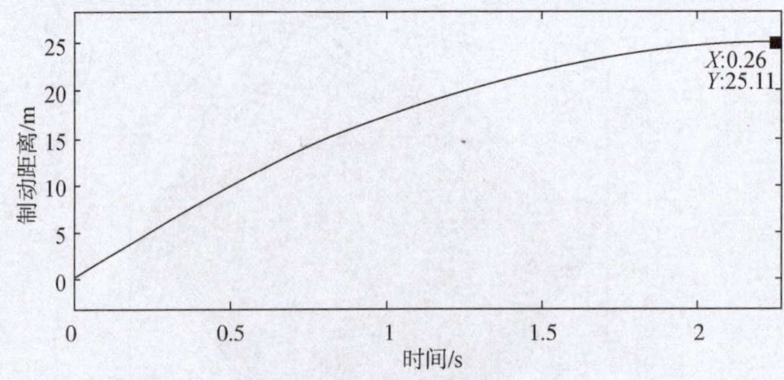

图 6.20　模糊 PID 控制 ABS 的仿真曲线(续)

从图 6.20 可以看出采用模糊 PID 控制的 ABS 轮速曲线一直呈直线状下降，在0.065 s 出现波动，随后继续下降，并与车速同时到0。滑移率曲线也以轮速出现波动时为分界点，在该时刻开始进行调节，使滑移率一直维持在 0.2 附近，说明 ABS 控制在发挥作用，使车轮始终处于滚动状态，未发生抱死拖滑，直到 2.264 s 时车速达到 0，汽车完全停下，制动距离为 25.11 m。

综合图 6.11、图 6.14 和图 6.20 可以看出：(1)配有 ABS 的汽车轮速降为 0 的时间相较于无 ABS 的汽车延长了约 95.9%，制动时间减少了约 28.5%，制动距离减少了约 28.1%，且无论采用何种控制方式，装有 ABS 的汽车在绝大多数时刻都能使滑移率控制在 0.2 附近，因此配有 ABS 的汽车的制动性能更好。(2)采用模糊 PID 控制相较于采用逻辑门限值控制的开始调节时间提前了约 14.7%，且滑移率波动较小，基本保持在 0.2 附近，而采用逻辑门限值控制的滑移率，在车速趋于 0 时发生较大波动，达到 0.3，因此模糊 PID 控制效果更佳。

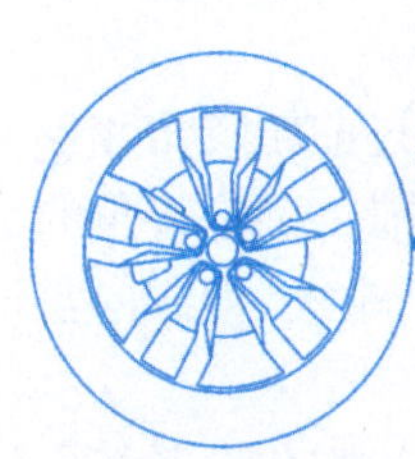

第 7 章 汽车转向系统的控制技术

转向系统作为汽车底盘四大系统之一，其功能是可根据驾驶员意图及道路情况随时对整车的行驶方向做出合适调整并能够保持汽车稳定行驶。本章主要介绍汽车的四轮转向系统及其控制系统的 MATLAB 实现。

7.1　四轮转向系统概述

在传统的汽车结构中，除专用汽车外，一般的汽车均使用前轮转向的方式。这种传统的转向系统布置结构及方式具有结构简单、成本低廉的特点，但在汽车转向的过程中，汽车的动力学响应特性会受到汽车本身结构布置和外界条件的影响，导致汽车的机动性和操纵稳定性都不是很理想。因此，随着汽车工业的不断发展，改善汽车操纵稳定性、使乘客更加舒适和安全是现今汽车技术一个非常重要的发展方向。作为提高汽车操纵稳定性、安全性的四轮转向(Four-Wheel Steering，4WS)系统在这种背景下应运而生，并得到很大的发展。

4WS 系统的发展大致分为以下 3 个阶段。

1)20 世纪初至 20 世纪 80 年代中期

此阶段主要是 4WS 系统的萌芽和初步应用。在 20 世纪初，人们就设想通过采用前、后轮同时转向的办法来减小汽车转弯时的转弯半径。1907 年，日本政府颁发了一个关于 4WS 系统的专利，这种结构通过一根轴，将前、后轮的转向机构连接起来。当汽车低速行驶转向时，通过后轮与前轮反向转向来获得较小的转弯半径，以提高汽车的机动灵活性，这种结构最初常被应用于对汽车的机动性要求高的军用汽车和工程汽车。

2)20 世纪 80 年代后期至 20 世纪 90 年代后期

此阶段主要是 4WS 系统的快速发展及应用。1985 年，日本日产公司在客车上应用了世界上第一例实用的 4WS 系统。1987 年，马自达公司研制出车速感应式 4WS 系统并装备于轿车。之后各大汽车公司和科研院所依据当时的科技水平，根据结构形式和控制策略研究出形式各异的 4WS 系统。4WS 系统类型的划分也主要依据此阶段的有关产品。

3)20 世纪 90 年代末期至今

此阶段主要是底盘综合控制的研究。由于近年来美国和日本等国家对自动高速公路系统(Automated Highway System，AHS)及智能汽车系统(Intelligent Vehicle System，IVS)等重大项目的重视，各国科研人员从驾驶员-汽车-环境闭环系统出发，综合研究汽车的纵向、侧向和垂向的动力学控制，进一步发展出与其他系统综合应用的控制系统。

4WS 系统按照控制方式可分为车速感应型 4WS 系统和转角感应型 4WS 系统。

(1)车速感应型 4WS 系统可通过车速传感器来判断车轮的转向相位。根据汽车的车型和性能的不同，车速一般为 35 km/h~45 km/h。当车速小于此区间某一值时，前、后轮转向相反；同理，当车速大于此区间某一值时，前、后轮转向相同。

(2)转角感应型 4WS 系统可通过转角传感器判断车轮的转向角度。通过前轮转角和控制器计算出后轮转角的角度。与车速感应型 4WS 系统相同的是其也进行前、后轮转角的同向或反向转向的判断，不同的是转角感应型 4WS 系统更看重的是驾驶员输入(即方向盘转角)的参与。

4WS 系统按照结构可分为机械式 4WS 系统、液压式 4WS 系统以及电动式 4WS 系统。

(1)机械式 4WS 系统在萌芽阶段时采用的是通过机械连接装置连接前、后轮转向，通过中间转向轴连接前、后轮转向，在汽车转向时通过驾驶员输入的方向盘转角作用于前轮转向系统，根据所需要的后轮转角利用中间转向轴，并通过机械连接装置传递给后轮转向系统，实现 4WS。

(2)液压式 4WS 系统除去了传动效率较低的机械连接装置，取而代之的是液压缸、液压管路和液压泵等液压元件，并通过液压传动的原理分别作用于前、后轮转向。当汽车转向时，由液压泵产生的液压动力通过液压管路传递给后轮转向系统的液压缸中，并根据控制器所需要的后轮转角推动液压缸，实现 4WS。

(3)电动式 4WS 系统相比前两种系统，其前、后轮转向系统之间省去了复杂的机械连接装置或液压装置，采用传感器和电子控制单元等机构进行信号传递。当汽车转向时，传感器将前轮转向的信号传递给电子控制单元，电子控制单元根据汽车状态和前轮转角的信息计算，并根据实时情况调整后轮转向系统，通过电机驱动后轮转向系统，实现 4WS。

7.1.1 4WS 汽车的原理和特点

4WS 汽车与两轮转向(Two-Wheel Steering，2WS)汽车的不同在于 4WS 汽车在后悬架上安装了一套后轮转向系统，即可以实现具有后轮转向的 4WS 系统。两者之间通过传动装置或电子信号进行联系，并根据汽车的实时情况和驾驶意图实现后轮转向，实时调节后轮转角，使汽车有更好的机动性和操纵稳定性。

与 2WS 相比，4WS 具有以下优点。

(1)提高汽车在高速和低附着路面行驶时的转向性能，同时使驾驶员能有更好的驾驶体验，操纵方向盘反应灵敏。

(2)在遭遇侧风和不平路面等条件下，汽车也具有较好的行驶稳定性，提高行驶安全性。

(3)汽车在低速行驶时，前、后轮反向行驶，减小了汽车的转弯半径，能够有效提高汽车的灵活性。

(4)汽车在中、高速行驶时，前、后轮同向行驶，减小汽车的质心侧偏角，能够有效防止汽车侧滑，使汽车的操纵稳定性变得更优异。

4WS 系统的实现流程通常是通过传感器捕捉到实时的方向盘转角信号和速度信号，并及时将这些信号传递给电子控制单元，然后电子控制单元在接收方向盘转角信号和速度信号的同时考虑汽车的实时情况，综合处理得出后轮所需要的最佳转角，并将此信号发送给后轮转

向系统，实时动态地调整后轮转角，从而完成 4WS。4WS 系统的控制原理如图 7.1 所示。

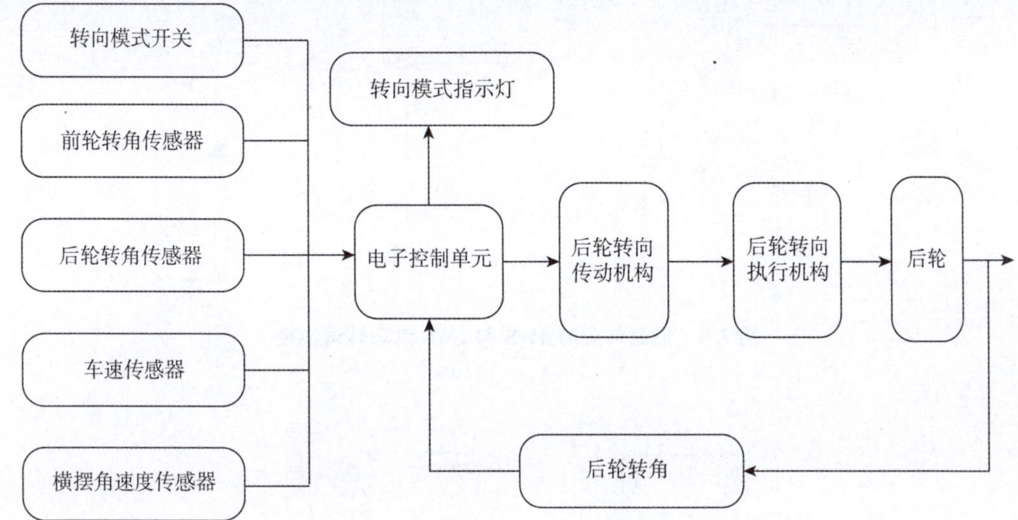

图 7.1 4WS 系统的控制原理

4WS 技术依据前、后轮转向相位的不同可分为以下 3 类。

(1)同相位转向，即前、后轮同向行驶，主要是在高速行驶时提高汽车的行驶稳定性，有效防止汽车的侧滑。

(2)零相位转向，此时后轮转角为零，后轮不参与转向。

(3)逆相位转向，即前、后轮反向行驶，主要是在低速行驶时减小汽车的转弯半径，使汽车在倒车入库和极端行驶条件下具有更好的转向能力。

3 类不同的转向方式如图 7.2 所示。

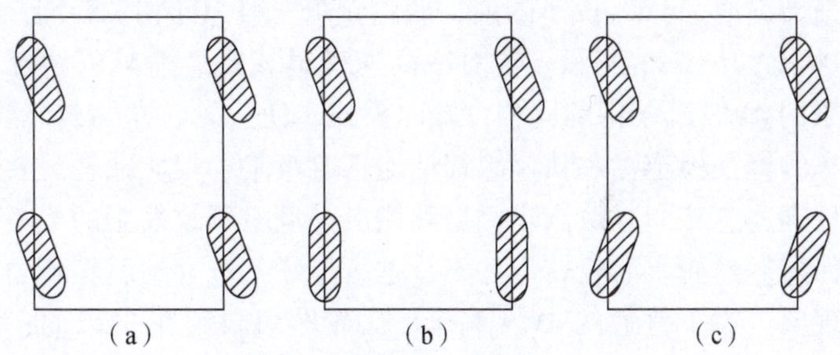

图 7.2 3 类不同的转向方式

(a)同相位转向；(b)零相位转向；(c)逆相位转向

当汽车在低速转向时，4WS 汽车的前、后轮转角一般为逆相位转向。低速转向时 4WS 和 2WS 汽车转弯半径如图 7.3 所示，低速转向时，4WS 汽车因后轮转向的参与相比于 2WS 汽车的转弯灵活性与空间得到大幅提升，转弯半径更小，可以提高汽车在倒车入库时停车的效率和精确度。

虽然逆相位转向在低速转弯灵活性方面有着显著的优势，但其也有不容忽视的弊端。例如，汽车在紧贴其他汽车或墙体出库时，逆相位转向相较于传统的 2WS 模式导致汽车的边缘与障碍物发生接触的概率更大。4WS 和 2WS 汽车特殊工况如图 7.4 所示。因此，在 4WS 系统的设计中，零相位转向模式的引入是很有必要的，这样能够应对更多复杂的工况，提高汽车行驶的安全性。

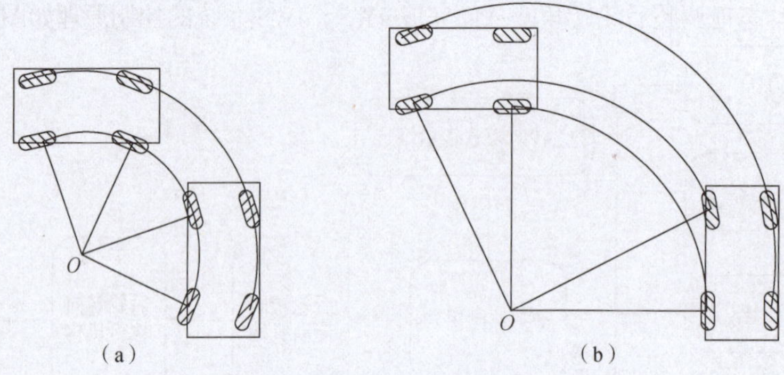

图 7.3　低速转向时 4WS 和 2WS 汽车转弯半径

(a)4WS；(b)2WS

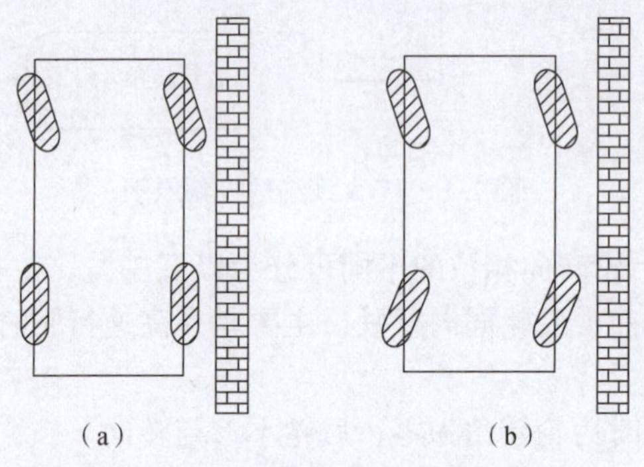

图 7.4　4WS 和 2WS 汽车特殊工况

(a)4WS；(b)2WS

当汽车在高速转向时，4WS 汽车的前、后轮转角一般为同相位转向。高速转向时 4WS 和 2WS 汽车转向状态如图 7.5 所示。针对在高速变道或紧急避障的情况下，汽车需要进行急转向，此时采用 4WS 汽车中的同相位转向模式，使后轮转角与前轮转角的方向相同，可以显著提升汽车的横摆稳定性和轨迹跟踪性能。此策略不仅能减轻急转向带来的车身晃动，还能有效降低高速急转向导致汽车侧翻和侧滑等危险事故发生的概率，对汽车行驶的安全性有极大的保障。然而，后轮转角并不是越大越好，过大的后轮转角在转弯时也会出现很多不稳定的现象。对于普通的 4WS 汽车，后轮转角限制在 3°以内；对于具有主动后轮转向技术的 4WS 汽车，后轮转角可达到 10°甚至更高。

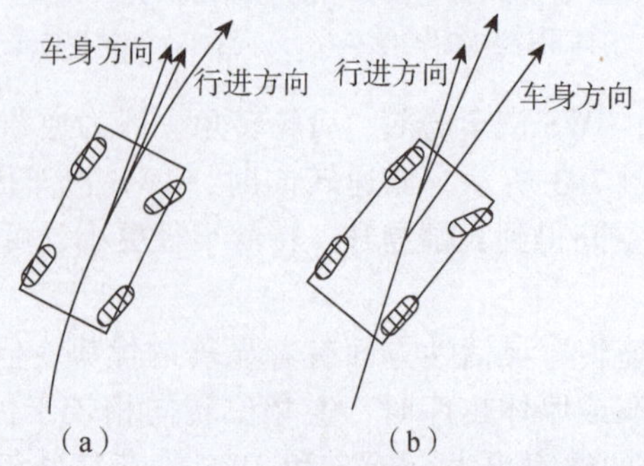

图 7.5　高速转向时 4WS 和 2WS 汽车转向状态

(a)4WS；(b)2WS

7.1.2　4WS 系统的控制

在轮式汽车转向机构的设计中，要求该转向系统满足阿克曼转向原理，即要求 4 个车轮能够在无侧滑等理想状态下围绕同一个中心原地转圈，此时 4 个车轮均作纯滚动，无滑磨状态，如图 7.6 所示。

左、右两个转向轮应满足：

$$\cot\beta-\cot\alpha=\frac{M}{L} \tag{7.1}$$

式中，β 为外轮转角；α 为内轮转角；M 为转向轴主销中心距；L 为汽车轴距。

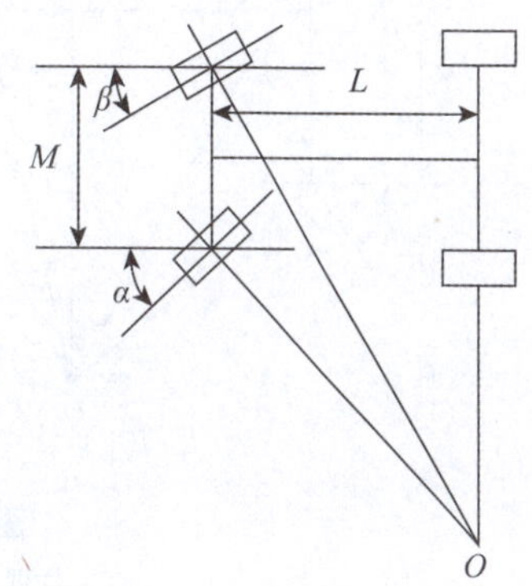

图 7.6　阿克曼转向原理

传统 2WS 汽车是利用梯形机构来满足阿克曼原理的。转向梯形机构中，下底边长度(两主销中心距)M 是由汽车总体设计给出的，两腰长相等。因此，只有两个独立变量有待确定，一个是上底边(横拉杆)长度，另一个是两腰(梯形臂)长度，而这两个参数还可以转化为梯形底角 θ 及腰长 m，转向梯形结构如图 7.7 所示。

通常在设计时，根据 θ 和 m，在转向轮转角范围内($\alpha<\alpha_{max}$)用作图法绘出所选机构参数，根据内轮转角 α 和外轮转角 β 的一组实际对应值，将这组对应的转角(α_i，β_i)按照图 7.8 所示方法绘制，从而得到实际特性曲线，直观展示内、外轮转角间的关系。此外，将其与理论特性曲线进行比较，得到转角的偏差值 $\Delta\beta$。其中，直线 GF 为阿克曼转角所确定的理论特性曲线，弧线 GE 为梯形机构参数所确定的实际特性曲线。若两条特性曲线接近，即最大偏差值 $\Delta\beta_{max}$ 小于允许偏差，说明转向梯形几何参数选择合理。如果最大偏差值 $\Delta\beta_{max}$ 大于允许偏差，则需要重新选择梯形参数。梯形机构参数确定如图 7.8 所示。

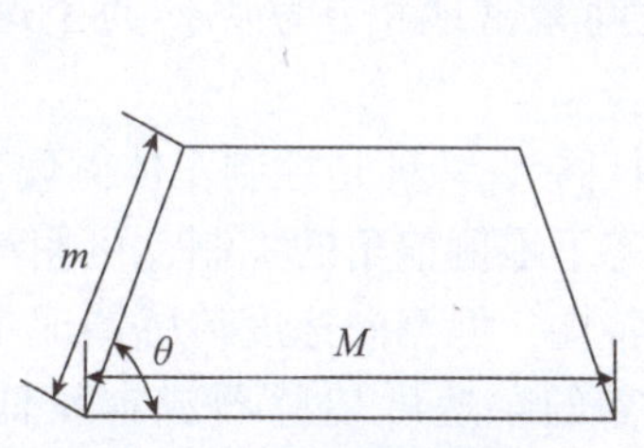

图 7.7　转向梯形机构

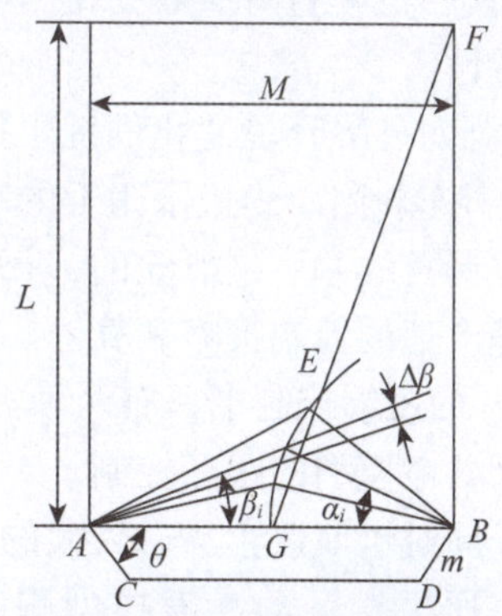

图 7.8　梯形机构参数确定

由此可以看出，转向梯形机构仅能够在一定范围内近似满足阿克曼原理，减少转弯时的车轮磨损。而在 4WS 汽车的设计中，由于高速、低速转向时后轮摆角的差异，引起其转向轴距的变化，使转向梯形机构不适用于 4WS 汽车。不同车速转向时各轮状态如图 7.9 所示。

此时的 4WS 汽车应满足：

$$\begin{cases}\cot\beta_1-\cot\alpha_1=\dfrac{M}{L_1}\\[2ex]\cot\beta_2-\cot\alpha_2=\dfrac{M}{L_2}\end{cases} \tag{7.2}$$

由于4WS汽车在高速、低速变换时，L_1 和 L_2 均有改变，且 L_1 变化较大，这将给4WS汽车的设计带来很大的困难。

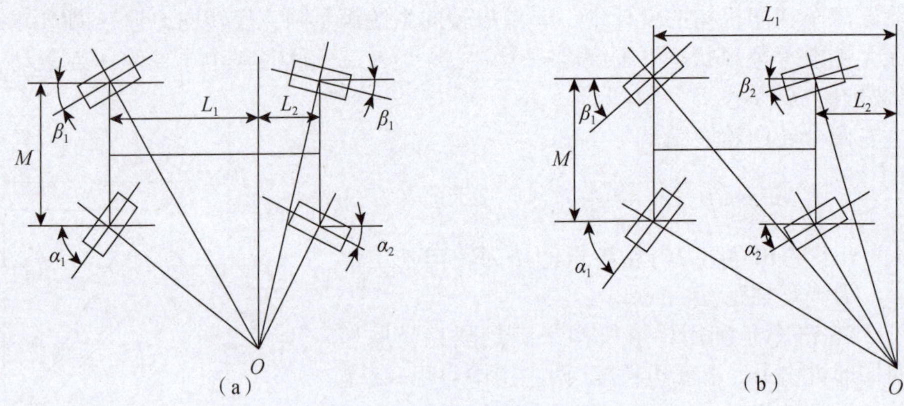

图7.9　不同车速转向时各轮状态

(a)低速转弯各轮状态；(b)高速转弯各轮状态

以下为汽车4WS系统的控制目的。

(1)对沿行驶路线行驶的汽车车身姿势进行控制，减小汽车的质心侧偏角，尽量使汽车的质心侧偏角为0。

(2)减小汽车横摆角速度与侧向加速度之间的相位差及相位。

(3)增强汽车行驶的稳定性。

(4)低速行驶时具备良好的机动性，改善低速范围汽车的操纵稳定性。

(5)改善汽车的转向响应性能。

(6)抵制由汽车自身参数变化因素对汽车转向响应特性的影响，并保持所期望的汽车转向响应特性。

(7)增强对外界环境变化的抗干扰能力。

(8)改善车轮附着力极限附近的响应。

这些控制目的并不是孤立的，每种目的之间紧密地相互联系。为了达到这些控制目的，需选择合理的控制策略和算法。

在4WS的反馈控制中，有两种类型的控制目标。一种是控制车体侧偏角为0，另一种是横摆运动参考模型的跟踪控制。对稳态与瞬态下零侧偏角的控制，可使汽车具有很快的转向响应，同时也使汽车具有较大的不足转向特性，但侧向速度传感器成本高，不适用于广泛应用。而横摆运动参考模型跟随控制所需的角速度传感器成本较低，适用于批量生产。

在实际应用上，汽车的后轮主要采用以下9种控制方法。

(1)前、后轮转向比为定值的4WS系统。

在低速时，前、后轮转向应当满足逆相位转向，因此前、后轮转向比应为负值，以减小转弯半径，提高汽车的灵活性。同理，在高速时，前、后轮转向比应为正值，以减小质心侧偏角，增加驾驶员行车视野，同时提高汽车的操纵稳定性。前、后轮转向比为

$$k=\frac{-b+\frac{ma}{k_2 l}u^2}{a+\frac{mb}{k_1 l}u^2} \tag{7.3}$$

式中，k_1、k_2 分别为前、后轴的侧偏刚度；a、b 分别为质心到前、后轴的距离；u 为纵向车速。低速时 k 应为负值，可以减小转弯半径，提高汽车的操作灵活性；高速时 k 应为正值，可以减小质心侧偏角，提高汽车的操纵稳定性。

(2)前、后轮转向比是前轮转角函数的 4WS 系统。

该系统可依据前轮转角相应函数实时调整后轮转角，即通过特定的传递函数简化控制逻辑，以控制后轮转角的输出。一些汽车厂家在 20 世纪 90 年代初期将该系统应用在 4WS 汽车中。该系统能够灵活实现同相位转向及逆相位转向，但在特定工况下，如在高速行驶且前轮转角很大的情况下，由于后轮转角的限制，使后轮转角与前轮转角处于相反的状态，导致汽车的操纵稳定性受到严重影响，有发生翻车的风险。这也是该系统未得到进一步发展的关键因素。

(3)前、后轮转向比是车速函数的 4WS 系统。

该系统可依据前轮转角和车速相应函数实时调整后轮转角。相较于上述系统，由于在函数中考虑了车速的影响，所以提高了汽车的转向响应。在不同的车速内，该系统能够实时调整前、后轮转向比，使汽车的侧向加速度增益维持在驾驶员能够接受的安全范围内。

(4)具有一阶滞后的 4WS 系统。

该系统缩短了横摆角速度与侧向加速度进入稳态的时间，并结合了前面 3 种 4WS 系统的优势，使汽车在高速行驶时延迟了后轮转向的介入。当前轮开始转向，并且横摆角速度或侧向加速度达到稳态值后，再让后轮转向逐步介入。此时，后轮转向的介入能够减小汽车的稳态侧偏角并缓解瞬态特性的超调问题，使汽车在稳定控制和快速反应中得到了平衡。

(5)具有反相特性的 4WS 系统。

日产公司在研发 Super 后轮转向(High Capacity Actively Controlled Suspension，HICAS)系统时，深入探索了具备反向操作特性的 4WS 技术，旨在同时实现转向的瞬态和稳态特性的优化。在汽车高速转弯时，前、后轮转向先呈现逆相位行驶，并加快横摆角速度和侧向加速度动态响应特性，使两个参数迅速达到稳定的理想值。此时，再将后轮转向进行反向转动，与前轮转向呈现同相位模式，进一步优化汽车的稳态响应特性。通过传递函数将前、后轮转向角度的动态关系描述为

$$G(s)=\frac{K_0+\tau_1+\tau_2 s+\tau_3 s^2}{1+T_1+T_2 s+T_3 s^2} \tag{7.4}$$

式中，K_0、τ_1、τ_2、τ_3、T_1、T_2、T_3 都为待定控制参数，是通过汽车特性和工况条件确定的。

(6)前轮转向角比例前馈与横摆角速度比例反馈的 4WS 控制。

将第一种控制方法与横摆角速度比例反馈结合的控制方法不仅能使车身侧偏角降至 0，还能增强汽车转向的固有性能，优化其转向响应的频率特性。当汽车遭受侧向风等外界干扰时，横摆角速度比例反馈结合后轮主动控制策略使汽车具有实时调整与稳定的能力。该能力使受到干扰的汽车能迅速响应并纠正汽车发生的偏移，保证行车安全。

(7)具有最优控制特性的4WS控制系统。

通过最优控制策略，实现对前、后轮转角同时精准操控。其控制目标是能保持与2WS汽车相同的横摆角速度和侧向加速度的稳态增益，使驾驶员在操控4WS汽车时具有和前轮转向一样的驾驶体验，避免驾驶员行驶时对汽车的不适应。该系统通过精准控制，使横摆角速度和侧向加速度在动态响应中相位滞后尽可能降至0，以保证在大范围的频率中，二者的幅频特性能保持稳定。该系统的控制原理如图7.10所示。

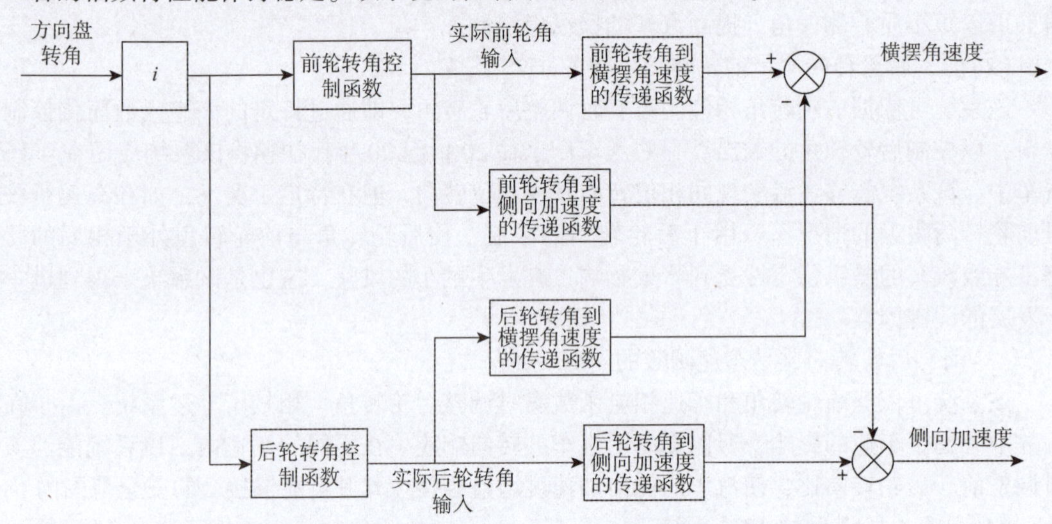

图7.10 具有最优控制特性的4WS控制系统的控制原理

(8)具有自主学习、自适应能力的4WS系统。

上述提及的4WS系统的控制方法都是在线性条件下生成的，而实际汽车是一个非线性系统，如果不考虑车轮的侧偏刚度是实时变化的，也不考虑前、后轴动态载荷转移等影响，则不能很好地反映汽车的实际运行状态。具有自主学习、自适应能力的4WS系统能随着被控对象的变化自动调整控制策略或参数，目前较流行的控制策略包括自适应控制，能随着系统的变化而自动调整控制参数，优化控制性能；鲁棒H无穷控制，考虑系统不确定性和性能指标的优化控制方法，确保系统在极端条件下的性能；鲁棒控制，旨在设计一种对系统模型不确定性和对外部干扰具有强抗干扰能力的控制器；综合控制，通过融合多种控制策略的优点，全面应对各种复杂的控制问题；模糊控制，利用模糊逻辑模拟人类决策过程，可处理不精确和模糊的信息；基于神经网络的控制，利用神经网络的学习和泛化能力，模拟复杂的非线性系统动态，实现智能控制。

(9)四轮独立转向控制技术。

拥有该技术的汽车的4个车轮都能够独立地进行操纵，是一种先进的汽车底盘技术。因其独特的优点能够与大部分主动安全装置结合，如与ABS、四轮驱动系统、驱动防滑系统等系统结合，使汽车的底盘有更加优异的操纵稳定性。该技术与传统4WS系统相比，其左、右车轮并不是通过满足阿克曼原理的汽车转向模型计算得到的，而是4个车轮都能自主地控制。该技术很大程度上提高了汽车的转向极限，使驾驶员有更好的驾驶体验。

7.1.3 4WS系统的发展趋势

我国对4WS系统的研究起步较晚，大多是从21世纪初对该技术进行理论探索，实践

应用相对较少。4WS 系统本身是一个非线性系统，操纵动力学问题错综复杂，因此在对其控制系统进行研究时，必须全面考虑汽车的运动状态，深度分析对各类动力学参数有影响的汽车动态响应。对于汽车控制策略的研究，构建精确的数学模型是非常有必要的。伴随着控制理论的发展，更多先进的控制策略被引入 4WS 系统中，如最优控制、自适应控制、滑模控制、鲁棒控制等。近年来更多的智能控制方法也应用在 4WS 系统中，如模糊控制和基于神经网络的控制等。

由于更多先进和智能的控制方法的加入，4WS 系统的理论研究也从线性控制领域向非线性控制领域拓展。因此，通过分析，可以在以下 4 个方面进行深入研究。

(1)加强后轮转向系统的研究。4WS 汽车因加入了后轮转向系统而体现出其性能比 2WS 汽车更好，所以后轮转向系统的优异决定了 4WS 汽车的优势大小。若加入的后轮转向系统不能体现其优秀性能，反而使汽车转向响应比 2WS 汽车更迟疑，那么这一系统的应用价值将受到影响。后轮转向系统需要引进更加先进的控制理论，使快速响应的同时得到精准控制。在系统设计中加入冗余部件，以提高系统的可靠性和安全性。更重要的是后轮转向系统在失效后，应有具体的安全保护措施，以保证车内人员的安全。

(2)考虑车轮非线性特性的 4WS 汽车控制理论的研究。4WS 汽车在极限工况下，对优化汽车侧向动力学性能有明显提升。为了加强其性能，设计其控制策略时必须深入考虑车轮的非线性特性。通过精确捕捉车轮在不同工况下的非线性行为，如侧向力与侧偏角、滑移率之间的复杂关系等，可以优化前、后轮的转向协同作用，从而增强汽车的稳定性、操控性和响应速度。因此，在 4WS 汽车控制策略的制定中，车轮非线性特性的集成是关键，以确保汽车在极限工况下也能展现出卓越的侧向动力学性能。

(3)4WS 汽车状态估计的研究。得到汽车精准的状态参数(如质心侧偏角、横摆角速度、路面附着系数以及前、后轮转角等)对设计 4WS 汽车的控制策略是有极大优势的。任何汽车状态参数的偏差都有可能使最终的后轮转角输出与预期偏离，从而导致该系统的转向响应变差，影响汽车的性能，安全性也得不到保障。当前大部分学者采用状态估计技术获得汽车关键的状态参数，效果也有明显提升。

(4)建立 4WS 系统内、外环协调控制仿真平台。将整车控制策略(外环控制)与后轮转向控制系统(内环控制)紧密结合，通过内、外环的协调控制，实现整车性能的最优化。整车控制策略根据汽车当前的状态参数和驾驶员的输入计算出理想的后轮转角，后轮转向系统接收外环控制传来的理想值信号并通过控制策略对后轮转角进行精准控制，使汽车实际状态与期望行驶状态保持一致。

7.2　4WS 汽车模型及转向特性分析

7.2.1　4WS 汽车模型的建立

为了更清晰地描述汽车行驶过程中各个方向的受力情况，需要构建一个合理的坐标轴。假设汽车做平面运动，建立汽车坐标系，如图 7.11 所示，取汽车前进方向为 x 轴正轴，取垂直于汽车前进方向为 y 轴，正轴指向左侧，z 轴垂直于地面指向上方，坐标轴的原点相交于汽车质心 O 点。

建立 4WS 汽车模型前，先来了解一下 2WS 汽车模型的建立。为了便于计算，需要对

2WS 汽车作以下的假设及简化，分析中忽略以下影响。

(1)简化转向系统输入：直接以前轮转角为输入，忽略悬架对转向的影响。

(2)限制运动自由度：假设汽车车厢只做平行于地面的平面运动，仅考虑沿某一轴线的纵向位移和绕该轴线的横摆运动，忽略汽车绕其他轴线的俯仰和侧倾。

(3)恒定前进速度：设定汽车的纵向速度保持不变。进行分析时仅需关注侧向运动和横摆运动两个自由度。

(4)线性侧偏范围：将汽车的侧向加速度限制在一定范围内，确保车轮侧偏特性呈线性状态。

(5)忽略外部力影响：在建立运动微分方程时，假设驱动力较小，不考虑地面切向力对车轮侧偏特性的影响，同时忽略空气动力对汽车运动的影响。

(6)车轮特性一致性：忽略左、右车轮由于载荷的变化导致车轮特性的不同，同时忽略车轮回正力矩对汽车运动的影响。

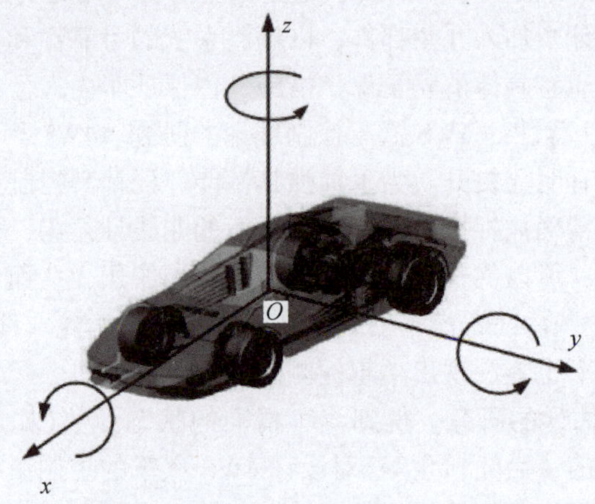

图 7.11　汽车坐标系

上述将实际汽车简化为一个二自由度转向汽车动力学模型，如图 7.12 所示。

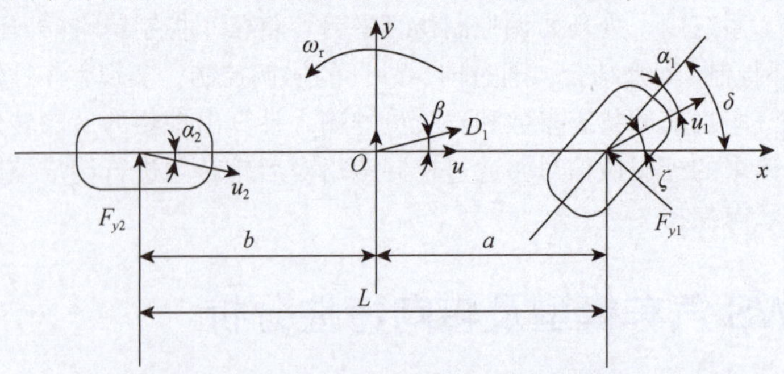

图 7.12　二自由度转向汽车动力学模型

分析时，假设汽车坐标系的原点与汽车质心重合。显然，汽车的质量分布参数，如转动惯量等为常数，利用汽车坐标系分析汽车的运动如图 7.13 所示。因此，只要将汽车的(绝对)加速度与(绝对)角加速度及外力与外力矩沿汽车坐标系的轴线分解，就可以列出沿这些坐标轴的运动微分方程。下面依次在汽车坐标系上确定汽车质心的(绝对)加速度，二自由度汽车受到的外力与绕质心的外力矩以及外力、外力矩与汽车运动参数的关系，最后，列出二自由度汽车的运动微分方程式。

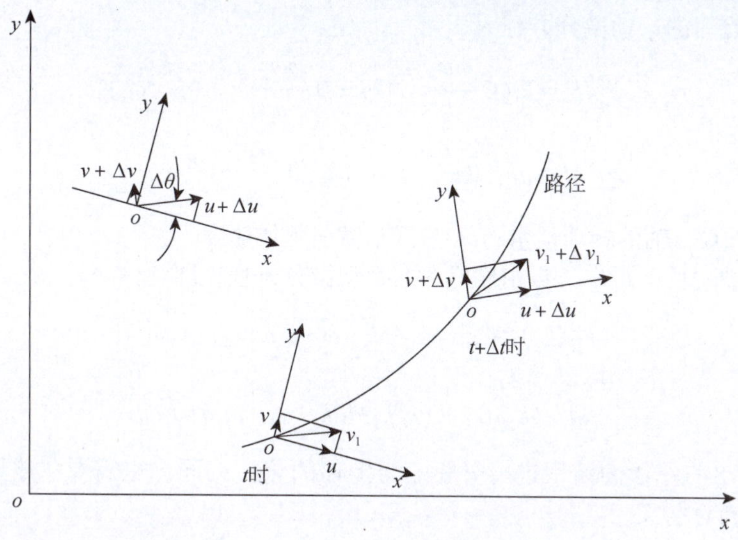

图 7.13　利用汽车坐标系分析汽车的运动

由图 7.12 可知，二自由度汽车受到外力沿轴方向的合力和绕质心的力矩为

$$\begin{cases}\sum F_y = F_{y1}\cos\delta + F_{y2} \\ \sum M_z = aF_{y1}\cos\delta - bF_{y2}\end{cases} \tag{7.5}$$

式中，F_{y1} 和 F_{y2} 分别为地面对左、右前轮反作用力之和及左、右后轮侧向反作用力之和，即侧偏力；δ 为前轮转角；a 和 b 分别为汽车质心到前轴和后轴中心的距离。

汽车在高速行驶时，δ 很小，可忽略为零，即在 δ 接近零时，$\cos\delta=1$。假设车速一定且左、右轮侧偏力相等，由 $F=-k\alpha$（α 为汽车行驶时的车轮侧偏角），可将式(7.5)简化为

$$\begin{cases}\sum F_y = k_1\alpha_1 + k_2\alpha_2 \\ \sum M_z = ak_1\alpha_1 - bk_2\alpha_2\end{cases} \tag{7.6}$$

式中，k_1、k_2 分别为前、后轴的侧偏刚度；α_1、α_2 分别为汽车行驶时前、后轮侧偏角。

汽车前、后轮侧偏角与其运动参数有关。图 7.12 中，前、后轴中点的车速分别为 u_1 和 u_2，前、后轮侧偏角分别为 α_1 和 α_2，整车质心的侧偏角为 β。假设汽车的纵向速度为 u，侧向速度为 v，则 $\beta=v/u$。ζ 是 u_1 与 x 轴的夹角，即

$$\zeta = \frac{v + a\omega_r}{u} = \beta + \frac{a\omega_r}{u} \tag{7.7}$$

前、后轮侧偏角为

$$\begin{cases}\alpha_1 = -(\delta - \zeta) = \beta + \dfrac{a\omega_r}{u} - \delta \\ \alpha_2 = \dfrac{v - b\omega_r}{u} = \beta - \dfrac{b\omega_r}{u}\end{cases} \tag{7.8}$$

由此，可以得出外力、外力矩与汽车运动参数的关系式为

$$\begin{cases}\sum F_y = k_1\left(\beta + \dfrac{a\omega_r}{u} - \delta\right) + k_2\left(\beta - \dfrac{b\omega_r}{u}\right) \\ \sum M_z = ak_1\left(\beta + \dfrac{a\omega_r}{u} - \delta\right) - bk_2\left(\beta - \dfrac{b\omega_r}{u}\right)\end{cases} \tag{7.9}$$

二自由度汽车的运动微分方程为

$$\begin{cases}\sum F_y = k_1\left(\beta+\dfrac{a\omega_r}{u}-\delta\right)+k_2\left(\beta-\dfrac{b\omega_r}{u}\right)=m(\dot{v}+u\omega_r)\\ \sum M_z = ak_1\left(\beta+\dfrac{a\omega_r}{u}-\delta\right)-bk_2\left(\beta-\dfrac{b\omega_r}{u}\right)=I_z\dot{\omega}_r\end{cases} \tag{7.10}$$

式中，I_z 为汽车绕 z 轴的转动惯量；$\dot{\omega}_r$ 为汽车横摆角加速度。

上式化简整理后，得出二自由度汽车的运动微分方程，即

$$\begin{cases}(k_1+k_2)\beta+\dfrac{1}{u}(ak_1-bk_2)\omega_r-k_1\delta=m(\dot{v}+u\omega_r)\\ (ak_1-bk_2)\beta+\dfrac{1}{u}(a^2k_1+b^2k_2)\omega_r-ak_1\delta=I_z\dot{\omega}_r\end{cases} \tag{7.11}$$

下面对 4WS 汽车运动模型进行分析。与上述的分析相同，也需要忽略影响较小的因素，忽略因素参考前文。

二自由度 4WS 汽车模型如图 7.14 所示：

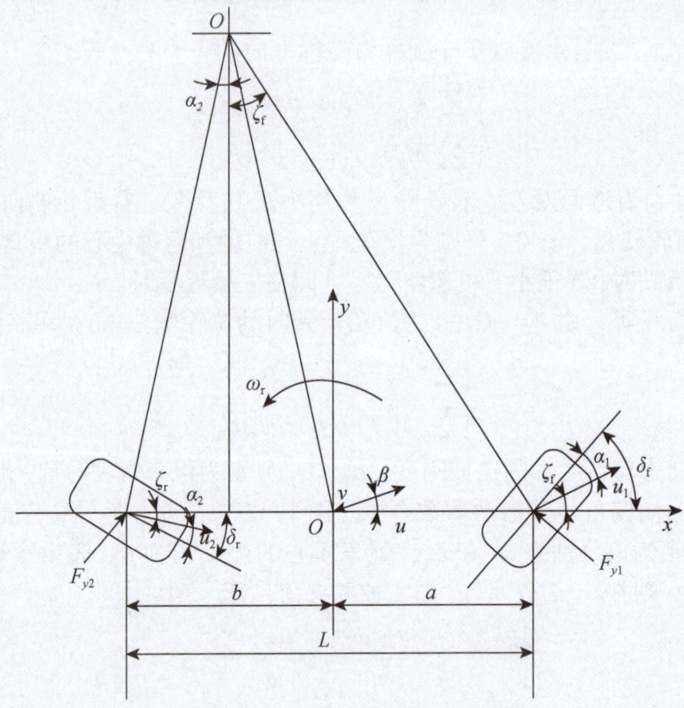

图 7.14　二自由度 4WS 汽车模型

图 7.14 中，其是一个由前、后两个有侧向弹性的车轮支承于地面，具有侧向和横摆运动的二自由度汽车模型。其中，两个车轮分别转向，前、后轮转角成比例控制，控制参数为 $F_{rf}=\delta_r/\delta_f$。

根据刚体运动微分方程得出其运动微分方程为

$$\begin{cases}\sum F = m(\dot{v}+\omega_r u)\\ \sum M = I_z\dot{\omega}_r\end{cases} \tag{7.12}$$

作用于汽车的外力来自地面，大小取决于前、后轮的侧偏角，而前、后轮的侧偏角与汽车的运动参数有关。汽车前轮输入转角为 δ_f，后轮输入转角为 δ_r，前、后轴中点的车速

分别为 u_1 和 u_2，前、后轮侧偏角为 α_1 和 α_2，整车质心的侧偏角为 β，横摆角速度为 ω_r。假设汽车的前进速度为 u，侧向速度为 v，则 $\beta=v/u$。根据坐标系的规定，前轮侧偏角为

$$\alpha_1=-(\delta_f-\zeta_f)=\zeta_f-\delta_f$$

式中，ζ_f 是前轴中点速度向量 u_1 与 x 轴的夹角。其值为

$$\zeta_f=\frac{v+a\omega_r}{u}=\beta+\frac{a\omega_r}{u}$$

因此，前轮侧偏角为

$$\alpha_1=\beta+\frac{a\omega_r}{u}-\delta_f \tag{7.13}$$

同理，后轮侧偏角为

$$\alpha_2=-(\delta_r-\zeta_r)=\zeta_r-\delta_r$$

式中，ζ_r 是前轴中点速度向量 u_2 与 x 轴的夹角。其值为

$$\zeta_r=\frac{v-b\omega_r}{u}=\beta-\frac{b\omega_r}{u}$$

因此，后轮侧偏角为

$$\alpha_2=\beta-\frac{b\omega_r}{u}-\delta_r \tag{7.14}$$

作用在汽车上的外力为前、后轮的侧向力 F_{y1} 及 F_{y2}。通过车轮侧偏角与侧向力的关系计算前、后轮的车轮侧向力，则汽车所受到的相应的地面侧向反力为

$$\begin{cases}F_{y1}=k_1\alpha_1\\F_{y2}=k_2\alpha_2\end{cases} \tag{7.15}$$

F_{y1} 沿 y 轴的分量为 $F_{y1}\cos\delta_f\approx F_{y1}$，$F_{y2}$ 沿 y 轴的分量为 $F_{y2}\cos\delta_r\approx F_{y2}$，则有：

$$\begin{cases}\sum F=F_{y1}+F_{y2}=k_1\alpha_1+k_2\alpha_2\\\sum M=aF_{y1}-bF_{y2}=ak_1\alpha_1-bk_2\alpha_2\end{cases} \tag{7.16}$$

将上述公式整理得：

$$\begin{cases}\sum F=(k_1+k_2)\beta+\dfrac{1}{u}(ak_1-bk_2)\omega_r-k_1\delta_f-k_2\delta_r\\\sum M=(ak_1-bk_2)\beta+\dfrac{1}{u}(a^2k_1+b^2k_2)\omega_r-ak_1\delta_f+bk_2\delta_r\end{cases} \tag{7.17}$$

因为 $\beta=v/u$，u 为定值，所以 $\dot{\beta}=\dot{v}/u$。将 $\dot{v}=\dot{\beta}u$ 代入式中整理得到二自由度 4WS 汽车运动微分方程：

$$\begin{cases}mu(\dot{\beta}+\omega_r)=(k_1+k_2)\beta+\dfrac{(ak_1-bk_2)}{u}\omega_r-k_1\delta_f-k_2\delta_r\\I_z\dot{\omega}_r=(ak_1-bk_2)\beta+\dfrac{(a^2k_1+b^2k_2)}{u}\omega_r-ak_1\delta_f+bk_2\delta_r\end{cases} \tag{7.18}$$

取系统的状态变量为 $\boldsymbol{X}=[\beta\omega_r]^{\mathrm{T}}$，系统输入为 $\boldsymbol{U}=[\delta_f\delta_r]^{\mathrm{T}}$，系统输出为 $\boldsymbol{Y}=[\beta\omega_r]^{\mathrm{T}}$。由式(7.18)可得系统的状态空间方程形式为

$$\begin{cases}\dot{\boldsymbol{X}}=\boldsymbol{AX}+\boldsymbol{BU}\\\boldsymbol{Y}=\boldsymbol{CX}+\boldsymbol{DU}\end{cases} \tag{7.19}$$

式中，$\boldsymbol{A}=\begin{bmatrix}\frac{k_1+k_2}{mu} & \frac{ak_1-bk_2}{mu^2}-1\\ \frac{ak_1-bk_2}{I_z} & \frac{a^2k_1+b^2k_2}{I_zu}\end{bmatrix}$；$\boldsymbol{B}=\begin{bmatrix}-\frac{k_1}{mu} & -\frac{k_2}{mu}\\ -\frac{ak_1}{I_z} & \frac{bk_2}{I_z}\end{bmatrix}$；$\boldsymbol{C}=\begin{bmatrix}1 & 0\\ 0 & 1\end{bmatrix}$；$\boldsymbol{D}=\begin{bmatrix}0 & 0\\ 0 & 0\end{bmatrix}$。

7.2.2 4WS 汽车比例控制与前轮转向对比仿真

4WS 汽车在加入后轮转向后，汽车的转向特性会与前轮转向有所不同。为了减少对驾驶员的干扰，汽车理想横摆角速度应跟踪前轮转向稳态下的理想横摆角速度。由于理想的质心侧偏角越小，驾驶员的驾驶视野会越大，同时汽车发生失稳的概率也会越低，所以以零质心侧偏角作为理想质心侧偏角。比例前馈的控制为前、后轮转角成固定比例的控制方法，下面将采用此控制方法与前轮转向进行对比仿真。

已知二自由度 4WS 汽车运动微分方程为

$$\begin{cases}-(k_1+k_2)\beta-\dfrac{1}{u}(ak_1-bk_2)\omega_r+k_1\delta_f+k_2\delta_r=m(\dot{v}+\omega_r u)\\ -(ak_1-bk_2)\beta-\dfrac{1}{u}(a^2k_1+b^2k_2)\omega_r+ak_1\delta_f-bk_2\delta_r=I_z\dot{\omega}_r\end{cases}\tag{7.20}$$

式中，δ_r 为后轮转角；δ_f 为前轮转角；汽车稳态转向时质心侧偏角 $\beta=0$。由于稳态的横摆角速度 ω_r 为定值，所以 $\dot{v}=0$，$\dot{\omega}_r=0$。比例系数计算式为

$$k=\frac{-b-\dfrac{ma}{k_2(a+b)}u^2}{a-\dfrac{mb}{k_1(a+b)}u^2}=\frac{-b-\dfrac{ma}{k_2L}u^2}{a-\dfrac{mb}{k_1L}u^2}\tag{7.21}$$

在 MATLAB 中绘制比例系数 k 和车速 u 的关系曲线。汽车模型的基本参数见表 7.1。

表 7.1 汽车模型的基本参数

名称	大小	名称	大小
整车质量 m	2 460 kg	前悬架侧倾刚度 k_f	80 621 N · m/rad
质心到前轴距离 a	1. 42 m	后悬架侧倾刚度 k_r	62 189 N · m/rad
质心到后轴距离 b	1. 84 m	前悬架阻尼 d_f	6 520 N · m/rad
车身横摆转动惯量 I_z	2 377 kg · m^2	后悬架阻尼 d_r	6 520N · m/rad
簧载质量 m_s	1 420 kg	前悬侧倾转向系数 R_f	0. 17
前轮总侧偏刚度 k_1	−82 237 N · m/rad	后悬侧倾转向系数 R_r	0. 15
后轮总侧偏刚度 k_2	−82 961 N · m/rad	惯性积 I_{xz}	20 kg · m^2
轴距 L	3. 26 m	轮距 B	1. 9 m

在 MATLAB 命令窗口中输入以下程序。

```
m=2460;a=1.42;b=1.84;k1=-82237;k2=-82961;l=3.26;    %汽车参数赋值
u=0:10:60;                                          %设置速度
k=(-b-m.*a.*u*u./k2./l)./(a-m*b*u*u./k1./l);        %计算比例系数
plot(u,k);                                          %绘制车速与比例系数关系曲线
hold on                                             %保存图形
```

```
xlabel('车速 u(m/s)')                    %设置横轴坐标系名称
ylabel('比例系数 k')                     %设置纵轴坐标系名称
title('比例系数与车速的关系曲线')         %设置图像
```

比例系数与车速的关系曲线如图 7.15 所示。

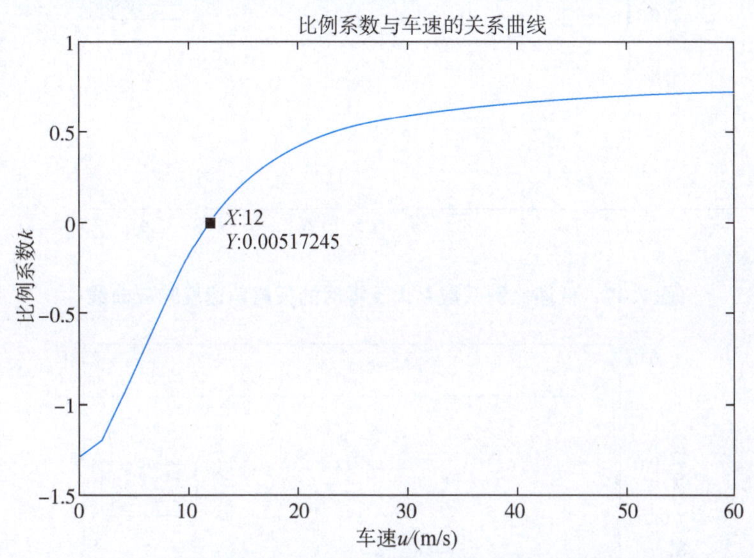

图 7.15　比例系数与车速的关系曲线

由图 7.15 可知，当车速约为 12 m/s 时，$k=0$，即后轮保持纵向方向，后轮转角为零；当车速小于 12 m/s 时，$k<0$，即汽车的前、后轮转角逆相位转向；当车速大于 12 m/s 时，$k>0$，即汽车的前、后轮转角同相位转向。

在 Simulink 中建立 4WS 和 2WS 仿真模型，如图 7.16 所示。

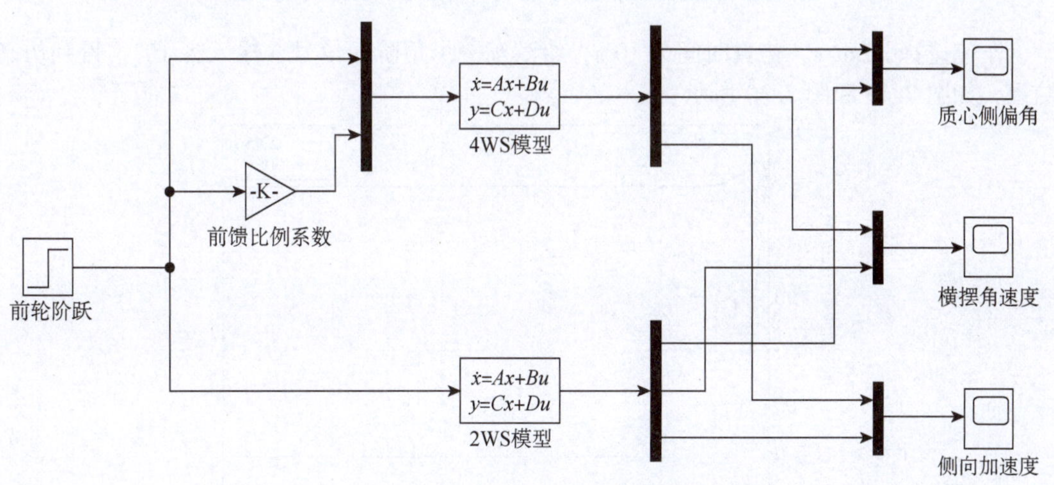

图 7.16　4WS 和 2WS 仿真模型

车速选择 10 m/s，仿真时间为 10 s，给汽车一个角阶跃信号，输入为 10°，得到仿真结果，如图 7.17 和图 7.18 所示。

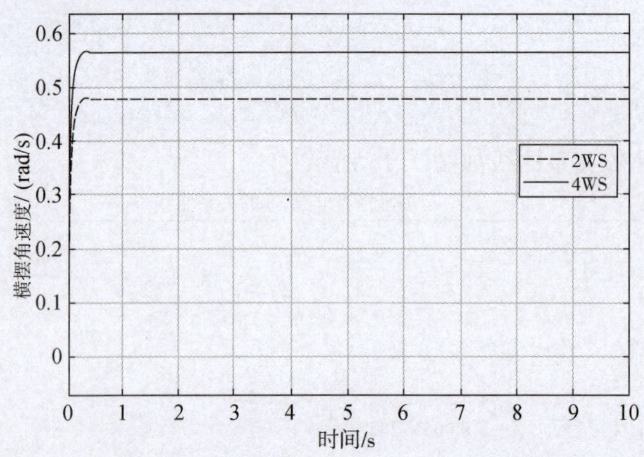

图 7.17　低速比例系数 k 大于零时的横摆角速度响应曲线

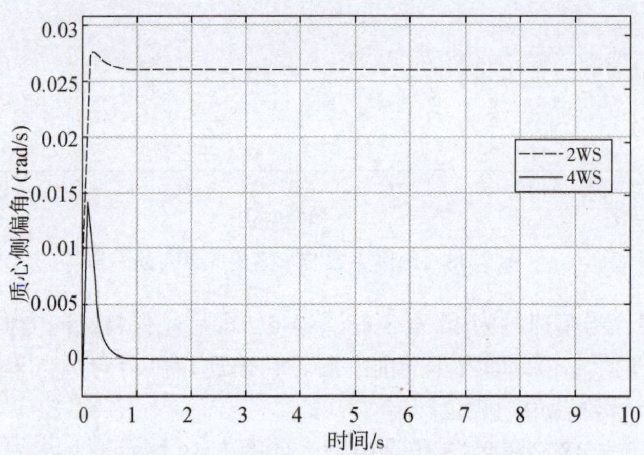

图 7.18　低速比例系数 k 大于零时的质心侧偏角响应曲线

车速选择 30 m/s，仿真时间为 10 s，给汽车一个角阶跃信号，输入为 10°，得到仿真结果，如图 7.19 和图 7.20 所示。

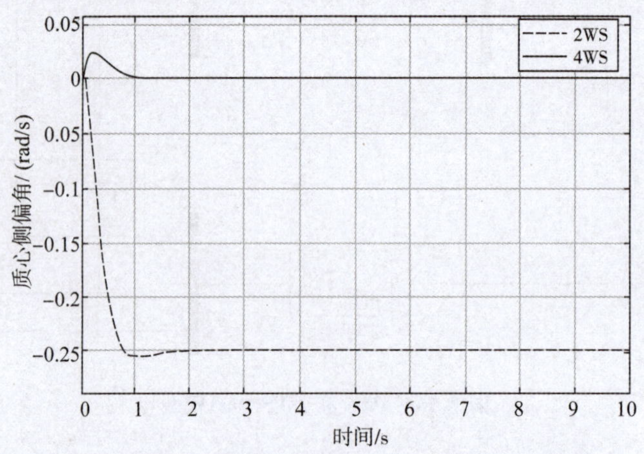

图 7.19　高速比例系数 k 小于零时的质心侧偏角响应曲线

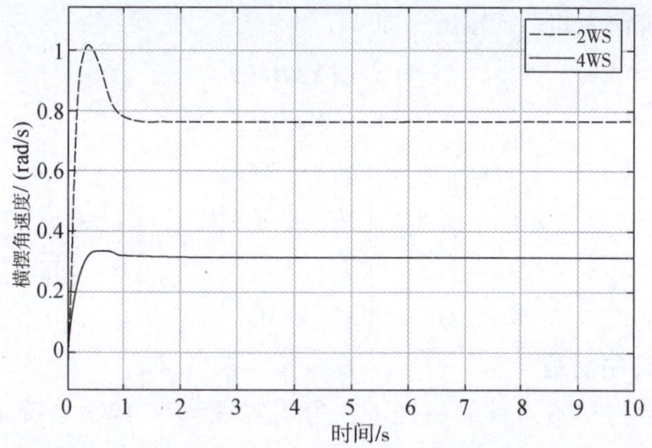

图 7.20　高速比例系数 k 小于零时的横摆角速度响应曲线

7.2.3　4WS 汽车的响应特性

由图 7.17 可知，当汽车进行低速转向操作时，相较于 2WS 汽车，4WS 汽车展现出了更高的横摆角速度。这一特性意味着，在驶过相同曲率的弯道时，4WS 汽车所需的方向盘转动幅度较小，从而赋予了驾驶员更为轻松、便捷的操控体验。此外，从转弯半径的计算逻辑出发，可以推导出，在相同车速下，该类型汽车在低速转向时的转弯半径更为紧凑，有效提升低速环境下的汽车机动性。由图 7.20 可知，当汽车进行高速转向操作时，情况则有所不同。此时，4WS 汽车的横摆角速度相较于 2WS 汽车有所降低，这意味着在通过相同弯道时，驾驶员需要增加方向盘的转动量。这一设计初衷是为了降低高速驾驶中因误打方向盘而引起危险的发生，保障行驶的安全性。然而，横摆角速度的显著降低也带来了“不足转向”的副作用，即在紧急避障或快速变道时，汽车可能表现出较为迟缓的响应，这对行驶的安全性构成了一定的风险，成为该控制策略的一个主要限制点。

由图 7.18 和图 7.19 可知，汽车无论是在低速行驶还是在高速行驶，比例控制 4WS 汽车的质心侧偏角在经历短暂的波动后，能迅速达到理想值附近。这明显优于 2WS 对质心侧偏角的控制效果。比例控制 4WS 汽车不仅有效减少了质心侧偏角，还提升了汽车的轨迹跟踪能力和行驶稳定性，确保行驶更加平稳与安全。

综上所述，比例控制 4WS 相较于 2WS，明显地优化了转向性能，尤其是在低速行驶时，极大提升了操纵的便捷性与汽车的灵活性；而在中、高速行驶转向中，则有效提升了汽车的操纵稳定性。然而，该方法也有局限性，当汽车处于高速转向状态时，横摆角速度的稳态增益出现降低的现象，这可能会导致汽车有过度的不足转向特性。此结果可能使驾驶员在高速弯道或变道行驶时有心理负担与不适感，从而对行车的安全性构成潜在威胁，这是该控制策略亟待解决的主要弊端。

7.3　汽车 4WS 系统的比例控制与最优控制实例及 MATLAB 实现

7.3.1　4WS 汽车最优控制器设计

1)状态空间方程的建立

在 7.2 中，分析了二自由度 4WS 汽车运动微分方程及状态方程。由式(7.19)可知系

统的状态变量、系统输入和系统输出，即

$$\begin{cases}\dot{X}=AX+BU\\ Y=CX+DU\end{cases}$$

式中，$A=\begin{bmatrix}-\dfrac{a^2k_1+b^2k_2}{I_z u} & -\dfrac{ak_1-bk_2}{I_z}\\ -\dfrac{ak_1-bk_2}{Mu^2}-1 & -\dfrac{k_1+k_2}{Mu}\end{bmatrix}$；$B=\begin{bmatrix}\dfrac{ak_1}{I_z} & -\dfrac{bk_2}{I_z}\\ \dfrac{k_1}{Mu} & \dfrac{k_2}{Mu}\end{bmatrix}$；$C=\begin{bmatrix}1 & 0\\ 0 & 1\end{bmatrix}$；$D=\begin{bmatrix}0 & 0\\ 0 & 0\end{bmatrix}$。

2）4WS 的最优控制问题

在给定系统参数与初始条件的前提下，为了实现汽车 4WS 系统工作性能的最优化，可以将设计目标聚焦于构建一个最优控制器。此控制器是以终止时间 t_f 为基准，被视作一个线性调节器，求解方式是通过解代数形式的黎卡提方程，来确定一个线性定常的反馈控制律。该控制律能够确保在指定的终止时间 t_f 内，汽车 4WS 系统的工作性能指标能跟踪理想值。

最优控制的性能参数指标应取二次函数积分型。控制目标是将质心侧偏角尽可能接近零，因此性能指标为

$$J=\int_0^{\infty}(Y^{T}QY+U^{T}RU)\mathrm{d}t$$

式中，$Q=\begin{bmatrix}q^2 & 0\\ 0 & 1\end{bmatrix}$为状态变量的加权矩阵，其中 q 为权系数；R 为控制变量的加权矩阵。

由最优控制理论可知，若控制输入为 $\delta_c=-KX$，则性能指标 J 为最小。其中，$K=R^{-1}B^{T}P$，称为最优反馈增益矩阵。这里的 P 是下列黎卡提矩阵方程的解：

$$PA+A^{T}P-PBR^{-1}B^{T}P+Q=0$$

取权系数 $q=40$，$R=\begin{bmatrix}1 & 0\\ 0 & 1\end{bmatrix}$。

通过 MATLAB 中最优控制器设计函数[k，s，e]=lqr（A，B，Q，R，N）即可得到输出结果，其中 K 是最优反馈增益矩阵。

在 MATLAB 命令窗口中输入以下程序。

```
m=2460;a=1.42;b=1.84;I=2377;k1=-82237;k2=-82961;l=3.26;u=30;   %汽车参数赋值
A=[(k1+k2)/m/u((a*k1-b*k2)/m/u/u)-1;
(a*k1-b*k2)/I(a*a*k1+b*b*k2)/I/u];                            %状态方程系数赋值
B=[-k1/m/u-k2/m/u;-a*k1/I b*k2/I];C=[1 0;0 1];D=[0 0;0 0];     %状态方程系数赋值
Q=[1600 0;0 0];                                                %状态权重矩阵赋值
R=[1 0;0 1];                                                   %控制变量的加权矩阵赋值
Qd=C.'*Q*C; Rd=R; Nd=C.'*Q*D;                                  %计算 Qd、Rd、Nd
[k,s,e]=lqr(A,B,Qd,Rd,Nd)                                      %最优控制计算函数的比例系数
```

运行之后可得到增益矩阵 $K=\begin{bmatrix}-0.0131 & -4.0140\\ 40 & -0.0929\end{bmatrix}$。

为了对比分析控制效果，同时进行了相同结构参数的前轮转向(Front Wheel Steering，FWS) 汽车与前后轮转角比例控制的 4WS 汽车的仿真实验。在保证质心侧偏角基本为 0 且汽车横摆角速度稳态时，后轮转角与前轮转角的比例系数为

$$k=\frac{-b-\dfrac{ma}{k_2(a+b)}u^2}{a-\dfrac{mb}{k_1(a+b)}u^2}=\frac{-b-\dfrac{ma}{k_2 l}u^2}{a-\dfrac{mb}{k_1 l}u^2}$$

7.3.2　仿真分析

本节建立 FWS、比例控制和最优控制的 4WS 汽车模型在高速时的仿真实验，实验仿真时间为 5 s，角阶跃输入为 5°，车速为 30 m/s，比例系数 $k=0.415$。其 Simulink 模型如图 7.21 所示。

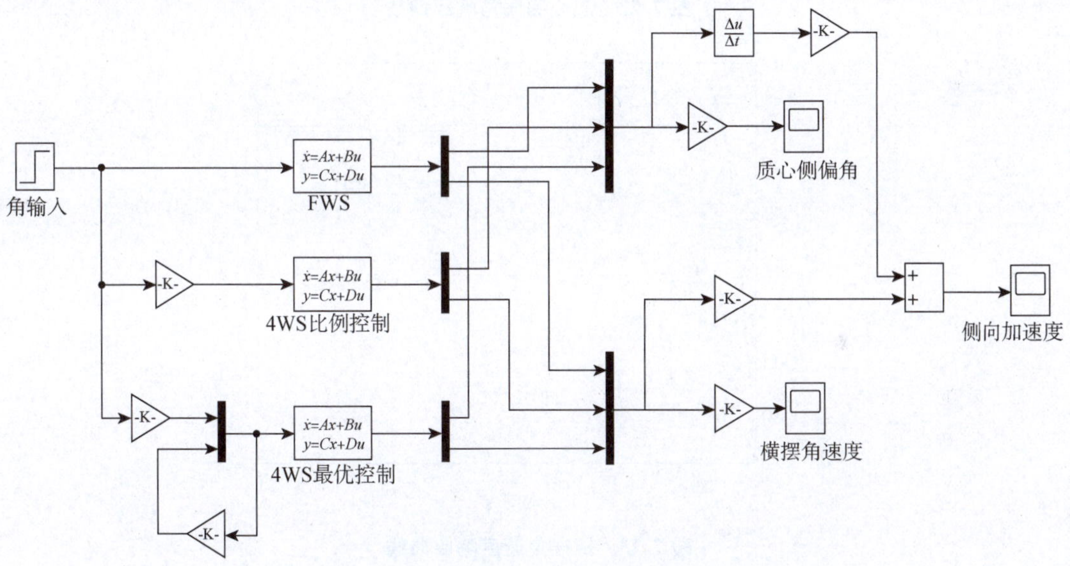

图 7.21　比例控制和最优控制的 4WS 汽车的 Simulink 模型

质心侧偏角、横摆角速度、侧向加速度响应曲线如图 7.22、图 7.23、图 7.24 所示，最优控制 4WS 汽车的质心侧偏角基本保持为 0，横摆角速度稳态值为 0.187 7 rad/s，侧向加速度稳态值为 5.255 7 m/s^2。FWS 汽车的横摆角速度稳态值为 0.337 rad/s，侧向加速度稳态值为 9.374 m/s^2。比例控制的 4WS 汽车的横摆角速度稳态值为 0.201 8 rad/s，侧向加速度稳态值为 5.650 3 m/s^2。最优控制的 4WS 汽车反应时间最短为 0.28 s，FWS 汽车的反应时间为 0.28 s，比例控制的 4WS 汽车的反应时间为 0.496 s，因此最优控制的 4WS 汽车使转向响应迅速，降低驾驶员的疲劳程度。同时最优控制的 4WS 汽车的侧向加速度最小，避免汽车转向时发生侧滑。而 FWS 汽车质心侧偏角的稳态值不为零，后轮因惯性而有偏离转向轨迹的趋势，容易发生甩尾、侧滑等危险事故。

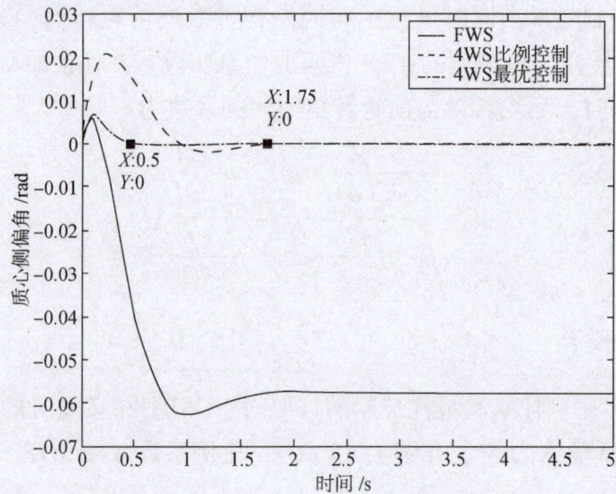

图 7.22　质心侧偏角响应曲线

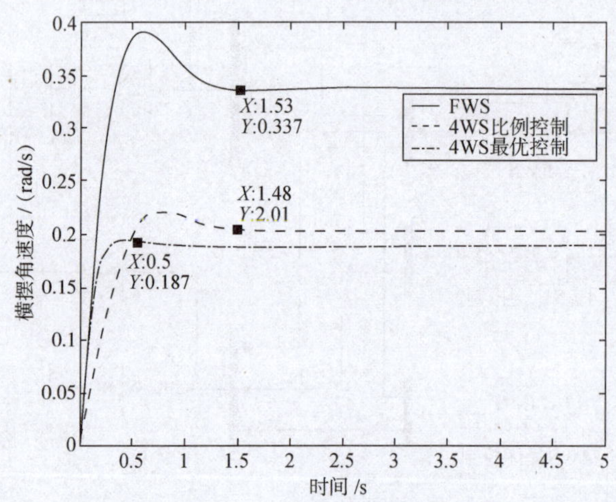

图 7.23　横摆角速度响应曲线

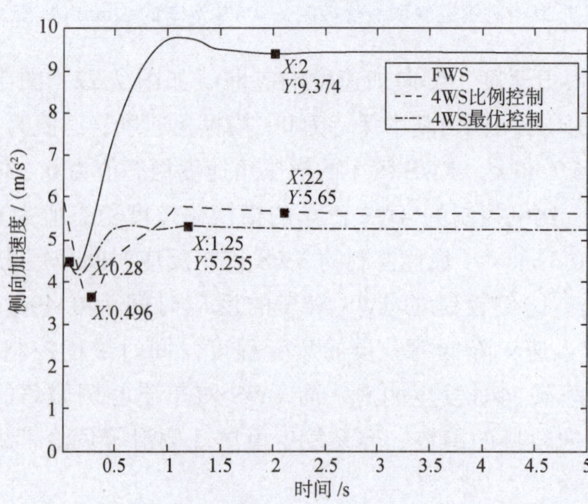

图 7.24　侧向加速度响应曲线

最优控制的 4WS 汽车减轻了驾驶员的负担，提高了汽车机动性和操纵稳定性，同时，侧向加速度的稳态值和超调量最小，并达到稳态值的时间最短，表明汽车在转弯时最不容易发生侧滑现象，保证了驾驶员的行驶安全。但其横摆角速度稳态值的降低，使驾驶时需增加方向盘转角操作。

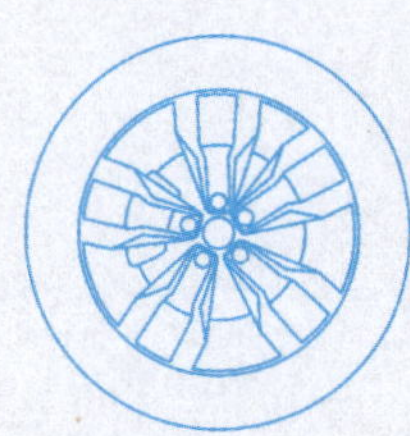

第8章 电动汽车用电机驱动控制技术基础

电机是电动汽车实现电能与机械能转换的关键部件。随着电动汽车的普及，对电机的需求不断增长，汽车制造商大多将研发精力集中在电池上，以提高续航能力，然而提升电机自身效能既可以提升续航能力又可以使电池组更小、更轻便。如何实现电动汽车驱动电机控制系统的高功率密度、高可靠性、低成本以及宽域运行、高效高性能控制、智能化控制是新一代电动汽车电机控制器亟待攻克的关键技术。本章主要对永磁同步电动机及其驱动控制技术进行介绍。

8.1 电机驱动技术概述

电机驱动技术是指利用电力控制电机实现运动控制的技术领域，主要包括电机的选型、驱动方式、控制算法等方面。电机驱动技术是现代自动化领域中不可或缺的一部分，广泛应用于工业生产线、机器人、电动汽车等领域。

新能源电动汽车主要是由电机驱动系统、电池系统和整车控制系统 3 部分构成。其中，电机驱动系统是直接将电能转换为机械能的部分，决定了电动汽车的性能指标。

8.1.1 电动汽车对驱动电机系统的要求

电动汽车驱动电机在需要充分满足汽车运行功能的同时，还应满足行驶的舒适性、环境适应性等性能以及对汽车一次充电续驶里程的要求。电动汽车对驱动电机的性能要求如下。

(1)驱动电机要有更高的能量密度，实现轻量化、低成本，充分利用有限的车载空间，减小汽车质量，降低运行中的能量消耗。此外，应尽量减小驱动电机的体积和质量，同时要具有能量回馈能力，降低整车能耗。

(2)驱动电机同时具备高速宽调速和低速大扭矩，以获得在起动、加速、行驶、减速、制动等各种运行工况下的功率和转矩要求，提供高启动速度、爬坡性能和高速加速性能。

(3)驱动电机系统要有高控制精度、高动态响应速率，全速段高效运行、一次充电续驶里程长，特别是在汽车频繁起停或变速运行的情况下，驱动电机应具有较高的效率，并同时提供高安全性和可靠性，确保汽车的行驶安全。

8.1.2　驱动电机的分类及特点

电动汽车常用的驱动电机可分为直流电机、异步电机、永磁同步电动机和开关磁阻电动机。其性能比较见表 8.1。

表 8.1　常用的驱动电机性能比较

项目	直流电机	异步电机	永磁同步电动机	开关磁阻电动机
功率密度	低	中	高	较高
转矩性能	一般	好	好	好
转速范围/(r/min)	4 000~6 000	9 000~15 000	4 000~10 000	>15 000
功率因素	—	82~85	90~93	60~65
负荷效率/%	80~87	90~92	85~97	78~86
过载能力/%	200	300~500	300	300~500
电机尺寸/重量	大/重	中/中	小/轻	小/轻
可靠性	差	好	优良	好
结构坚固性	差	好	一般	优良
控制操作性能	最好	好	好	好
控制器成本	低	高	高	一般

电机技术是电动汽车的一个核心技术。电机直接影响了汽车的驱动性能和节能效率。根据四种驱动电机性能比较，永磁同步电动机(Permanent Magnet Synchronous Motor，PMSM)具有高效、高转矩、高功率密度等优点，是目前电动汽车最常用的电机类型之一。

8.1.3　PMSM 控制研究

根据控制方法的类型，PMSM 可分为标量控制和矢量控制，如图 8.1 所示。

标量控制受到了精度控制的限制，因此在需要高度精确控制的汽车电子和精密仪器等行业中，矢量控制正逐渐替代其地位。矢量控制包括磁场定向控制(Field Oriented Control，FOC)和直接转矩控制(Direct Torque Control，DTC)两种主要的控制策略。FOC 作为较先进的技术，在矢量控制领域应用较早。其发展可以追溯到 20 世纪 70 年代，如图 8.2 所示，FOC 有多种具体的实现方式。

PMSM 因其高效节能、功率密度大的特点成为电动汽车的理想选择。然而，要充分发挥其性能优势，需借助 FOC 策略。FOC 能显著提升 PMSM 控制性能，助力电动汽车实现更优的驾驶体验。虽然目前该控制技术已经相对成熟并广泛应用，但其还面临一些挑战，主要是 Clark 变换和 Park 变换的计算复杂度高和大量计算需求，增加了集成电路实现的难度，并导致控制系统的计算速度慢，反应时间长，控制频率低，最终影响控制效果。此外，该控制技术利用电流估计并调节转矩，高度依赖于模型参数，且其动态表现未能达到预期标准。

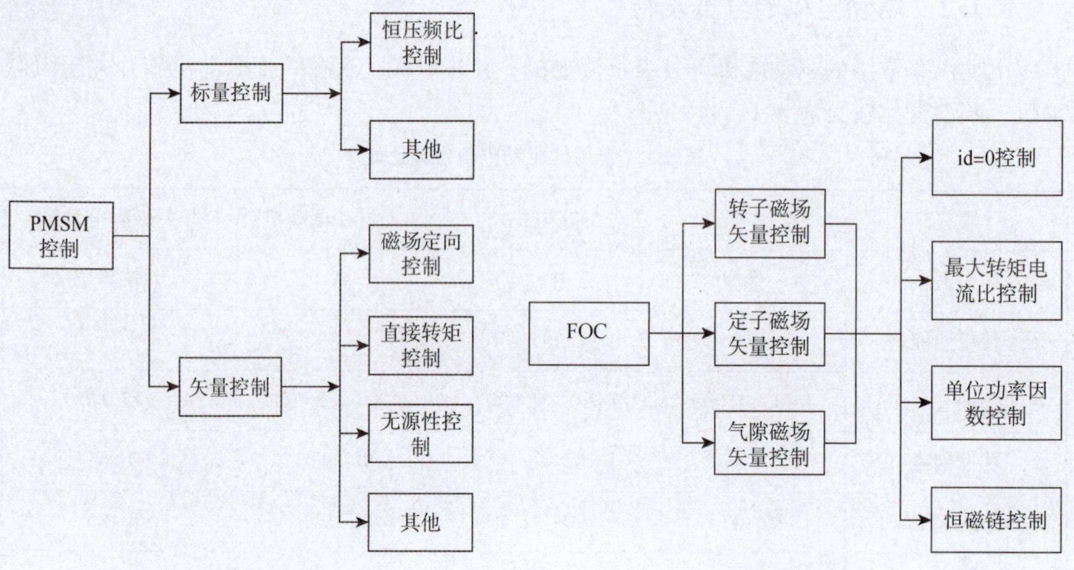

图 8.1　PMSM 控制　　　　**图 8.2　FOC**

电机的 DTC 技术是从 FOC 技术发展而来的。该技术的基本原理是使用电机的转矩和定子磁链直接作为控制输入，这样就无需进行繁琐的坐标变换计算。DTC 发展如图 8.3 所示。

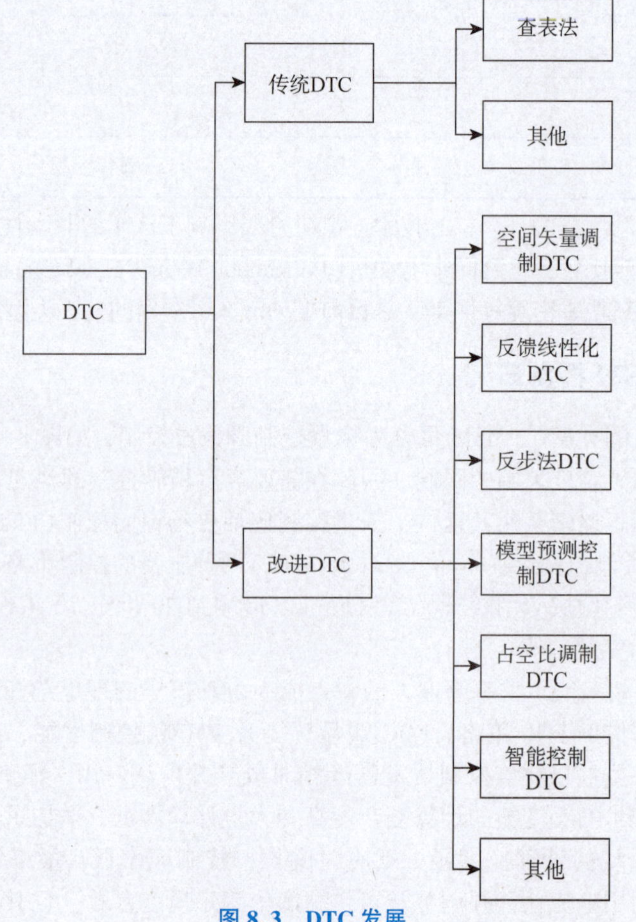

图 8.3　DTC 发展

传统 DTC 应用于 PMSM 时，转矩脉动问题较为突出，严重影响电机控制效果。因此，业内引入多种先进控制策略。它们既能够单独运用，也能够相互组合，助力优化传统 DTC 性能，显著提升 PMSM 控制的稳定性与精准度。

综上所述，国内、外对电机效率优化的研究主要集中在电机 FOC 和 DTC 上。本章将在此基础上，结合 MPC(Model Predictive Control)对电机控制进行进一步研究。

8.2　PMSM 的控制策略

8.2.1　PMSM 的数学模型

建立在以 PMSM 三相绕组轴线为基准轴的 $A-B-C$ 三相坐标系中，PMSM 的电压方程为

$$\begin{bmatrix} u_A \\ u_B \\ u_C \end{bmatrix} = \begin{bmatrix} R_s & 0 & 0 \\ 0 & R_s & 0 \\ 0 & 0 & R_s \end{bmatrix} \begin{bmatrix} i_A \\ i_B \\ i_C \end{bmatrix} + \frac{d}{dt} \begin{bmatrix} \psi_A \\ \psi_B \\ \psi_C \end{bmatrix} \tag{8.1}$$

式中，u_A、u_B 和 u_C 为三相绕组电压，单位为 V；i_A、i_B 和 i_C 为 PMSM 三相电流，单位为 A；R_s 为绕组电阻，单位为 Ω；ψ_A、ψ_B 和 ψ_C 为 $A-B-C$ 三相绕组磁链，单位为 Wb。

$$\begin{bmatrix} \psi_A \\ \psi_B \\ \psi_C \end{bmatrix} = \begin{bmatrix} L_A & M_{AB} & M_{AC} \\ M_{BA} & L_B & M_{BC} \\ M_{CA} & M_{CB} & L_C \end{bmatrix} \begin{bmatrix} i_A \\ i_B \\ i_C \end{bmatrix} + \psi_f \begin{bmatrix} \cos\theta \\ \cos\left(\theta - \dfrac{2\pi}{3}\right) \\ \cos\left(\theta + \dfrac{2\pi}{3}\right) \end{bmatrix} \tag{8.2}$$

式中，L_A、L_B、L_C 分别代表 $A-B-C$ 三相绕组的自感系数，单位为 H；θ 表示转子和定子 A 相轴绕组夹角(转子的电角度)；ψ_f 为转子的永磁体励磁磁链，单位为 Wb；$M_{XY}=M_{YX}$(其中 X 和 Y 可以是 A、B 或 C)标识了三相绕组之间的互感系数。

结合式(8.1)和式(8.2)有

$$\begin{cases} u_A = R_s i_A + L_A \dfrac{di_A}{dt} + M_{AB}\dfrac{di_B}{dt} + M_{AC}\dfrac{di_C}{dt} + \dfrac{d\psi_f}{dt}\cos\theta \\ u_{\mathrm{B}} = R_s i_B + M_{BA}\dfrac{di_A}{dt} + L_B\dfrac{di_B}{dt} + M_{BC}\dfrac{di_C}{dt} + \dfrac{d\psi_f}{dt}\cos\left(\theta - \dfrac{2\pi}{3}\right) \\ u_B = R_s i_C + M_{CA}\dfrac{di_{\mathrm{A}}}{dt} + M_{CB}\dfrac{di_B}{dt} + L_C\dfrac{di_C}{dt} + \dfrac{d\psi_f}{dt}\cos\left(\theta + \dfrac{2\pi}{3}\right) \end{cases} \tag{8.3}$$

PMSM 的电压和磁链方程在 $A-B-C$ 三相坐标系下因为模型与转子的即时位置有关的非线性特性，以及定子与转子之间的相对运动而显得复杂。为了便于分析和控制，有必要建立一个相对简单的数学模型。

(1)$\alpha-\beta$ 两相静止坐标系下 PMSM 数学模型。

三相坐标系下的 PMSM 数学模型十分复杂，在实际应用中通常需要通过坐标变换进行简化。通过 Clark 变换，将电机方程从 $A-B-C$ 三相坐标系转换到 $\alpha-\beta$ 两相静止坐标系。坐标变换示意图如图 8.4 所示。

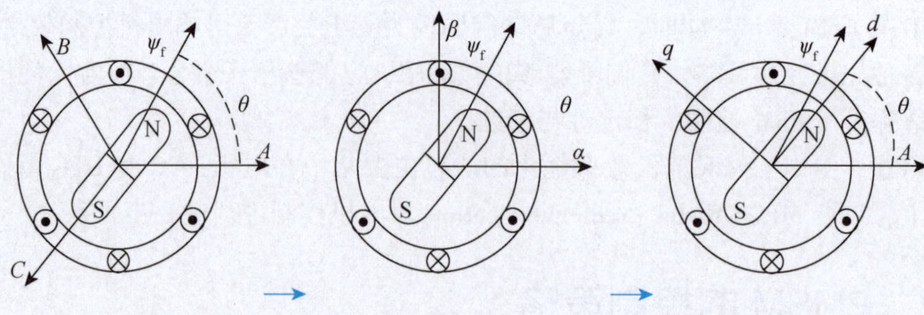

图 8.4 坐标变换示意图

忽略电压电流零序分量，变换矩阵为

$$T_{3s/2s}=\frac{2}{3}\begin{bmatrix}1 & -\frac{1}{2} & -\frac{1}{2}\\ 0 & \frac{\sqrt{3}}{2} & -\frac{\sqrt{3}}{2}\end{bmatrix} \tag{8.4}$$

从 Clark 变换矩阵 $T_{3s/2s}$ 的分析可见，电流在 α-β 两相静止坐标系中的表示方式为

$$\begin{bmatrix}i_\alpha\\ i_\beta\end{bmatrix}=\frac{2}{3}\begin{bmatrix}1 & -\frac{1}{2} & -\frac{1}{2}\\ 0 & \frac{\sqrt{3}}{2} & -\frac{\sqrt{3}}{2}\end{bmatrix}\begin{bmatrix}i_A\\ i_B\\ i_C\end{bmatrix} \tag{8.5}$$

在 α-β 两相静止坐标系中，汽车用 PMSM 的端电压，可得：

$$\begin{bmatrix}u_\alpha\\ u_\beta\end{bmatrix}=P\begin{bmatrix}\psi_\alpha\\ \psi_\beta\end{bmatrix}+R_s\begin{bmatrix}i_\alpha\\ i_\beta\end{bmatrix} \tag{8.6}$$

在 α-β 两相静止坐标系中，汽车用 PMSM 的定子磁链方程，可得：

$$\begin{cases}\psi_\alpha=i_\alpha(L_d\cos^2\theta+L_q\sin^2\theta)+i_\beta(L_d-L_q)\sin\theta\cos\theta+\psi_f\cos\theta\\ \psi_\beta=i_\alpha(L_d-L_q)\sin\theta\cos\theta+i_\beta(L_d\cos^2\theta+L_q\sin^2\theta)+\psi_f\sin\theta\end{cases} \tag{8.7}$$

式中，L_d、L_q 分别为 PMSM 直轴与交轴电感，单位为 H。

在这一坐标系中，汽车用永磁同步电动机的扭矩方程表述为

$$T_e=P_n[\psi_\alpha i_\beta-\psi_\beta i_\alpha] \tag{8.8}$$

通过应用坐标变换，A-B-C 三相坐标系中的数学模型得以简化。由于内置式 PMSM 的 d-q 轴电感不同，所以其电压、磁链和转矩方程在 α-β 两相静止坐标系中形成了复杂的非线性方程组。因此，在此坐标系中对该 PMSM 模型进行进一步简化是必要的。

(2) d-q 同步旋转坐标系下 PMSM 数学模型。

将 α-β 两相静止坐标系转换至 d-q 同步旋转坐标系的过程采用的 Park 变换，如图 8.4 所示，此转换过程为

$$T_{2s/2r}=\begin{bmatrix}\cos\theta & \sin\theta\\ -\sin\theta & \cos\theta\end{bmatrix} \tag{8.9}$$

在 d-q 坐标系中，i_d、i_q 可表达为

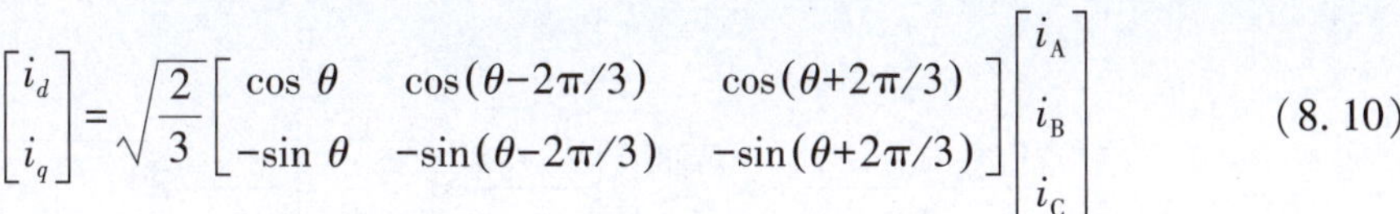

$$\begin{bmatrix} i_d \\ i_q \end{bmatrix} = \sqrt{\frac{2}{3}} \begin{bmatrix} \cos\theta & \cos(\theta-2\pi/3) & \cos(\theta+2\pi/3) \\ -\sin\theta & -\sin(\theta-2\pi/3) & -\sin(\theta+2\pi/3) \end{bmatrix} \begin{bmatrix} i_{\mathrm{A}} \\ i_{\mathrm{B}} \\ i_{\mathrm{C}} \end{bmatrix} \tag{8.10}$$

在 d-q 坐标系中，通过改变参数可以获得 PMSM 的电压方程式，即

$$\begin{cases} u_d = L_d \dfrac{\mathrm{d}i_d}{\mathrm{d}t} + R_{\mathrm{s}} i_d - \omega L_q i_q \\ u_q = L_q \dfrac{\mathrm{d}i_q}{\mathrm{d}t} + R_{\mathrm{s}} i_q - \omega (L_d i_d + \psi_{\mathrm{f}}) \end{cases} \tag{8.11}$$

式中，ω 为转子电角度，单位为 rad/s。

在此坐标系中，汽车用 PMSM 的定承磁链方程为

$$\begin{cases} \psi_d = L_d i_d + \psi_{\mathrm{f}} \\ \psi_q = L_q i_q \end{cases} \tag{8.12}$$

式(8.13)和式(8.14)分别展示了在 d-q 坐标系中，汽车用 PMSM 的电磁转矩方程和力矩平衡方程。

$$T_{\mathrm{e}} = \frac{3P}{2} [\psi_{\mathrm{f}} i_q + (L_d - L_q) i_d i_q] \tag{8.13}$$

$$T_{\mathrm{e}} = J \frac{\mathrm{d}\omega_{\mathrm{m}}}{\mathrm{d}t} + B\omega_{\mathrm{m}} + T_{\mathrm{m}} \tag{8.14}$$

式中，P 为 PMSM 的绕组极数；T_{m} 为所承受的负载转矩，单位为 N · m；J 为电机轴转动惯量的度量，单位为 $\mathrm{kg/m^2}$；电机的机械角速度 ω_{m}，则以 rad/s 来衡量；同时，B 标识了电机的阻尼系数，单位为 N · m/s。从这些信息中明确了在 d-q 坐标系下的 PMSM 数学模型并没有包括 θ 变量，这一点说明了模型已经被简化，更容易控制 PMSM。

显然，在 PMSM 的技术参数确定后，通过对其转矩方程的分析可以看出，电磁转矩的产生主要取决于控制变量 i_d、i_q 的幅度和相位。因此，通过调整这些控制变量，可以精确地控制汽车用 PMSM 产生所需的转矩。

8.2.2　PMSM 的 $i_d=0$ 控制

在电机控制过程中，确保控制直轴绕组的电流为零，这意味着直轴绕组不产生效果，使 PMSM 的定子电流仅包含交轴分量。通过交轴电压方程的分析，可以将 PMSM 视为等效的他励直流电机，其中电磁转矩仅由交轴电枢电流控制。这一控制策略简化了 PMSM 的控制过程，类似于直流电机的操作，保证了足够的调速范围。然而，这种方法并非没有缺点。当需要获取最大输出转矩时，漏感引起的压降变得非常明显，导致电机以低功率因数运行，降低了经济效率。

图 8.5 展示的 $i_d=0$ 控制系统主要由空间矢量脉宽调制(Space Vector Pulse Width Modulation，SVPWM)模块、三相逆变器、转速控制器、电流控制器等部分组成。

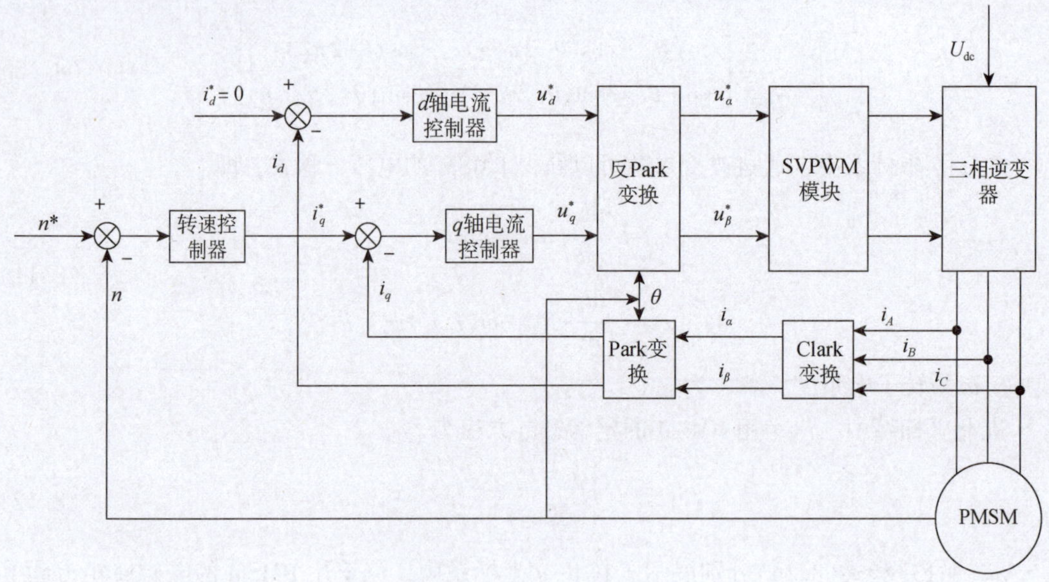

图 8.5　$i_d=0$ 控制系统

FOC 也被称为 $i_d=0$ 控制，因其较低的计算需求和简化的控制过程，被广泛应用于各种场合。该技术的核心在于调整 PMSM 中的 q 轴电流，以此来控制电机。在电机起动前，系统会先发送一个转速信号给电机。随后，矢量控制系统会通过内置的转速传感器持续监测电机的转速，并将实际转速与预设转速进行比较，计算出偏差值。这个偏差值随后被用作转速比例-积分(PI)调节器的输入，以计算出所需的 q 轴电流设置，从而实现对电机的精确控制。首先，通过电流传感器测量在 A-B-C 坐标系中的 PMSM 定子电流，接着应用 Clark 变换和 Park 变换，将这些三相定子电流转化到 d-q 坐标系，这一过程可以得出电流组成部分。其次，这些电流组成部分被送入比较器，与预设的电流部分进行对比，以计算出差异。这些差异数据随后被输入到两个电流 PI 调节器中进行处理，以获得 d-q 坐标系下的指定电压组分。最后，通过执行反 Park 变换，这些在 d-q 坐标系下的指定电压组分被转换回原始坐标系，从而得到最终的指定电压。通过将指定电压分量输入到 SVPWM 模块，并进行调制，可以生成一系列的 PWM 信号。这些信号用于控制逆变器电路中各个开关的开闭，从而实现对 PMSM 的矢量控制。

8.2.3　PMSM 的最大转矩电流比控制

对于集成式 PMSM，由于其轴向电感的不均匀性，因此可通过适当调节 PMSM 的 d 轴电流利用磁阻效应增加输出转矩。最大转矩电流比(Max Torque Per Ampere，MTPA)控制的目的是在特定的电磁转矩需求下最小化定子电流。电磁转矩为

$$T_e=\frac{3}{2}P_n\psi_f i_s\sin\gamma+\frac{3}{4}(L_d-L_q)i_s^2\sin 2\gamma \tag{8.15}$$

在实施 MTPA 控制的情况下，需要确保电磁转矩和定子电流的矢量角遵循特定的关系，即

$$\frac{\partial T_e}{\partial \gamma}=0 \tag{8.16}$$

可得

$$\cos\gamma=\frac{-\psi_f+\sqrt{\psi_f^2+8(L_d-L_q)^2 i_s^2}}{4(L_d-L_q)i_s} \tag{8.17}$$

因此，可以得到 i_d 为

$$i_d=\frac{-\psi_f+\sqrt{\psi_f^2+8(L_d-L_q)^2 i_s^2}}{4(L_d-L_q)} \tag{8.18}$$

i_q 可以表示为

$$i_d=\frac{-\psi_f+\sqrt{\psi_f^2+4(L_d-L_q)^2 i_q^2}}{2(L_d-L_q)} \tag{8.19}$$

q 轴电流分量与电磁转矩之间的联系为

$$T_e=\frac{3}{4}P_n i_q\left[\sqrt{\psi_f^2+4(L_d-L_q)^2 i_q^2}+\psi_f\right] \tag{8.20}$$

通过 i_s 与 i_d 之间的关系，i_q 表示为

$$i_q=\sqrt{i_s^2-i_d^2} \tag{8.21}$$

PMSM 的 MTPA 控制体现在式(8.20)和式(8.21)，描述了 d、q 轴最优电流与电磁转矩之间的相互关系。

此外，PMSM 的 MTPA 控制也可被重新表示为极值问题，即

$$\begin{cases}\min & i_s=\sqrt{i_d^2+i_q^2}\\ \text{s. t.} & T_e=\dfrac{3P_n}{2}\left[\psi_f i_q+(L_d-L_q)i_d i_q\right]\end{cases} \tag{8.22}$$

构造辅助函数：

$$F=\sqrt{i_d^2+i_q^2}+\lambda\left\{T_e-\frac{3P_n}{2}\left[\psi_f i_q+(L_d-L_q)i_d i_q\right]\right\} \tag{8.23}$$

式中，λ 为拉格朗日乘子。分别对 i_d、i_q 和 λ 求偏导，并令偏导数为 0，可得

$$\begin{cases}\dfrac{\partial F}{\partial \lambda}=T_e-\dfrac{3}{2}P_n\left[\psi_f i_q+(L_d-L_q)i_d i_q\right]=0\\ \dfrac{\partial F}{\partial i_d}=\dfrac{i_d}{\sqrt{i_d^2+i_q^2}}-\dfrac{3}{2}\lambda P_n(L_d-L_q)i_q\\ \dfrac{\partial F}{\partial i_q}=\dfrac{i_q}{\sqrt{i_d^2+i_q^2}}-\dfrac{3}{2}\lambda P_n(L_d-L_q)i_d\end{cases} \tag{8.24}$$

同样可求出 PMSM 的 MTPA 控制的 d、q 轴电流和电磁转矩 T_e 之间的关系式。

通过应用 MTPA 控制可以确定 PMSM 在给定的电磁转矩下，通过调整 d、q 轴电流实现定子电流的最小化。这种策略允许计算出最优的 d、q 轴最优电流 i_d、i_q，并作为 PMSM 控制系统中 d、q 轴电流的指令。这表明，无论电磁转矩的具体值如何，都能通过 MTPA

的方法来优化电流配置，确保电机运行效率。

在忽略负荷和道路倾斜度的变化情况下，当电动汽车按照既定的加速度曲线前进时，其需要的 PMSM 所产生的电磁转矩将保持恒定。当电磁转矩固定，电轴电流有多种可能的组合方式，尽管 $i_d=0$ 的控制方法计算简便，但它并不能保证定子电流的最小化。增加定子电流会导致 PMSM 的能耗和电动汽车的每单位行程能耗增加。因此，MTPA 的策略旨在根据 MTPA 的原则优化定子电流，目的是在保证电机所需输出转矩的前提下，最大程度减少定子电流的使用。

MTPA 控制系统如图 8.6 所示。

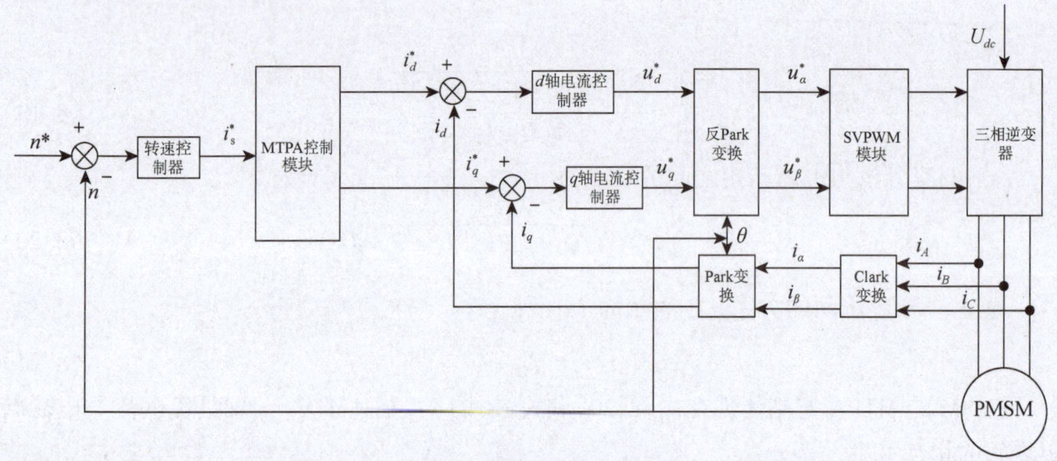

图 8.6　MTPA 控制系统

图 8.6 中，目标转速与当前实际转速的差值通过速度 PI 调整器计算后，确定了定子电流的设定值 i_s^*，此值随后传送至 MTPA 模块。MTPA 模块根据优化算法计算出理想的电流设定值 i_d^*、i_q^*。然后 d、q 轴电流的反馈值 i_d、i_q 与 i_d^*、i_q^* 设定值之差通过 PI 调整器处理，产生 d、q 轴的目标电压值 u_d^*、u_q^*，经过反 Park 变换处理后输出 u_α^*、u_β^*。此电信号通过 SVPWM 转化为 PWM 信号，驱动三相逆变器产生所需的三相电流 i_A、i_B、i_C，从而推动 PMSM 按照设定的目标速度驱动汽车前进。过程中，信号 i_A、i_B、i_C 先通过 Clark 变换，再通过 Park 变换，生成 i_d、i_q 与设定值 i_d^*、i_q^* 进行比较的信号。通过这一系列精确的控制步骤，确保汽车能够精确地按照目标速度运行。

8.2.4　PMSM 的 MPC

在工业领域，MPC 算法旨在克服 PID 控制系统难以处理的问题。例如，多变量、紧密耦合和多重约束下的优化控制挑战。这些约束条件下的动态优化问题通常表现为寻找目标函数 J 的最优解。具体来说，MPC 算法寻求实现对目标函数 J 的最小化，解决了传统 PID 控制在面对复杂系统时的局限性。

为了增强 PMSM 系统的控制性能，对逆变器的驱动部件实施了更精细的管理，采用了 MPC 技术，并应用于 DTC 方案。这一做法要求对逆变器中的三相桥的 6 个绝缘栅双极晶体管(Insulated Gate Bipolar Transistor，IGBT)开关进行精确操控。因此，定义了 8 种可能的

开关状态组合 $S_i(S_A、S_B、S_C)$ 作为逆变器的控制输入，具体可见式(8.25)。这种基于有限开关状态组合的控制技术，称为有限控制集模型预测直接转矩控制(Finite Control Set-Model Predictive Control，FCS-MPC)，其控制结构如图 8.7 所示。

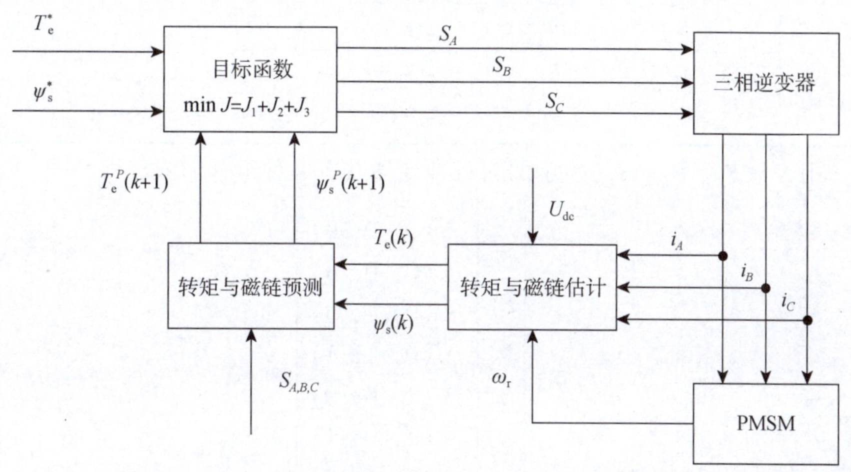

图 8.7　控制结构

模型预测控制-直接转矩控制(Model Predictive Control-Direct Torque Control，MPC-DTC)控制策略的执行涉及几个关键组成部分，包括对 PMSM 和逆变器等被控制目标以及转矩和磁链预测环节和 MPC 算法的运用。通过构建目标函数 J 并解算，以获取最佳的开关信号组合，实现对 PMSM 的精确控制，特别是对 IGBT 元件的通断状态控制。此外，系统将对当前三相电流值 i_A、i_B、i_C 进行测量，并依靠预测模型来估计未来状态的预测值，这些值可用于解决随后的最优化问题。

1)三相逆变器数学模型

图 8.8 展示了电机控制系统中的一个具体例子。该控制系统结构由三相逆变器和 PMSM 组成。其中，三相逆变器位于左侧，由 IGBT 元件构建，并且分为上、下桥臂。PMSM 位于右侧，关键部件包括电感 L、电阻 R 和反映反电动势的部分，且这部分电机被划分为 A、B、C 3 个相位。

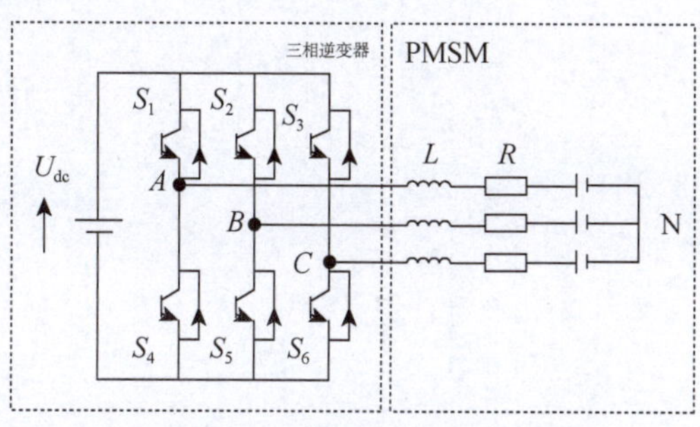

图 8.8　控制系统结构

作为电机控制中的核心执行环节，三相逆变器直接与直流电源连接在其结构的左边。它通过操纵 6 个 IGBT 元件构成的两个桥臂的开关状态，进而精确地调节 PMSM 的输出电流。为了优化对这些逆变器的管理，IGBT 元件被假定为只具备开启和关闭两个理想状态。安全运行要求每个桥臂的对应开关不得同时处于闭合状态。因此，三相逆变器的全部开关状态可通过 3 种状态变量来描述，见表 8.2。

表 8.2　开关状态表

开关状态量	S_A		S_B		S_C	
值	1	0	1	0	1	0
实际开关状态	$S_1=1$ $S_4=0$	$S_1=0$ $S_4=1$	$S_2=1$ $S_5=0$	$S_2=0$ $S_5=1$	$S_3=1$ $S_6=0$	$S_3=0$ $S_6=1$

因此，用 $\boldsymbol{S}=(\boldsymbol{S}_A、\boldsymbol{S}_B、\boldsymbol{S}_C)$ 表示的三相逆变器共有 8 种组合形式，即

$$\boldsymbol{S}=\begin{bmatrix} S_0 \\ S_1 \\ S_2 \\ S_3 \\ S_4 \\ S_5 \\ S_6 \\ S_7 \end{bmatrix}=\begin{bmatrix} (0,\ 0,\ 0) \\ (0,\ 0,\ 1) \\ (0,\ 1,\ 0) \\ (0,\ 1,\ 1) \\ (1,\ 0,\ 0) \\ (1,\ 0,\ 1) \\ (1,\ 1,\ 0) \\ (1,\ 1,\ 1) \end{bmatrix} \tag{8.25}$$

根据三相逆变器的工作原理，了解到每一种开关的状态组合 $S_i(i=0,\ 1,\ 2,\ \cdots,\ 7)$ 分别对应着特定的电压向量 $u_i(i=0,\ 1,\ 2,\ \cdots,\ 7)$。进一步地，将逆变器各个相位电压的基本单位向量定义为 a，即

$$a=\mathrm{e}^{\mathrm{j}\frac{2\pi}{3}}=-\frac{1}{2}+\mathrm{j}\frac{\sqrt{3}}{2} \tag{8.26}$$

定义各相相电压矢量为

$$\boldsymbol{u}=\frac{2}{3}[\boldsymbol{u}_A \quad \boldsymbol{u}_B \quad \boldsymbol{u}_C]\begin{bmatrix} 1 \\ a \\ a^2 \end{bmatrix} \tag{8.27}$$

式中

$$\begin{bmatrix} \boldsymbol{u}_A \\ \boldsymbol{u}_B \\ \boldsymbol{u}_C \end{bmatrix}=U_{\mathrm{dc}}\begin{bmatrix} \boldsymbol{S}_A \\ \boldsymbol{S}_B \\ \boldsymbol{S}_C \end{bmatrix} \tag{8.28}$$

将式(8.27)代入式(8.28)，可得

$$\boldsymbol{u}_i=\frac{2}{3}S_i\begin{bmatrix} 1 \\ a \\ a^2 \end{bmatrix},\ (i=0,\ 1,\ 2,\ \cdots,\ 7) \tag{8.29}$$

2) 预测模型

通过采用 d-q 坐标系，构建 PMSM 和逆变器的数学模型，实现电机与逆变器的集成模型设计。其中，转矩和磁链的方程式为

$$\begin{cases} T_{\mathrm{e}}=\dfrac{3P}{2}[\psi_{\mathrm{f}}i_q+(L_d-L_q)i_d i_q] \\ \psi_{\mathrm{s}}=\sqrt{\psi_d^2+\psi_q^2} \end{cases} \tag{8.30}$$

设 $F_s=\psi_d^2+\psi_q^2$，状态量 $\boldsymbol{x}=[T_e \quad F_s]^T$，控制量 $\boldsymbol{u}=[S_A、S_B、S_C]^T$。对状态量进行微分得：

$$\begin{cases}\dot{T}_e=-\dfrac{R_s}{L_s}T_e+\dfrac{3N_p\psi_f}{2L_s}(u_q-\omega\psi_d)\\ \dot{F}_s=-\dfrac{2R_s}{L_s}(F_s-\psi_f\psi_d)+2\psi_d u_d+2\psi_q u_q\end{cases} \tag{8.31}$$

将 A-B-C 坐标系下的逆变器数学模型转换到 d-q 坐标系，即

$$\begin{cases}\begin{bmatrix}u_d\\u_q\end{bmatrix}=\boldsymbol{H}\begin{bmatrix}\boldsymbol{S}_A\\\boldsymbol{S}_B\\\boldsymbol{S}_C\end{bmatrix}\\ \boldsymbol{H}=\dfrac{2}{3}U_{dc}\begin{bmatrix}\cos\theta & \sin\left(\theta-\dfrac{\pi}{6}\right) & -\sin\left(\theta+\dfrac{\pi}{6}\right)\\ -\sin\theta & \sin\left(\theta+\dfrac{\pi}{3}\right) & \sin\left(\theta-\dfrac{\pi}{3}\right)\end{bmatrix}\end{cases} \tag{8.32}$$

将式(8.32)代入式(8.31)进行计算，可以得到 PMSM 和逆变器集成建模的状态方程式，即

$$\begin{bmatrix}\dot{T}_e\\\dot{F}_s\end{bmatrix}=\begin{bmatrix}-\dfrac{R_s}{L_s} & 0\\ 0 & -\dfrac{2R_s}{L_s}\end{bmatrix}\begin{bmatrix}T_e\\F_s\end{bmatrix}+B\begin{bmatrix}\boldsymbol{S}_A\\\boldsymbol{S}_B\\\boldsymbol{S}_C\end{bmatrix}+\begin{bmatrix}-\dfrac{3N_p\psi_f\omega}{2L_s}\\ \dfrac{2R_s\psi_f}{L_s}\end{bmatrix}\psi_d \tag{8.33}$$

式中

$$B=\frac{2}{3}U_{dc}\begin{bmatrix}-\dfrac{3N_p\psi_f}{2L_s}\sin\theta & 2\psi_d\cos\theta-2\psi_q\sin\theta\\ \dfrac{3N_p\psi_f}{2L_s}\sin\left(\theta+\dfrac{\pi}{3}\right) & 2\psi_d\sin\left(\theta-\dfrac{\pi}{6}\right)+2\psi_q\sin\left(\theta+\dfrac{\pi}{3}\right)\\ \dfrac{3N_p\psi_f}{2L_s}\sin\left(\theta-\dfrac{\pi}{3}\right) & 2\psi_d\sin\left(\theta+\dfrac{\pi}{6}\right)+2\psi_q\sin\left(\theta-\dfrac{\pi}{3}\right)\end{bmatrix}^T \tag{8.34}$$

根据欧拉公式，可以推导出转矩和磁链的预测方程。欧拉公式表明：

$$\boldsymbol{x}(k+1)=\boldsymbol{x}(k)+T_s\dot{\boldsymbol{x}}(k) \tag{8.35}$$

因此，转矩和磁链的预测方程为

$$\begin{bmatrix}T_e(k+1)\\F_s(k+1)\end{bmatrix}=\begin{bmatrix}T_e(k)\\F_s(k)\end{bmatrix}+T_s\begin{bmatrix}\dot{T}_e\\\dot{F}_s\end{bmatrix} \tag{8.36}$$

3) 目标函数设计

设计了一种 MPC-DTC 算法的目标函数，目的是解决传统 DTC 与反馈线性化 DTC 技术中存在的单一控制目标限制问题。目标函数为

$$\min J=J_1+J_2+J_3=\|x(k+1)-x(k)\|_{\boldsymbol{Q}}^2+(E(k))_{\boldsymbol{R}}+h_{\lim} \tag{8.37}$$

在这个框架中，J_1 被认为是评估控制效果所需的基础代价函数，采用 $\boldsymbol{Q}$ 作为正定的加权矩阵进行计算。此外，J_2 代表了控制系统能量消耗的评估，使用正定的加权矩阵 $\boldsymbol{R}$ 进行衡量。同时，J_3 旨在通过极限代价函数 $h_{\lim}$ 衡量控制系统的安全性能。

(1)跟踪代价函数。

与传统的 DTC 和场定向控制反馈线性化 DTC 一样，选择状态量作为 PMSM 控制系统的跟踪目标，以实现电机电磁转矩对既定目标值的快速准确跟踪，同时确保定子磁链的幅值保持不变。基于此目标，设计了相应的跟踪代价函数，即

$$J_1=(T_e(k+1)-T_e^*)^2+(\psi_s(k+1)-\psi_s^*)^2 \tag{8.38}$$

式中，T_e^* 为转矩给定期望值；ψ_s^* 为磁链幅值给定期望值。

(2)能耗代价函数。

在确保 PMSM 的控制系统能够快速、准确地跟踪转矩和磁链的目标值后，需要解决减少驱动系统能源消耗的问题。这一系统主要包括 PMSM 和三相逆变器。其能源消耗主要来自电机铜损和逆变器中的 IGBT 开关在开启和关闭过程中产生的损耗。

电机铜损涉及电机运作过程中，由于电枢电流穿过电机内部的等效电阻而产生的热量，即在一定时间内产生的热能。因此，电机铜损 E_m 为

$$E_m=\frac{3}{2}R_sI_s^2(k+1)T_s \tag{8.39}$$

在三相逆变器中，IGBT 元件的频繁切换活动会导致开关损耗，主要包括开启和关闭时的能量消耗。具体地，这种开关损耗可以通过以下计算公式来确定。

$$\begin{cases} E_{on}=\int_0^{t_{on}}U_eI_i\mathrm{d}t\approx E_{Gon}\cdot\dfrac{I_iU_{dc}}{I_nV_n} \\ E_{off}=\int_0^{t_{off}}U_eI_i\mathrm{d}t\approx E_{Goff}\cdot\dfrac{I_iU_{dc}}{I_nV_n} \\ i=A,\ B,\ C \end{cases} \tag{8.40}$$

另外，当 IGBT 的开关元件未进行闭合和断开操作时，它会持续保持导电状态。在这种情况下，开关的损耗主要是由于导通时产生的能量消耗，即

$$E_{open}=\int_0^t U_eI\mathrm{d}t\approx U_eIt \tag{8.41}$$

本章为了清楚地阐述逆变器中 IGBT 元件在不同工作状态下的整体开关损耗，通过构建 3 种开关组合信号来预测与当前时刻的差异 e_i，即

$$e_i=S_i(k+1)-S_i(k),\ i=A,\ B,\ C \tag{8.42}$$

由于开关信号的取值 S_i 可为-1、0、1，并在任一时刻开关的变化仅限于单一位，即不会出现从-1 直接跳到 1 或从 1 跳到-1 的情形。因此，若 e_i 为 0，则表示在该时间段 IGBT 元件未发生变化，能耗相当于闭合状态下的导通损耗 E_{open}；反之，如果 e_i 的值为-1 或 1，则表明该时间段内 IGBT 元件发生了状态转换，造成同一桥臂内的两个元件一个闭合而另一个断开，此时能耗是开关损耗 E_{on} 与 E_{off} 的总和。每个采样周期内，对于任一桥臂 i(i 指 A、B、C 中的任何一个)，两个 IGBT 元件的开关总损耗可以按照这种方式来估算，即

$$E_i=\begin{cases} E_{open} & e_i=0 \\ E_{on}+E_{off} & e_i\neq 0 \end{cases} \tag{8.43}$$

则

$$\begin{aligned} E_i&=|e_i|(E_{on}+E_{off})+(1-|e_i|)E_{open} \\ &=|e_i|(E_{Gon}+E_{Goff})\frac{U_{dc}}{I_nU_n}I_i+(1-|e_i|)U_eT_sI_i \end{aligned} \tag{8.44}$$

在正常的工作环境中，IGBT 元件的开启和关闭所需的能量分别由 E_{Gon}、E_{Goff} 描述，同时，电流和电压的数值也通过 I_{n}、U_{n} 进行了说明。此外，U_{e} 用于表示 IGBT 元件的门极阈值电压。

因此，把式(8.44)放在一个单独的采样周期里，PMSM 的驱动系统的能耗成本函数可表示为

$$J_2 = E_{\mathrm{m}} + \sum_{i=a,\ b,\ c} E_i \tag{8.45}$$

(3)极限代价函数。

在考虑 PMSM 实际驱动系统的精确跟踪控制和能源消耗的同时，需确保系统的最高安全标准。系统内的每个组件都设有安全阈值。对于电机来说，频繁使用可能导致其温度不断上升，而温度过高会引起电机过热并造成损坏，这在驾驶汽车时可能会导致安全隐患。因此，为了维护电机操作的安全，设计了一种限制极限代价函数 J_3，即

$$J_3 = h_{\mathrm{lim}} = \begin{cases} 0 & |i_{\mathrm{s}}(k+1)| \leqslant i_{\max} \\ \infty & |i_{\mathrm{s}}(k+1)| > i_{\max} \end{cases} \tag{8.46}$$

式中，系统预测的电枢电流值被标记为 $i_{\mathrm{s}}(k+1)$，而电流的安全极限值被记为 $i_{\max}$。

如果在预测时段内选出的最佳解的电流值低于安全限制，那么它会被认为是安全的，适用于作为备选方案，此时的极限成本值为 $h_{\mathrm{lim}}=0$。相反，如果预测的电流值高于安全界限，那么意味着所选的最佳解在操作电机时是不安全的，此时的极限成本值为 $h_{\mathrm{lim}}=\infty$。

4)预测控制算法的流程

预测控制算法的流程如图 8.9 所示。

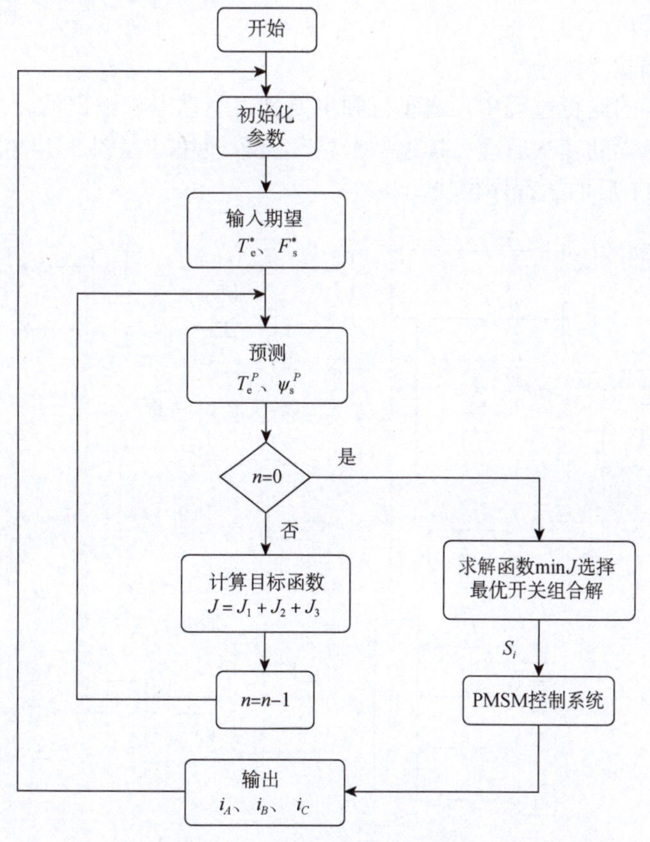

图 8.9　预测控制算法的流程

实现模型预测直接转为矩阵控制的主要步骤如下。

(1)在初始化过程中，设定起始参数，并根据转矩和磁链的期望值以及8种不同的开关信号组合(分别用 $i=0$，1，2，…，7标识)，初始时设置 n 为8。

(2)通过预测模型，根据PMSM系统在当前时刻测量的电流值和开关状态，预测下一时刻的转矩和磁链值。

(3)首先评估 n 的值是否为0。若 n 非0，接下来计算目标函数，即 J 由 J_1、J_2 及 J_3 之和构成，随后进入步骤(4)。反之，若n等于0，则直接跳至步骤(5)。

(4)令 $n=n-1$，返回步骤(2)。

(5)通过应用枚举法寻找最小化目标函数 J 的开关组合，从而跳出循环；实现的是一种开关组合，它能将目标函数的值最小化。

(6)将PMSM控制系统采用步骤(5)的结果。

(7)重新获取PMSM的实时数据 i_A、i_B、i_C，回到步骤(2)进行循环处理。

8.3 电动汽车用PMSM仿真分析

8.3.1 MTPA控制策略仿真模型

仿真模型的设计旨在模拟PMSM的MTPA控制系统，核心组成部分包括整车负载模块、MTPA电流优化模块、弱磁控制模块、坐标变换模块、SVPWM模块以及PMSM、逆变器及动力电池模块。

1)整车负载模块

在纯电动汽车的运行过程中，汽车行驶主要是由驱动电机输出的转矩来推动的。通过研究应用车辆动力学的基本原理，构建一个整车负载模块，如图8.10和图8.11所示。图8.10是打开图8.11后的子程序模块。

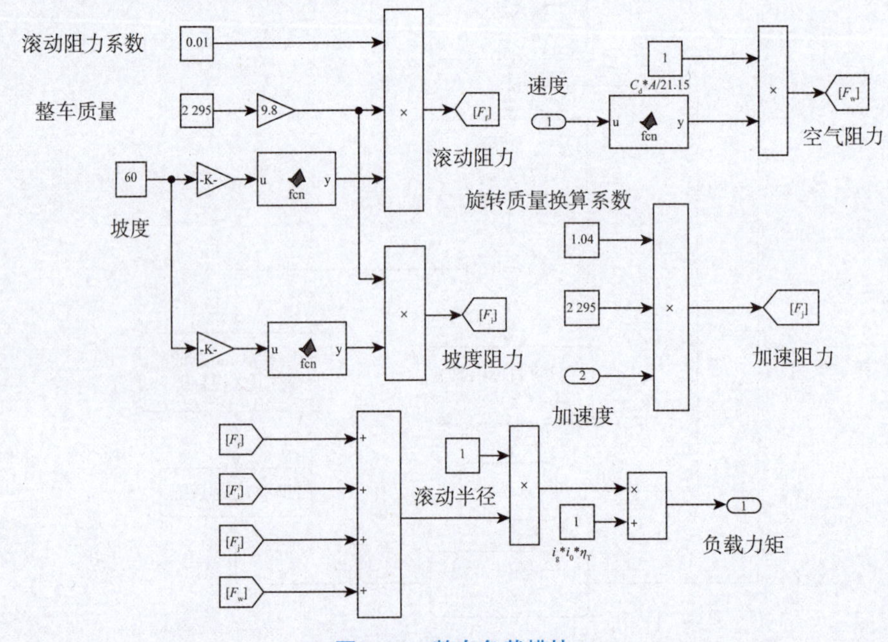

图8.10 整车负载模块

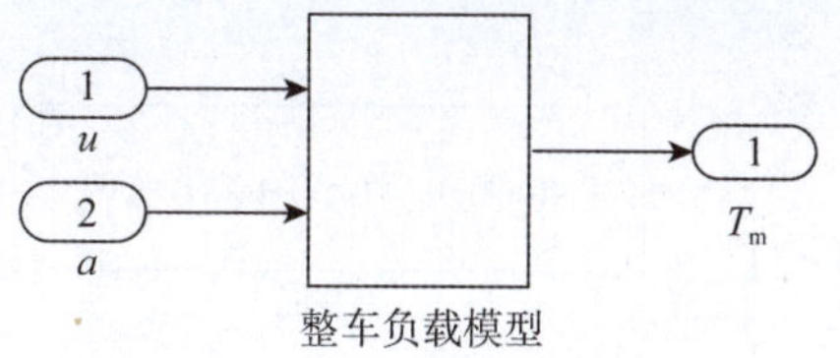

图 8.11　整车负载模块封装图

2) MTPA 电流优化模块

最大转矩电流比电流优化模块(图 8.12)的主要作用是根据车速调节器设置的电磁转矩标准来输出基于最大转矩电流比转矩与 d、q 轴电流之间关系的 d、q 轴电流设定值。该模块通过查表法建立，目的是加快系统的运算效率。

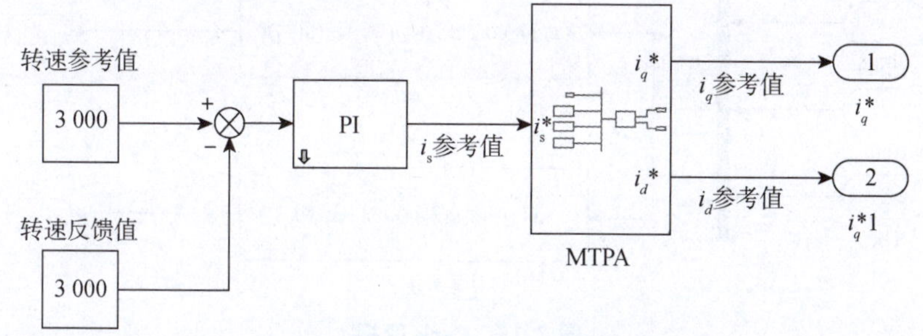

图 8.12　MTPA 电流优化模块

3) 弱磁控制模块

在 PMSM 的基速以上或以下的情况下，通过 d 轴电流补偿法配合电压闭环控制实现弱磁控制的策略。在基速以下时，该模块不会被激活。在基速以上时，该策略通过将 d 轴电流的补偿值(若为负)与 MTPA 控制输出的 i_d 参考值相结合，来确定最终的 d 轴电流参考值。运用 Simulink 搭建的弱磁控制模块如图 8.13 所示。

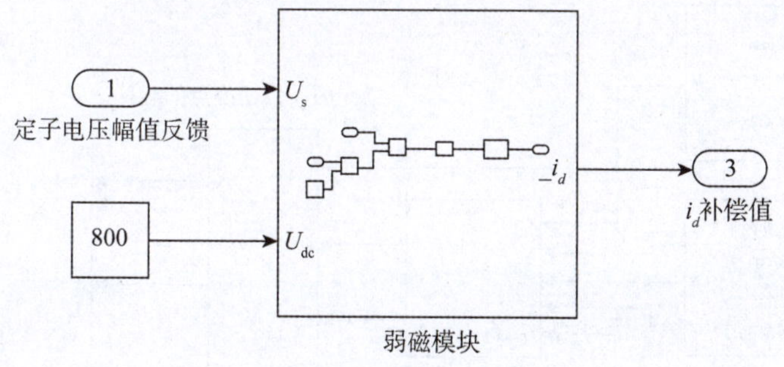

图 8.13　弱磁控制模块

4) 坐标变换模块

在 PMSM 的 MTPA 控制系统中，使用的坐标变换模块涵盖了 Clark 变换和 Park 变换。这两种变换分别负责不同的坐标系转换，Clark 变换实现从三相平面坐标系到两相直角坐标系的转换；Park 变换是实现从两相静止直角坐标系到两相旋转直角坐标系的转换。Clark 变换和 Park 变换分别如图 8.14 和图 8.15 所示。

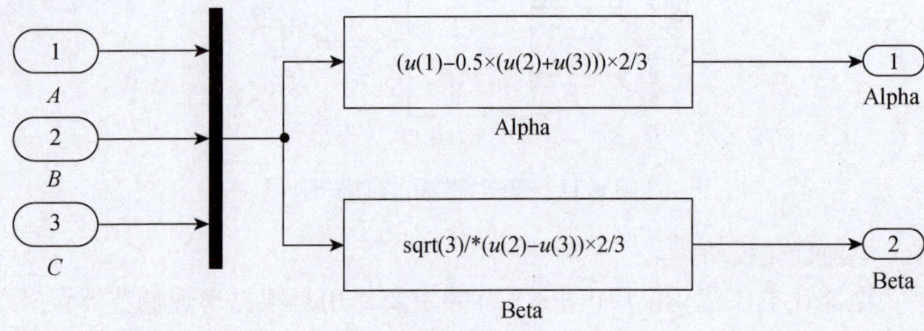

图 8.14　Clark 变换

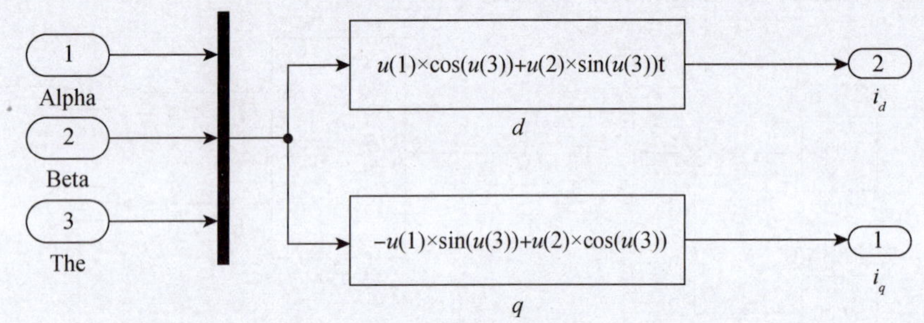

图 8.15　Park 变换

5) SVPWM 模块

SVPWM 模块的主要作用是将 Park 反变换输出的两相静止坐标系内的电压信号，转换成逆变器的功率开关信号，即 PWM 信号。这个转换过程涵盖若干关键步骤，包括扇区计算、扇区内矢量切换点的确认以及标准三角载波信号和扇区转换点比较等。SVPWM 模块和封装图分别如图 8.16 和图 8.17 所示。

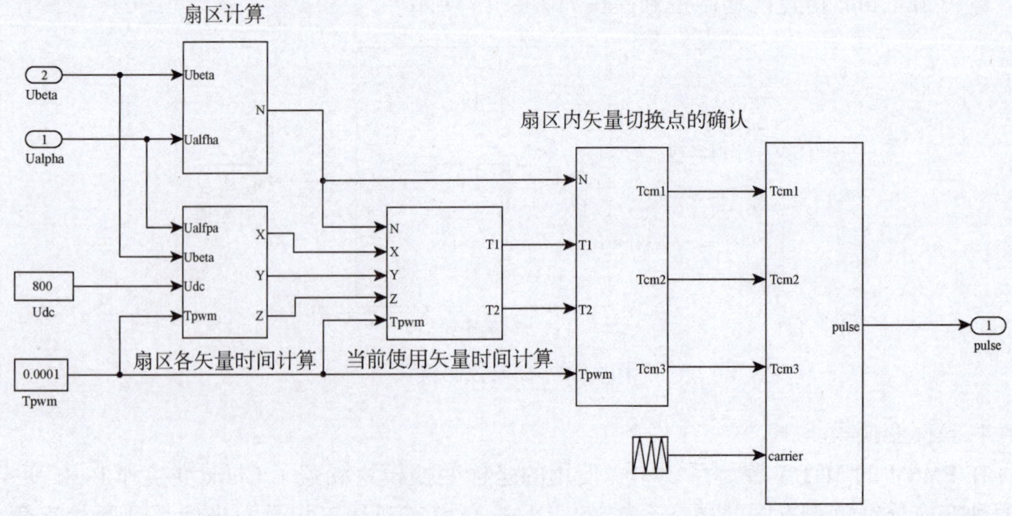

图 8.16　SVPWM 模块

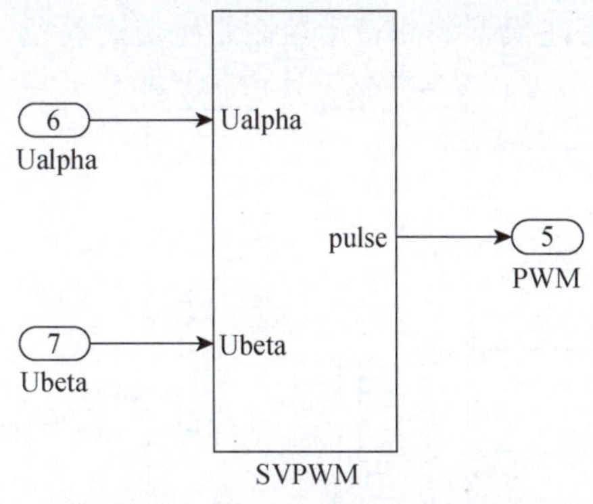

图 8.17　SVPWM 模块封装图

6) PMSM、逆变器及动力电池模块

在 Simulink 中采用预设的组件来搭建 PMSM、逆变器及动力电池的模型配置。这一配置是依据对一款纯电动汽车的研究而设定的详细参数，即选用 4 极对的 PMSM，L_d 为 0.001 74 H，L_q 为 0.000 293 H，转子部分的转动惯量为 0.003 kg · m，阻尼系数为 0.008 N · s/m，而动力电池模块的电压为 600 V。PMSM、逆变器以及动力电池模块如图 8.18 所示。

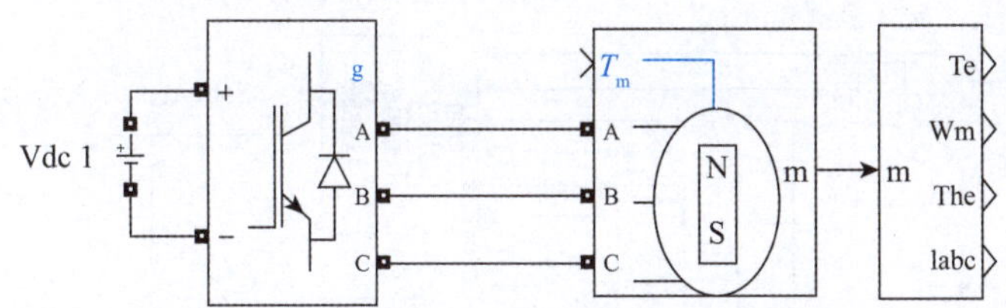

图 8.18　PMSM、逆变器以及动力电池模块

PMSM 的 MTPA 控制策略模型如图 8.19 所示，主要由输出转矩、弱磁模块和 SVPWM 等组成。

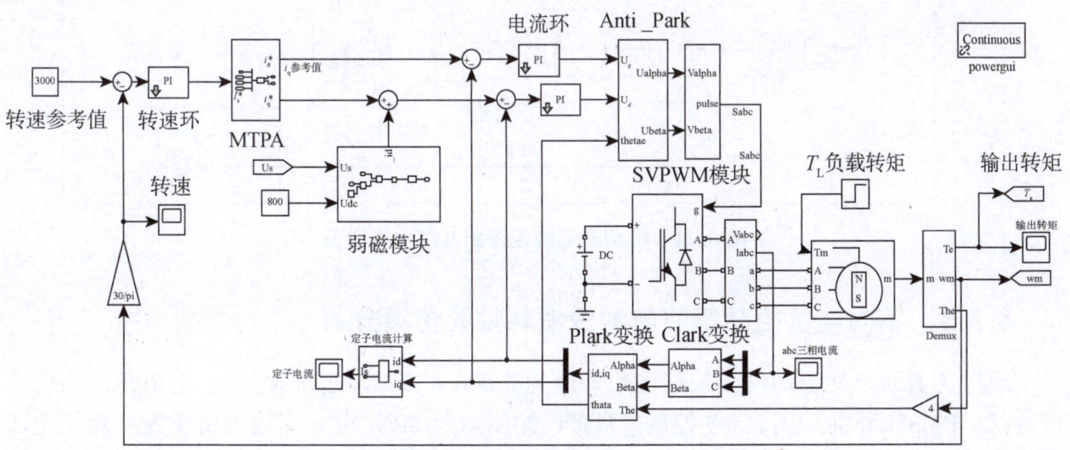

图 8.19　PMSM 最大转矩电流比控制策略模型

8.3.2　直接转矩 MPC 策略仿真模型的建立

模型预测转矩控制模块的主要作用是根据车速调节器输出的电磁转矩给定值和磁链给定值，根据当前时刻 PMSM 状态输出最佳逆变器开关信号。模型预测转矩控制模块如图

8.20 所示。在 Simulink 中搭建模型预测转矩控制系统仿真模型，如图 8.21 所示。

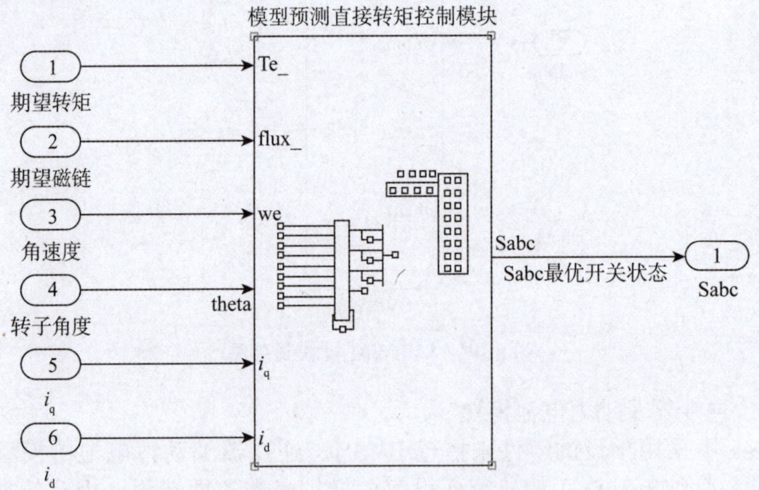

图 8.20 模型预测转矩控制模块

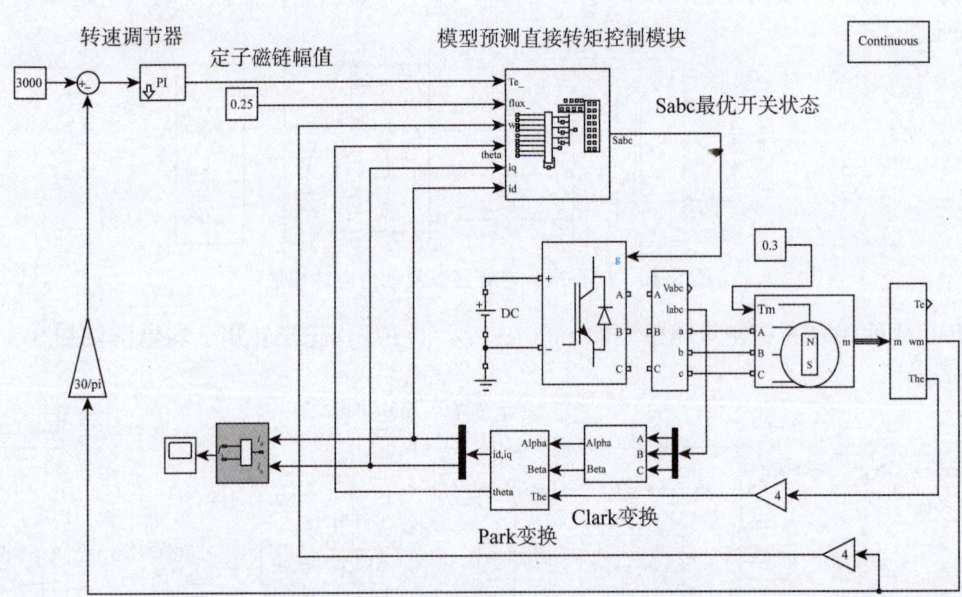

图 8.21 模型预测转矩控制系统仿真模型

8.3.3 不同电机控制策略电能量消耗性能仿真分析

通过仿真获得纯电动汽车按照电机转速为 3 000 r/min 匀速行驶 1 s。电机负载为阶跃信号时，PMSM 分别采用 $i_d=0$ 控制、MTPC 控制以及 MPC 所对应的电机转速，定子电流输出和电机能量损耗随时间变化情况。

1) 不同电机控制策略转速跟随对比

对比图如图 8.22 所示，$i_d=0$ 控制、MTPA 控制和 MPC 都能满足电机输出转速跟随给定转速，满足电动汽车的动力性要求。

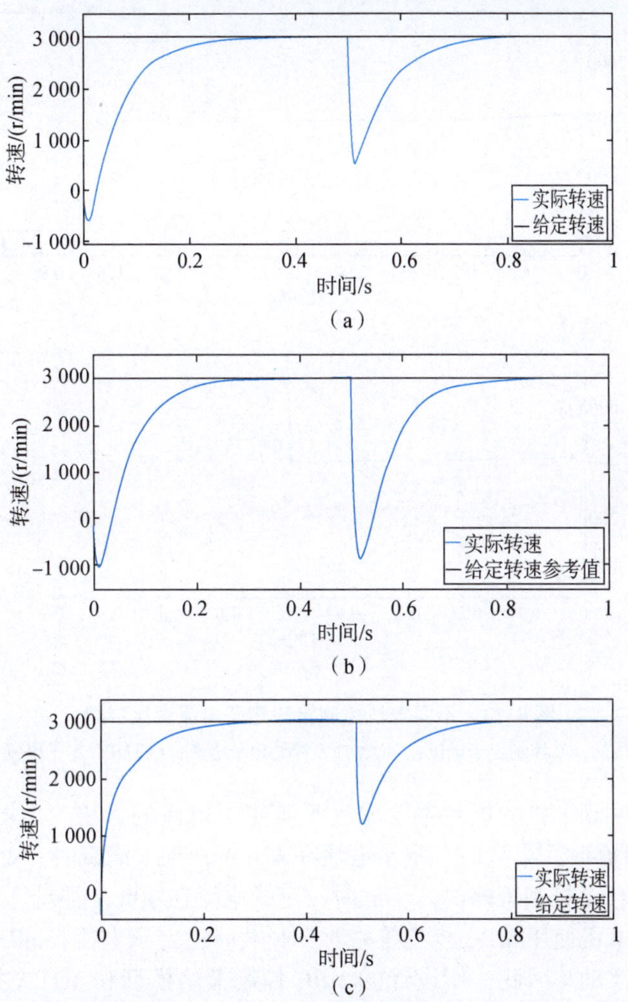

图 8.22　不同电机控制策略转速跟随对比

(a) $i_d=0$ 控制转速跟随对比；(b) MTPA 控制转速跟随对比；(c) MPC 控制转速跟随对比

2) 不同电机控制策略定子电流对比(图 8.23)

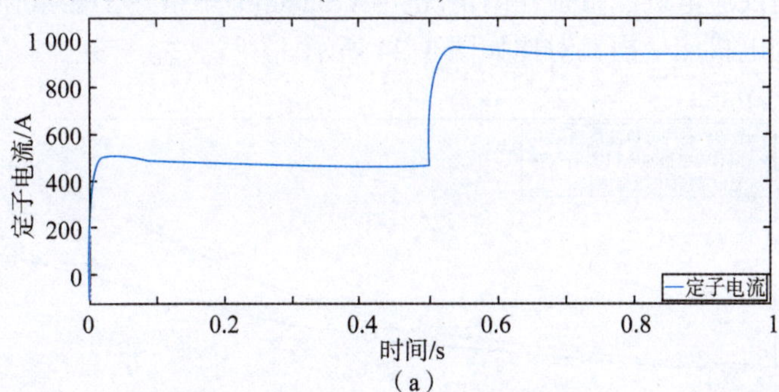

图 8.23　不同电机控制策略定子电流对比

(a) $i_d=0$ 控制定子电流；(b) MTPA 控制定子电流；(c) MPC 定子电流

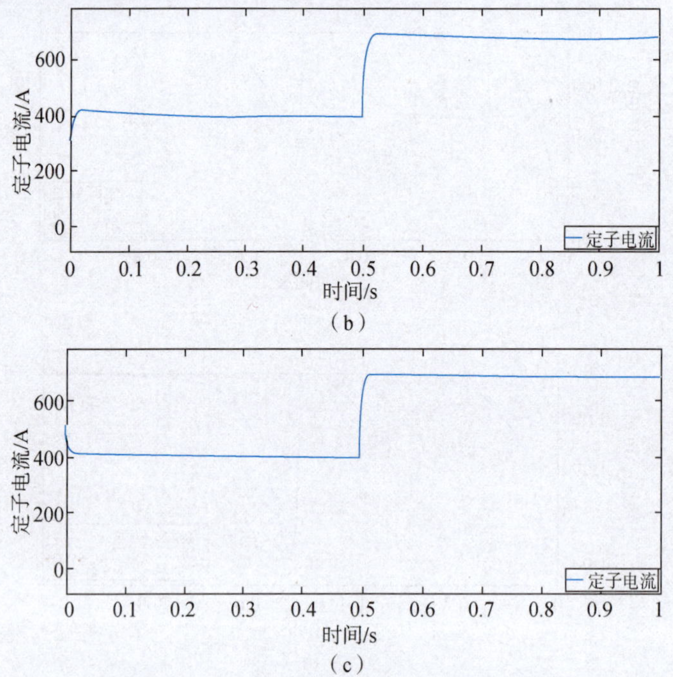

图 8.23 不同电机控制策略定子电流对比(续)

(a) $i_d=0$ 控制定子电流；(b) MTPA 控制定子电流；(c) MPC 定子电流

由前文可知，驱动电机的损耗主要取决于其定子电流的大小。由图 8.23 可知，当电机使用 $i_d=0$ 控制策略时，半载时，定子电流在 476 A 浮动，满载时，定子电流在 942 A 浮动。当电机使用 MTPA 控制策略时，半载时，定子电流在 405 A 浮动，满载时，定子电流在 688 A 浮动。当电机使用 MPC 控制策略时，半载时，定子电流在 403 A 浮动，满载时，定子电流在 687 A 浮动。因此，所设计的 MPC 控制策略模型和 MTPA 控制策略模型降低能量损耗的效果远远好于 $i_d=0$ 控制策略模型，并且电机采用 MPC 控制策略模型降低能量损耗的效果略好于采用 MTPA 控制策略模型。

3) 不同电机控制策略电机能量损耗对比

为了更直接地反应电机能量损耗的情况，在 Simulink 中搭建了能量损耗计算模块。不同电机控制策略的电机能量损耗对比如图 8.24 所示。

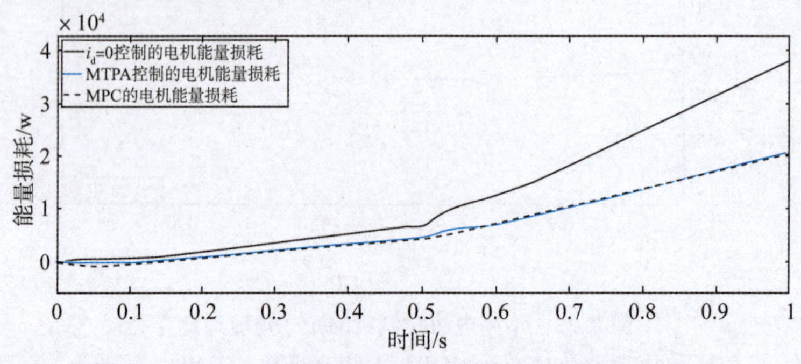

图 8.24 不同电机控制策略的电机能量损耗对比

由图 8.24 可知，当电机使用 $i_d=0$ 控制策略时，电机能量损耗远远大于 MTPA 控制策

略和 MPC 策略，仿真时间结束时电机能量损耗为 37.75 kW。当电机使用 MTPA 控制策略时，电机能量损耗略大于 MPC，仿真时间结束时电机能量损耗为 20.55 kW。当电机使用 MPC 策略时，仿真时间结束时电机能量损耗为 20.29 kW。因此，所设计的 MPC 策略模型和 MTPA 控制策略模型降低电机能量损耗的效果远远好于 $i_d=0$ 控制策略模型，其中电机采用 MPC 策略模型降低电机能量损耗的效果略好于采用 MTPA 控制策略模型。

参考文献

[1]张孝祖. 车辆控制理论基础及应用[M]. 北京：化学工业出版社，2007.

[2]雷靖. 时滞悬挂系统最优减振控制[M]. 昆明：云南大学出版社，2013.

[3]蒋小平. 现代控制理论[M]. 徐州：中国矿业大学出版社，2017.

[4]陈志梅，王贞艳，张井岗. 滑模变结构控制理论及应用[M]. 北京：电子工业出版社，2012.

[5]杨婕，王鲁. 现代与智能控制技术[M]. 天津：天津大学出版社，2013.

[6]李以农，郑玲. 汽车控制理论与应用[M]. 北京：清华大学出版社，2021.

[7]彭力. 物联网控制基础[M]. 北京：机械工业出版社，2015.

[8]朱玉华，庄殿铮. 现代控制理论[M]. 北京：机械工业出版社，2018.

[9]周奇郑，周浩. 控制理论与兵器应用[M]. 北京：电子工业出版社，2021.

[10]李先允. 现代控制理论基础[M]. 北京：机械工业出版社，2007.

[11]王永骥，王金城，王敏. 自动控制原理[M]. 3 版. 北京：化学工业出版社，2015.

[12]王从陆，吴超. 矿井通风及其系统可靠性[M]. 北京：化学工业出版社，2007.

[13]孙德宝. 自动控制原理[M]. 北京：化学工业出版社，2002.

[14]吴立成. 现代控制理论[M]. 北京：中国水利水电出版社，2011.

[15]曹红兵. 现代汽车电子控制技术[M]. 北京：机械工业出版社，2012.

[16]唐国元，王建军. 海洋作业系统控制原理与实践[M]. 武汉：华中科技大学出版社，2021.

[17]崔胜民. MATLAB 编程与汽车仿真应用[M]. 北京：化学工业出版社，2020.

[18]周思永，王士宏. 反馈与控制[M]. 2 版. 北京：国防工业出版社，1995.

[19]王士宏，周思永. 控制理论基础[M]. 北京：北京理工大学出版社，2002.

[20]伍锡如. 自动控制原理[M]. 西安：西安电子科技大学出版社，2022.

[21]刘振全. 自动控制原理[M]. 西安：西安电子科技大学出版社，2017.

[22]袁德成，樊立萍. 现代控制理论[M]. 北京：清华大学出版社，2007.

[23]胡皓，王春侠，任鸟飞. 现代控制理论[M]. 北京：清华大学出版社，2014.

[24]王威立，栗文雁. 高精度伺服控制系统[M]. 北京：知识产权出版社，2016.

[25]潘公宇，陈龙，江浩斌，等. 汽车系统动力学基础及其控制技术[M]. 北京：清华大学出版社，2017.

[26]王勉华. 自动控制原理[M]. 北京：煤炭工业出版社，2012.

[27]张宇献，李勇. 现代控制理论教程[M]. 北京：电子工业出版社，2017.

[28]胡健，姚建勇. 高端机电装备随动控制系统设计[M]. 北京：北京理工大学出版

社，2022.
[29]吴占和，齐秀飞．自动控制原理[M]．沈阳：东北大学出版社，2012.
[30]丁锋．现代控制理论[M]．北京：清华大学出版社，2018.
[31]王划一，杨西侠．自动控制原理[M]．北京：国防工业出版社，2009.
[32]余志生．汽车理论[M]．6版．北京：机械工业出版社，2019.
[33]贺良华．现代控制理论及应用[M]．武汉：中国地质大学出版社，2013.
[34]朱孝勇，傅海军．控制工程基础[M]．北京：机械工业出版社，2018.
[35]吴伟斌，杜灿谊．汽车电器与电子控制技术[M]．5版．北京：机械工业出版社，2023.
[36]刘沛津．现代控制理论及工程应用案例[M]．西安：西安电子科技大学出版社，2021.
[37]姜万录．现代控制理论基础[M]．北京：化学工业出版社，2018.
[38]晏磊，赵海盟，谭翔，等．遥感科学的控制论基础[M]．北京：国防工业出版社，2021.
[39]肖建，张友刚．线性系统理论[M]．成都：西南交通大学出版社，2011.
[40]徐梅．自动控制原理分析及应用[M]．合肥：中国科学技术大学出版社，2012.
[41]周长城．车辆悬架设计及理论[M]．北京：北京大学出版社，2011.
[42]张丽萍，刘志刚，刘猛，等．主动悬架在AMESim与Simulink联合仿真技术中的研究[J]．机械设计与制造，2022(01)：141-144.
[43]李贺．纯电动汽车的再生制动系统与ABS集成控制策略研究[D]．武汉理工大学，2012.
[44]刘雪薇．双轮自平衡小车的建模与控制方法研究[D]．武汉理工大学，2015.
[45]曾垂城．带有时滞和不确定性的复杂网络研究[D]．厦门大学，2009.
[46]龚航．基于四轮转向技术的汽车操纵稳定性分析与控制研究[D]．东北大学，2015.
[47]李志强．基于滑模变结构算法的双电机履带式底盘系统差速控制方法研究[D]．安徽农业大学，2020.